MATTHES & SEITZ BERLIN

PAPERBACK

Alma de l'Aigle

EIN GARTEN

Mit einem Nachwort von
Brita Reimers

Matthes & Seitz Berlin

Inhalt

Ein Jahr um das andere ist durch den Garten gezogen. Die Menschen und ihre Schicksale haben sich gewandelt. Menschenwerk ist vernichtet, der Bau der Welt scheint aus den Fugen zu sein. Die Gesetze des Himmels und der Erde scheinen zerrüttet. Aber unablässig Jahr für Jahr treibt der alte Garten wieder seine Blüten und bringt seine Früchte, den ewigen Ordnungen eingefügt.

Erstes Kapitel

Es beginnt unter der Erde – westliche Weite – die Großstadt ist doch nahe – Garten abseits – Rosen und Rasen – unser »Wald« – die Lauben – drei Weinstöcke am Haus – zwei Pflaumen und eine Kirsche – ländlicher Komfort – Wiese, Wäsche, Wind und Osterfeuer – Lehmkuhle und Lehmherd – Kinderbeete – Sommerblumen und Farbengedanken und die Plüschdecke der Großmutter

Unten in der Grube hockte das Kind. Es war die Gemüsegrube, in der Wurzeln, Kohl und Lauch tief unten frostfrei aufbewahrt wurden. In den Rasen hinterm Haus, den die Großmutter immer den Bleichplatz nannte, war diese Grube gegraben, mit Brettern überdeckt; darauf ein Hügel von Grassoden. Einige erdene Stufen, zerbröckelt, führten hinunter. Links öffnete sich dann das Dunkel der Höhle.

Gern kroch das Kind hier hinein, wo sich Wand an Wand schloss, ohne Weite, ohne leeren Raum im Rücken. Ein Holzklotz war das Stühlchen. Die Arme stützten sich auf die Knie, und die Augen senkten sich in das weiche Dunkel nach hinten.

Da lagen die rötlichen Wurzeln – wie wir in Hamburg die Möhren nennen – halb bedeckt von gelblichem, feuchten Sand, mit kleinen kläglichen Blättchen, in der Dunkelheit blassgelb herausgetrieben. Da lag der Lauch, – in Hamburg heißt er Porree, – der das bläuliche Grün frischer, steifer Tulpenblätter sich auch im Finsteren erhalten hatte. Er duftete lieblich-streng und erinnerte das Kind an die zarten jungen Zwiebelpflänzchen, die ihm der Vater im Frühsommer zu besonders beliebtem Genuss aus den Sämlingsbeeten zog.

Kohlköpfe, rund und fest wie Riesennüsse, lagen geschichtet, das Rot und Weiß kaum noch erkennbar, die äußeren Blätter manchmal braun und glitschig, mit kleinen Schnecken besetzt.

Auch sonst war hier im Halbdunkel, in der modrigen Feuchtigkeit, ein reges Leben von kleinem Getier. Lange konnte das Kind so sitzen und zuschauen, wie die grauen Kellerasseln sich emsig ihre Wege über Erdbröckchen und faule Blätter bahnten, große und kleine. Sie hatten etwas Gemütliches, etwas Beruhigendes, ihre Harmlosigkeit stand fest. Anders war es mit den Ohrwürmern, die so zudringlich herauskamen, wo man sie aufstöberte, die sich bei der Berührung wehrten und einen ekelhaften Geruch hinterließen. Zwar hatte der Vater den Kindern immer wieder versichert, dass sie in Wirklichkeit Ohrwürmer hießen, weil sie an ihrem hinteren Ende ein Öhr tragen wie eine Stopfnadel; aber ganz sicher war man doch nicht, ob sie nicht vielleicht, wenigstens aus Versehen einmal, entgegen des Vaters Vorschrift, ins Ohr kriechen könnten, wie alle anderen Kinder es fürchteten. Die Ohrwürmer also betrachtete das Kind mit Abstand, immer bereit, sich zurückzuziehen, falls der Ohrwurm seine Bestimmung, nur ein Ohrwurm zu sein, plötzlich vergessen sollte.

Aber geradezu beängstigend und ohne Einschränkung grauenvoll waren die Tausendfüßler, in giftigem Gelb; die Behändigkeit des Ohrwurms verbanden sie mit den ringelnden, züngelnden Windungen der Schlange. Angst und Hass zuckten jedes Mal auf, wenn man achtlos einen Stein hob und statt der biederen, harmlosen Kellerasseln ein gelber Tausendfuß, der blitzschnell seine tausend Füße regte, darunter hervorschlängelte.

Wie ungefährlich waren dagegen die blinden kleinen Regenwürmer, die man beglücken konnte, wenn man sie wieder mit feuchter Erde bestreute. Die armen nackten Dinger, die in den Pfützen ertrinken und in der Trockenheit verdorren mussten.

So hockte das Kind unten in der Grube, umgeben von erdigen Düften, von Tieren, die selber aus Erdbröckchen entstanden zu sein schienen. Aber die waren nicht die Welt seines Spiels; mit ihnen konnte man sich nicht verständigen, sie konnte man nicht lieben. Da saß es ja, das kleine Wesen, um dessentwillen heute das Kind wieder die Stufen hinuntergekrochen war, ganz still saß es da, im dunklen Winkel der untersten Erdstufe, mit dem Rücken in die Ecke gedrückt, es hockte mit aufgestützten Ärmchen, mit saugenden Nüsterchen, wie das Kind, und sie saßen sich beide gegenüber, sie saßen beide still und taten einander nichts. Es war eine kleine braune Kröte, eine liebe Kröte, »Tödi« nannte das Kind sie zärtlich. Entzückend war es anzusehen, wie die zarte Haut der Kehle vom eiligen Atmen zitternd auf- und abgeblasen wurde. Diese Zehchen, die ein bisschen einwärts patschten, am Ende zu Knötchen verdickt, diese behaglich braune Haut, die ein Erdklümpchen vortäuschte und den feinen Knochenbau dennoch abzeichnete. Und dann die Augen! Die braun und goldenen Krötenaugen, die ein Geheimnis bargen, das Geheimnis der Erde schlechthin, das Geheimnis der Vermählung von dunkler Erde und goldenem Licht. Das Kind konnte sich nicht sattsehen an ihrem warmen Glanz. Tödi saß in ihrer Ecke, worauf wartete sie? Es schien keine Zeit für sie zu geben, wie für das Kind, das vor ihr hockte in der Höhle, die die Gaben des Gartens barg und, eine Welt stillen Lebens, im Grunde des Gartens ruhte.

Das Kind reckte sich, es kroch zwei Stufen hinauf und war nun mit seinen Augen in der Höhe des Rasens. Hier war eine neue Welt, hier war ein Dickicht von Gräsern und Kräutern, gesprenkelt mit Licht. Aus dem grünfilzigen Grund sprossen sie hoch hinauf in den Tag, steil die Gräser und schattend die Kräuter, die nach rechts und links die Blätter vom Stängel abspreizten. Da stand die Schafgarbe mit ihrem herbwürzigen Duft, die Genossin sommerlicher Tage, mit den gefiederten sattgrünen Blättern und der weißlichen Dolde unzähliger Blütenkörbchen, jedes ein winziges Wunderwerk. Bescheiden kroch der Klee dazwischen, bescheiden und doch schließlich alles verdrängend. Immer wieder Dreiblätter und immer wieder Dreiblätter und nie ein Vierblatt, wonach die Kinder stundenlang suchten, um Glück zu haben. Einer behauptete sich zwischen dem Klee: die harte Rosette des Spitzwegerichs, die von der Mitte aus nach allen Seiten ihre zähadrigen schmalen Blätter herausstrahlte; unbekümmert aus ihrer Mitte erhoben sich steil die Stängel, nun im Herbst schon Samen tragend, kleine braune saftig gequollene Körnchen; manchen Vögeln eine willkommene Speise.

Am Rande des Rasens aber, von vielen Füßen getreten, führte der Breitwegerich sein kümmerliches Dasein. Hart waren seine Blätter geworden, von zähen Adern durchzogen, die Ränder zerfetzt von den Tritten der Füße und wieder verheilt. Dabei trieb er immer neu seine jungen Blätter, ängstlich zusammengefaltet, aus der Mitte hervor. Wenn das Kind sich gestoßen oder sich an den Büschen blutig geritzt hatte, so ließ die Großmutter ein Wegerichblatt holen und legte es auf die schmerzende Stelle. »Das kühlt«, sagte sie. Und wirklich, die Haut liebte das lindernde Blatt.

Die Augen des Kindes drangen hinein in den Grund des Rasens, da war ein moosiges Gefilz, verästelt wie Farnkräuter. Ästelmoos. Warum eigentlich liebte das Kind es so über alles? War es ein Hauch aus Urzeiten, der noch daraus strömte? Oder waren es die Kleinmaße seiner Spielwelt, die es beglückte? Es träumte sich gern als Winzigmännlein in diesem Wald von Moos lebend, herumsteigend an den kleinen Ästen, als Geselle der Käfer und Larven und Sonnenkinder, tief im Wald des Grasbodens mit den diamantenen Kuppen der Tautropfen, die das Sonnenlicht aus sich herausblitzten und die Farbigkeit der ganzen Welt in sich bargen.

Ach ein Tannenbäumchen!, jauchzte nun das Kind leise.

Was war das Tannenbäumchen? Ein Schachtelhalmspross, der seitlich aus der abgestochenen Erdwand herausgewachsen war, aus dem sandig lehmigen Boden. Da ordneten sich die zierlichen Zweige quirlig um den Stamm, nach oben wurden sie immer kleiner; die feinen grünen Glieder waren ineinandergeschachtelt, man konnte sie herauszupfen, aber es war schade. Das grüne Bäumchen gehörte in diese Welt des Spiels, des Traumes und des Friedens. Das Kind hob seinen kleinen Körper nun ganz hervor aus der Vertiefung. Es trippelte den Weg entlang, der nach hinten zum Obstgarten führte. Es wusste wohl, wen es suchte. Papa!, rief das Kind außer sich und stürzte vorwärts.

Der Vater wandelte durch den Garten, den er geschaffen hatte, wie weiland der liebe Gott durch den Paradiesgarten.

Mitten zwischen Feldern am Rande der Großstadt lag er.

Ein Stück Ackerland, drei preußische Morgen groß, hatte der Hamburger Jurist, des Stadtlebens müde, vom Bauern Sottorf gekauft. Das war Ende des 19. Jahrhunderts gewesen, zu jener Zeit, als geruhsame Bürgerlichkeit sich in den Städten unmerklich wandelte in geschäftige und geschäftliche Regsamkeit, die sich noch wiegte in der vollkommenen Sicherheit und Gleichmäßigkeit der wirtschaftlichen und politischen Lage.

Damals begann die Bodenspekulation den Grund zu legen zum Wohnungselend in den Großstädten.

Der Bauer Sottorf wollte dem Vater gern den ganzen Streifen Acker bis hinunter an die Collau verkaufen; der Rest, weit größer als der eigentliche Garten, sollte nur zweitausend Mark kosten.

Wenn das Gebiet erschlossen würde, meinte der kluge Bauer, würde das einträgliche Bauplätze ergeben. Aber solche Gedankengänge lagen dem Vater fern. Sein Hanseatengeist war preußisch gefärbt; die Herkunft aus altem französischen Adel wirkte auch wohl nach. Nie hätte er die Hand zum Geschäftemachen geboten. So war das Land hinter dem Garten Acker geblieben. Auch links war Acker, und das Korn wogte jedes Jahr von neuem neben dem schmalen, mit Rainfarn und Beifuß gesäumten Feldweg, der am Garten entlangführte. Feld hinter Feld erstreckte sich bis in die Weite, wo zwischen fernen Bäumen das kleine Dorf Lokstedt lag. Das wusste ich wohl, denn wir hatten manchmal sonntags morgens mit dem Vater einen Spaziergang dorthin gemacht, um in der Lokstedter Bäckerei einen »Proben« (ein längliches Weißbrot) zu holen. Und doch waren für mich vom Garten aus diese bläulich schimmernden Bäume der Inbegriff der Ferne, bei der man nicht wusste, was dahinter kam. In Gedanken wanderte ich weiter und immer weiter dem Sonnenuntergang zu ins Unbekannte und nie Gestillte. Als ich größer wurde, war lange Zeit mein heißer Wunsch eine Nachtwanderung, und immer stellte ich sie mir vor in Richtung der Ferne dort, die ich seit frühester Kindheit hatte liegen sehen.

Sonderbar – es haben manche Hamburger eine Neigung gehabt nach diesen westlichen (von der Stadt aus nordwestlichen) Gebieten. In der Zeit, als Hamburg noch Festung war, aber auch so um 1800, wurde es einigen Familien zu eng in den Mauern, sie strebten in die liebliche und geruhsame Weite der Natur und schufen Sommersitze und Parks außerhalb der Stadt. So entstanden an der Elbchaussee die Herrensitze mit dem Blick über die schimmernd dunstigen Elbufer, so dehnten sich die Besitzungen im Südwesten aus, in Hamm; und so auch im Nordwesten in der Gegend von Niendorf, hinter Lokstedt, mit seiner entzückenden kleinen Barockkirche, deren gespitzte Kuppel zwischen hochragenden Eschenkronen von unserm Haus und Garten aus ganz hinten als zarte Silhouette sich abhob am bläulich bebaumten Westhorizont.

Noch heute liegen dort verschlafene Parks. Aber sie schlafen ohne den Traumduft der Erinnerung, mit dem die Parks in Süddeutschland uns so oft beseligen können. Ihre Erinnerungen sind eben doch aus dem Rahmen des – bei aller Großzügigkeit – biederen Hamburger Bürgerlebens kaum herausgefallen.

Nur an einem Platz gab es einen vergessenen, verwunschenen Zeugen alter Tage der Romantik.

Das war der Obelisk.

Ich weiß noch, welchen Zauber er auf uns Kinder ausübte, als wir ihn auf einem Spaziergang mit dem Vater entdeckten.

Von der Niendorfer Chaussee ging links ein schmaler Fußweg ab, am Rande eines Baches zwischen Wiesen; den gingen wir entlang. Rechts hinter einer Dornenhecke lag eine feuchte Wiese zwischen Bäumen, vergessen und abseits, eine ganz reizlose Wiese. Und da, mitten in Sumpf und Gestrüpp, erhob sich auf grünbemoostem Sockel ein hoher vierkantiger Stein, nach oben verjüngt. Fünf hohe Eschen waren im Kreise herum gepflanzt.

Viele kleine Nagelstellen entdeckten wir an dem Sockel; nicht zu verstehen, was sie bedeutet haben könnten. Aber eine Inschrift in schwarzer Kursivschrift konnten wir teilweise noch entziffern: »… ist einsamer Art und hasst die Pracht und den Genuss.« Wir rätselten, wer der Schreiber, wer der Beschriebene sein mochte. Wir wussten nichts von der »historischen« Romantik, und doch überkam uns der Zauber einer für immer dahingegangenen Zeit, deren Schöpfer und Genießer im Grabe moderten, während ihr versteintes Leben, hundertjährig, hier vor uns stand, greifbar – und doch als dürfte man es nicht anrühren.

Später, als Erwachsene, meinte ich jedes Mal, wenn ich an den Obelisk dachte, er müsste inzwischen verschwunden sein. Manchmal machte ich eigens den Weg – und immer stand er noch da. Heute nimmt er sich ganz verwunschen aus in der Nachbarschaft hoher hässlicher Mietskasernen und trostloser Zufallsbaracken, in der Nähe von Müllhaufen und Bombentrichtern, in denen das Grundwasser sich zu trüben Lachen gesammelt hat.

Wie mancher Traum meiner Kindheit und auch späterer Jahre führte mich in die Weite des Westens. [sic!] Noch heute sehe ich die Gegenden vor mir, die traumvertrauten Landschaften der Unwirklichkeit, die ich durchstreifte, immer weiterer Wunder gewärtig.

In Wirklichkeit aber war ein sauberer Strich gezogen zwischen der Ferne, die lockt, und der Nähe, mit der man sich bescheidet. Auch unser Vater hatte solchen Strich gezogen, das weiß ich wohl. Er betonte nämlich gar zu oft den niederdeutschen Spruch:

Nord un Süd –
de Welt is wied

Ost un West –
to Hus is's best

Nur in regenreichen Sommern oder gar zu langen Wintern brach wohl einmal eine Sehnsucht aus ihm heraus nach der beschwingteren Luft des sehr fernen Westens, die er in jungen Jahren viel geatmet hatte; dann spielte er halb ärgerlich mit dem Gedanken, alles hier Geschaffene aufzugeben und an den Rhein zu ziehen.

Der saubere Trennungsstrich gegen die Ferne aber stand sichtbar da als schnurgerade Weißdornhecke, die die ganze westliche Längsseite des Gartens begleitete und begrenzte. Der Vater hatte sie angelegt, und zweimal im Jahr wurde sie von ihm und einem Nachbarn beschnitten mit der großen Heckenschere; um Mittag saßen dann die beiden still zusammen beim Obstwein in der Veranda.

Diese dichte Hecke war Brutplatz und Aufenthalt für Grasmücken und Zaunkönige. Auch Drosselnester fanden wir zuweilen darin.

Vor dieser Hecke aber hatte unser Vater eine Baumreihe gepflanzt, und zwar Akazien (Robinia pseudoacacia). Sie gaben Windschutz für seine Obstbäume und Nahrung für seine Bienen: Akazienblüten – schwer von Honig und Duft!

An der schmaleren Rückseite des Gartens nach Norden setzten sich diese beiden Hecken fort. Auch dort sah man über Felder und Wiesen, doch weiter hin stieß sich der schweifende Blick an den Häusern des Dorfes Groß-Borstel. Ich erinnere mich, wie ich lange Zeit hindurch zwischen bestimmten Stämmen da ganz hinten Häuser mit geteerten Wänden liegen sah; sie waren mir der Inbegriff der Trostlosigkeit und gingen in meine Träume ein als »Straße zum schwarzen Revolver« – ein Traum des Grauens.

Noch näher rückte uns die Großstadt an der Ostseite.

Ursprünglich war an der ganzen östlichen Längsseite von alters her ein Knick gewesen, der die Felder getrennt hatte. Unter diesem Knick – so erzählte der Bauer Sottorf dem Vater beim Kauf des Grundstücks – hatte der Großvater Sottorf in der Franzosenzeit einen Schatz vergraben. Nachher aber, als er ihn sich wiederholen wollte, hat er ihn nicht finden können.

Der nie gefundene Schatz im alten Knick wäre wohl eine Ballade wert gewesen. Stattdessen aber waren es Großstadttragödien, die auf dem Gelände östlich unseres Gartens ihren freilich oft tröstlichen Abschluss fanden: die kirchliche Gemeinschaft

St. Anschar hatte das Gebiet für ihre Anstalten erworben, und eines Tages, als der Vater seinen Garten anlegte, sah er jenseits Baugruben ausschachten und Grundmauern errichten und hörte zu seinem Leidwesen, dass die erhoffte Ungestörtheit inmitten der Felder schon nicht mehr vollkommen war. Es entstand jedoch bald ein gutes Nachbarverhältnis, obgleich der Vater sich drüben gern als »alter Heide« ausgab und ihm die religiösen Schmachtlieder, wie sie damals üblich waren, nicht allzu gut in den Ohren klangen, viele Stunden am Tag. Aber jede der beiden Seiten fühlte sich als die überlegene und übte Nachsicht.

Es war ein kleines Königreich für sich da drüben.

Damals, in der Zeit der wirtschaftlichen Privatinitiative, beruhte ja auch die »Wohltätigkeit« noch zu einem großen Teil auf privater Grundlage. Einerseits gab es den lauten Betrieb der »guten Gesellschaft« mit ihren »Wohltätigkeitsbasaren«, andererseits die stille, selbstlose, nur zuweilen etwas moralinsaure Tätigkeit der kirchlichen Kreise. Und so war hier in aller Abgeschiedenheit von der Großstadt neben unserem Grundstück eine großzügig angelegte Stätte christlicher Nächstenliebe entstanden: Altersheime, ein Haus für verwaiste oder verelendete Kinder und Heime für »gefallene« Mädchen.

Die Häuser lagen weitläufig in einem großen offenen Park, in der Mitte die kleine Kirche »Zum guten Hirten«, deren bescheidenes Geläute unsere Feiertage begleitete.

Als Kinder gingen wir gern auf die Anscharhöhe, zu Schwester Marie, der dicken freundlichen, nahrhaft glänzenden, in die Milchküche; oder zu Schwester Amalie, der zarten, deren feingezeichnetes Gesicht wie bei allen Schwestern eingerahmt war von der großen Haube der Diakonissinnen aus wunderbar gleichmäßigen Röhrenfalten von schneeweißem steifen Tüll; als Kind bewunderte ich vor allem die schmetterlingshafte weiße gestärkte Schleife unter dem Kinn. Schwester Amalie herrschte über die Siechenhäuser »Bethanien« und »Emmaus«, wo alte Damen erster, zweiter und dritter Klasse Heim und Pflege fanden.

Meistens fand man Schwester Amalie aufrecht in einem Sessel sitzend, und wir durften uns auf die Kante eines Podiums niederhocken, das eine Art Erker mit Fenstern ganz ausfüllte, wie man es damals in der Zeit der »altdeutschen« Mode liebte. Einmal, in den Weihnachtstagen, fragte Schwester Amalie uns, was denn das Christkind uns gebracht hätte, worauf wir ganz betroffen erwiderten, dass bei uns nur der Weihnachtsmann käme.

Ihre Nachfolgerin, Schwester Adelheid, mit ihren lebhaften Augen, ihrem schwarzen Scheitel und ihrer munteren Stimme war ein unermüdlich tätiger und erstaunlich großzügiger Mensch, belesen und in allen Kulturangelegenheiten bewandert; sie war das schönste Beispiel für die Auflockerung der starren kirchlichen Grundsätze und einer neuen Lebensnähe der Kirche.

Die schlichteste und zugleich großartigste Gestalt der ganzen Anscharhöhe aber war »Mutter Langer«. Sie betreute die Fürsorgemädchen. Nicht immer war es leicht, sie zu regieren, und von Zeit zu Zeit hörten wir von Ausreißern, die sich in den Strudel der unwiderstehlichen Großstadt werfen mussten. Meist nach wenigen Tagen brachte die Polizei sie wieder, oder sie kamen freiwillig in Mutter Langers immer offene Arme zurück.

»Meine Kinder sind alle gut«, sagte sie einmal mit ihrer bedächtigen, fast verträumten Stimme zu unserem Vater, als er meinte, dass sie es mit manchen Mädchen doch recht schwer hätte. Diese Güte strahlte von ihr aus, von ihrer schweren Gestalt und ihrem großen Gesicht. Die strengsten Schwestern hatten nicht eine solche Autorität bei den schwierigen Mädchen wie sie, die nur den Saal zu betreten brauchte, und alles war still. Recht eine Landesmutter war sie. Die Selbstverständlichkeit ihrer Berufung trug sie mit königlicher Würde und wahrhaft christlicher Demut. Sie gehörte zu den Menschen, die unantastbar sind; selbst die Verworfenheit aus der Gosse der Großstadt spürte es.

Das war also unsere Nachbarschaft nach Osten.

Der Knick, der ursprünglich die Grundstücke getrennt hatte, war zum Teil durch eine hohe Planke ersetzt, hinter der wir Schweine grunzen und Hühner gackern hörten, denn dort lag die »Ökonomie«. Nur im hinteren Teil unseres Gartens war keine Planke, hier standen die letzten Weißdornbüsche des alten Knicks, der vom Vater ersetzt worden war durch eine Wildrosenhecke von duftenden »Sweet briar«.

An der vorderen Schmalseite des Grundstücks, der »Front«, lief ein Weg, der die Grenze bildete zwischen Preußen und Hamburg, so ein paar Meter Niemandsland, für das sich keine der beiden Gemeinden verantwortlich fühlte und das bei schlechtem Wetter zu einem wahren Morast wurde.

Am Ende des Weges stand der unverrückbare Grenzstein, H-P (Hamburg-Preußen) war sauber oben in den Stein gemeißelt. Zur Verdeutlichung standen daneben noch zwei Grenzpfähle, der eine schwarz-weiß bebändert, oben mit dem sorgfältig gemalten preußischen Adler, der andere, weiß-rot bebändert, mit dem Hamburger Wappen, dem dreitürmigen Festungstor: ein Symbol zugleich für die Geschlossenheit wie für die Weltoffenheit unserer Stadt, deren Bürger unser Vater war.

In früheren Jahren waren die dänischen Zollbeamten auf dem Weg vor unserem Garten hin und her patrouilliert und später die preußischen, bis zum Jahre 1888, wo Hamburg dem Zollverein angeschlossen wurde.

Jenseits dieses Weges, also nach Süden, war »der Knick«, bei dem sich, wie überall in Schleswig-Holstein, Schwarzdorn und

Weißdorn, Traubenkirsche, Holzapfel, Hainbuche und Faulbaum zu einer wuchernden Hecke zusammenschlossen; einige größere Bäume hoben sich heraus. In der Mitte überragte eine große, gleichmäßig gewachsene Ulme alles Übrige; auch vom Hause aus sah man sommers und winters auf diese Ulme; sie wurde dem Kinde zum Inbegriff des Baumes; als es schon lange erwachsen war, sprang ihm bei dem Wort: »Baum« stets das Bild dieser Ulme ins Bewusstsein.

Später wurde die Ulme so groß, dass sie dem Haus die Südsonne nahm. Und wieder viel später bekam sie die Ulmenkrankheit und ging ein, gerade zur rechten Zeit, als der Walnussbaum vorn in unserem Garten begann sich auszubreiten. Nur die beiden hochgewachsenen Eschen im Knick blieben.

Bis etwa 1900 sah man auch hinter diesen Bäumen im Sommer das gelbe Korn, und davor war ein breiter begraster Weg mit Wagenspuren, der einzige Platz, auf dem die drei kleinen Mädchen außerhalb des Gartens mit Nachbarkindern spielen durften. Hinter dem Kornfeld lag die Landstraße, die stadtwärts nach Eppendorf führte.

Eppendorf war noch vor 100 Jahren ein weit außerhalb der Stadt liegendes einzelnes kleines Dorf gewesen. Später wurde es ein »Vorort« von Hamburg und endlich ein »Stadtteil«.

Der »Eppendorfer Markt«, ein Jahrmarkt von winzigen Ausmaßen, war uns Kindern ein Erlebnis großstädtischen Trubels. Da waren die Buden, in denen Waffeln und Würstchen, Küchengeräte und Werkzeuge, Spielsachen und gerahmte Öldrucke zum Verkauf auslagen. Immer waren diese Buden im Hintergrund dunkel, und an ihrer Rückseite lagen leere Kisten und Dosen, und es waren Pfützen da, die im trüben Licht der Petroleumlaternen schimmerten.

Einmal wurden wir von den Erwachsenen in ein Zelt hineingeführt; nicht eine Tür, sondern eine bauschige Portiere war der Eingang. Drinnen stand auf Beinen ein riesiger, schwarz verhängter Kasten, und ich weiß noch, welch ein Gefühl von Unheimlichkeit sich auf mich legte. Der Mann, der zu diesem Kasten gehörte, sprang dienstbeflissen hin und her, redete wie ein aufgezogenes Uhrwerk, und dies war mir fast noch unheimlicher als der schwarze Kasten. Das Furchtbarste aber war, dass die Erwachsenen meine kleine Schwester und mich – ich war drei Jahre alt – diesem Uhrwerk-Mann völlig überließen und als Zuschauer an der Seite standen, während er mit uns hantierte und uns auf einem Stuhl zurechtsetzte. Dann ging er gar hinter den Kasten, kroch förmlich hinein mit seinem Kopf, bedeckte sich mit dem schwarzen Tuch – und plötzlich, o Schreck, rief er wie ein Geisterseher und zeigte in die Luft: »Der Vogel kommt – der Vogel kommt!« Ich höre es noch in Gedanken; hier war man ja plötzlich in eine Welt niederer Zauberei geraten, die von den Erwachsenen gebilligt wurde, über die sie aber offenbar selber keine Macht hatten.

Ich besitze noch die kleine Daguerreotypie, aus der mich, wenn ich sie richtig schräg gegen das Licht halte, aufgerissene Kinderaugen anblicken, auf alles Schreckliche gefasst.

Sonst war der »Eppendorfer Markt« immer eine recht freundliche Begebenheit, und ebenso unvergesslich wie der unheimliche Fotograf waren die kleinen Gießkannen aus Blech, grün, mit Blumen bemalt, die jedes Jahr dort für uns gekauft wurden.

Noch heute erinnert der »Eppendorfer Marktplatz« an den damaligen Markt, der aufhörte, als Eppendorf »eingemeindet« wurde. An diesem Platz standen noch jahrzehntelang strohgedeckte Häuser; auf dem einen wuchsen Jahr für Jahr hohe Kornhalme aus dem Strohdach; aber lange, lange schon sind diese Häuser ersetzt durch Mietskasernen. Um die Ecke, an der Ludolfstraße, brütete alljährlich ein Storch auf dem Kamin eines niedrigen Bauernhauses. Als die Stadt näher rückte und die Wiesen ferner, blieb er fort; nachdem der Storch und mit ihm die gute alte Zeit unwiederbringlich dahin waren, bekam das Haus den Namen »Zum Storchennest«.

Nur ein einziges strohgedecktes Bauernhaus, das letzte von Eppendorf und wohl gar vom Hamburger Stadtgebiet, steht noch heute breit hingelagert am Eppendorfer Marktplatz, mit verwittertem Strohdach. Ein richtiges niedersächsisches Bauernhaus, dessen Dach nicht auf den Außenwänden ruht, sondern auf zwei Reihen Holzsäulen, die aber im Innern des Hauses, zu beiden Seiten der großen Diele, stehen. Die Außenwände dienen sozusagen nur zum Schließen des Hauses, sie brauchen also nicht so sehr kräftig zu sein; hier sind es leichte Ziegelmauern mit Fachwerk. Weit herunter reicht das schützende Strohdach auch bei diesem alten Hause, sogar vorn ist es tief in die Stirn heruntergezogen. Im Übrigen aber ist das Gesicht dieses Hauses verdeckt von einem später vorgebauten Steinkasten, der ein Lampengeschäft enthält. Vielleicht, wenn einmal die Stadt diesen letzten Zeugen alter geruhsamer Zeit ankauft, wird sie den hässlichen Auswuchs, den eine verständnislose Zeit baute, wieder verschwinden lassen und dem schönen Gebäude seine ursprüngliche Gestalt zurückgeben.

Aber eine hübsche Erinnerung habe ich an dies Lampengeschäft. Als ich im Weltkrieg dort einmal etwas kaufte und über die Kerzenbeleuchtung klagte, ging die gute behäbige Frau Meyer nach hinten in die dunkle Diele, suchte umher und brachte mir eine Lichtputzschere aus Bronze oder Messing; sie mochte aus der Goethezeit stammen und hatte sich eben gehalten in dem alten Haus, in das sie hineinpasste. Heute liegt sie in meiner Biedermeiervitrine statt auf dem verräucherten Balken der alten Diele – eigentlich schade.

Am Eppendorfer Marktplatz, vielmehr an der daran anschließenden »Friedenseiche«, war auch schon in den neunziger Jahren die Haltestelle des »Großen Alsterrings« der Straßenbahn, die um Außen- und Binnenalster herumfuhr. Damals war sie noch Pferdebahn. Es ist noch nicht lange her, dass man dem Großen Alsterring das große A, das Abzeichen seiner alten Würde, genommen und ihn den anderen Bahnen gleichgeschaltet hat, die nur eine Nummer führen.

Eppendorf also war das »Zwischenland« von unserem Garten aus zur Großstadt hin. Die Landstraße, die dorthin führte, war von Feldern und Knicks begleitet; eben begann man, die ersten Gartenhäuser daran zu bauen. Wagen zuckelten stadtwärts, andere dorfwärts. Einen besonderen Eindruck machten mir immer die Planwagen, bei denen der Kutscher im dunklen Schutz einer riesigen Höhle thronte. Die Planwagen hatten beinahe etwas von dem Reiz der Wohnwagen der fahrenden Leute. Diese fahrbare Gemütlichkeit übt wohl deshalb einen so großen Reiz aus, weil sie beide Sehnsüchte verbindet: das Wandern in die Weite und das behagliche, geschlossene Heim.

Gegen die Jahrhundertwende sahen wir von unseren Fenstern aus – der Blick über das Kornfeld war damals noch frei – blitzende Stahlräder in jagendem Tempo die Landstraße entlanggleiten. Unheimlich waren sie uns. In ihrem Blitzen und Vorbeigleiten lag anderes als die Erfüllung von Wandersehnsucht. Es waren die ersten Boten einer Zeit der Rastlosigkeit und Fluchthaftigkeit; Windzeit nennt die Edda sie.

War schon die Landstraße eine selten befahrene Straße, so war erst unser kleiner Weg dahinter völlig vereinsamt.

»Es geht ein Mensch vorbei!«, riefen die Kinder wichtig und die Erwachsenen lächelnd, wenn sich einmal jemand dort zeigte.

Aber so war es unserem Vater gerade recht gewesen, als er das Stück Feld gekauft hatte, um es in einen Garten zu verwandeln.

Wie wurde der Garten angelegt? Das Grundstück hatte eine verhältnismäßig schmale Front und erstreckte sich tief hinein. Es wurde der Länge nach aufgeteilt in den Vordergarten ums Haus herum, den etwas größeren Mittelgarten oder Gemüsegarten und den ganz großen Obstgarten hinten, der nur Gras und Obstbäume hatte.

Der Garten vorm Haus war ein Zugeständnis an die Bürgerlichkeit; die Rasenplätze mit den geschlungenen Wegen waren eine kleinbürgerliche Nachbildung der großen englischen Rasen, wie sie die Gärten der ehemaligen Hamburger Patrizierfamilien in Harvestehude und an der Elbchaussee noch heute zeigen. Im Vordergarten waltete die Mutter, sorgte um das Reinhalten der Wege und die Ordnung auf dem Rasen vorm Haus. Jeden Sonnabend wurden die Wege geharkt, wir Kinder hatten unsere besonderen kleinen Harken, um dies Werk eifrig zu unterstützen. Als einmal an einem solchen Sonnabend der Himmel voll von Lämmerwölkchen war, rief eine von uns begeistert aus: O sieh, der Himmel ist auch geharkt!

Die Kanten der Rasen wurden alle paar Wochen auf das Sorgfältigste vom Vater abgestochen und das Unkraut, vor allem der schöne goldgelbe Löwenzahn, entfernt.

Zwei einzelne schlanke Bäume standen vorn auf dem Rasen: Sorbus torminalis, eine Art Eberesche mit nicht gefiederten, sondern gezackten Blättern; und eine zarte, leicht gebeugte Blutbirke mit grauweiß geflecktem Stamm und dunkelroten Blättern. Sie starb früh im Schatten der mächtigen Ulmen und Eschen.

Ein geschlungener Weg teilte den vorderen Rasen in zwei ungleiche Flächen, und ein breiter Rasenstreifen zog sich ebenfalls in einem angenehmen Schwung am westlichen Boskett entlang bis hinters Haus. Er war mit hochstämmigen Rosen bepflanzt. Noch sehe ich vor mir als Erste in der Reihe den schlanken Stock der Teerose, bei der man immer nicht wusste, ob ihr Duft oder ihre Farbe dem Tee ähnlich war; »Allen Richardson« war es.

In derselben Reihe stand die »Schwarze Rose«, deren Farbe so dunkelrot war, dass sie wirklich dem Schwarz nahekam. In einem Sommer brütete eine Grasmücke in ihrer Krone.

Weiter hinten stand eine altmodische weiße Rankrose, von den Tanten unwillig »die Friedhofsrose« genannt. Die leichte Last ihrer Ranken ruhte auf einem Drahtgestell. Ihre Blüten hatten ein offenes flaches Gesicht, ähnlich den Zentifolien, aber von leichterem Stoff und flüchtigerem Duft. Ehe sie ganz erblühten, gewahrte man in ihrer Mitte einen Hauch von Rosa, überirdisch zart. Vorm Haus, auf dem Platz vor der Verandatreppe, war ein ovales Rosenbeet mit niedrigen Rosen, eingefasst mit Buchsbaum, in dem einmal – o, wie genau weiß ich das noch – zu Ostern Eier versteckt waren, einmal nur, immer war es sonst um Ostern zu kalt in Hamburg.

Rechts im Beet stand die kräftig-rote Fisher und Holms, die bei Regen immer so trostlos bläulich wurde. Neben ihr trug Kaptän Christi auf steifen Stängeln ihre schönen Blüten von einem so hellen heiteren Rosa wie frischgestärkte Jungmädchenkleider. Vorn links stand in diesem Beet die Lieblingsrose unserer Mutter, die Moosrose, deren Kelchblätter sich verzweigten wie das geliebte Ästelmoos und klebrig waren und nach Harz und wilden Rosen dufteten.

Die Rosen gehören zu meinen allerfrühesten Kindheitserinnerungen, und ich weiß, dass die schwebende Seligkeit meiner drei ersten Kindheitsjahre mit ihnen verbunden war.

Weiter hinten am Haus, nach Osten, war ein rundes Rosenbeet, in dessen Mitte die seltene Kapuzinerrose stand, die ich nirgends und niemals wiedergesehen habe, eine große ungefüllte Rose mit aprikosenfarbenen Blütenblättern. Auf diesem Beet stand auch die einzige weiße Rose unseres Gartens, die unsere Mutter die »Seerose« nannte, ein Sport von Kaptän Christi.

Ein »Weiher mit Seerosen« gehörte ebenso zum romantischen Bestand aus den Mädchentagen unsrer Mutter wie die »Klosterglocken« oder »Zigeuner am nächtlichen Lagerfeuer«.

Rosen wurden nur selten abgeschnitten. Aber wenn wir krank waren, stellte uns die Mutter eine Rose vors Bett. Das war eine besondere Auszeichnung. Einmal bekam ich eine solche »Seerose«, und in der Erinnerung ist mir, als hätte ich keine Kinderkrankheit erlebt ohne die weiße Seerose auf dem Stuhl vor meinem Bett.

Zwischen diesen beiden Rosenbeeten, seitlich neben der Veranda, war das Azaleenbeet.

Es war Azalea pontica; der Vater hatte verschiedene Farben von ihnen bestellt, aber zu seiner Enttäuschung nur gelbe erhalten. Oft erklärte er uns den Unterschied zwischen der steiferen, duftlosen Azalea mollis, von der viele Farben bekannt sind, und der Azalea pontica, bei der die lachsroten und sahnefarbenen Tönungen selten zu haben sind. In den Parks an der Elbchaussee waren sie zu finden.

Azalea pontica aber hatte den betäubend süßen Duft, und in der Blütezeit wogte er in schweren Wellen durch den ganzen Vordergarten.

Wenn die Blüten welkten, fielen sie nicht ganz zu Boden; die langgestielte Narbe hielt die dünne Röhre der Blüte im Hinuntergleiten auf, und so hingen sie dann, eine nach der andern, recht traurig an den fadendünnen Stempelfäden, aber immer weiter dufteten sie; und wenn sie ganz dürr waren, dufteten sie immer noch.

Im Herbst erglühte das Beet in neuer Pracht, es war die

Herbstfärbung der schmalen Blätter, die rosettenartig am Ende jedes Zweigleins sich ordneten und die dicke Blütenknospe für das nächste Frühjahr, braun geschuppt und harzig, umgaben.

Wie innig habe ich als Kind teilgenommen am Entstehen und Vergehen dieser Farbenwandlung. Da blichen die schwächeren Blätter zu einem fahlen und weißlichen Gelb, mit falschem Frühlingsgrün gerändert; da leuchtete ein sattes Gelb, das zuweilen in Orange überging, da flammte ein wildes Rot, ganz rein oder durchsetzt mit kraftvollem Grün.

Später wurde aus dem Azaleenbeet ein knorriges Gebüsch von kahlen schwarzen Stämmen, denen man die Pracht nicht glauben konnte, die zwei Meter höher aus ihnen hervorbrach, jedes Jahr von neuem.

Zwischen dem Azaleenbeet und dem runden Rosenbeet fand lange Zeit hindurch ein Spiel seinen Platz, das aus dem Zeitgeschehen und der Anregung des Vaters entstand: der Nord-Ostsee-Kanal. Mit unseren Sandschaufeln wurden zwei Vertiefungen gegraben in einiger Entfernung voneinander; links war die Nordsee und rechts die Ostsee. Zwischen beiden wurde der schmale Kanal gelegt, in der Mitte blieb ein Stück stehen. Dann wurde Wasser geschleppt und damit zunächst die Nordsee gefüllt. Mit unseren kleinen Gießkannen eilten wir hin und her. Endlich kam der große Augenblick: der Durchbruch. Mit schnellem Spatenstich wurde der letzte Streifen trennendes Land durchbrochen, und dann strömte das Nordseewasser durch den Kanal in die Ostsee hinein.

Neben dem Azaleenbeet, hinter der Rosenreihe und dem Boskett war der »Wald«. Der uralte Weißdornknick, der lange, lange vor dem Entstehen des Gartens die Grenze gewesen war, bildete seine Rückseite nach Osten.

Vor dem Weißdornknick standen im Wald Akazien, Ahornbäume und wilde Mirabellen, in der Mitte ein breit ausladender Kirschlorbeer mit harten, glänzenden Blättern. Auch eine Felsenkirsche war dabei, deren junge Triebe, bitterlich würzig, zum Gurkeneinlegen benutzt wurden mitsamt jungen Weintrieben. Hinter der Felsenkirsche ragte ein Rotdornstrauch heraus, ein besonderer Liebling unserer Mutter, der Einzige in unserem Garten. Er musste sich mühsam aus der Bedrängnis durch die anderen Büsche jedes Jahr etwas weiter herausrecken, um noch Licht zu erhaschen.

Besonders unverschämt breitete sich hier der Kräuterbirnbaum aus, den wir auch sonst nicht zu den Edlen unseres Gartens zählten; seine Birnen wurden nicht einzeln gepflückt, sondern gefühllos geschüttelt, kamen reif und auch unreif herunter und waren mal mehlig und mal saftig, von eigenartigem Kräutergeschmack. Dem Wald vorgelagert war das »Boskett«, wie es damals in den Gärten üblich war, von Fliederbüschen, Schneebällen, japanischen Quitten, Mahonien und Schneebeersträuchern. Rechts bildete neben der Teerose der »Teestrauch« den Abschluss, das war eine Spirea mit holzigen Stämmen wie Himbeeren. Neben dem Teestrauch war der »Eingang« in den »Wald«, das Schlupfloch für uns Kinder.

Im Wald war es richtig dunkel, von der einen Seite her durch das dichte Boskett, von der anderen Seite durch eine ähnliche Anlage des Nachbargrundstücks.

Der Wald war unser beliebtester Ort zum Spielen. Die Moospolster, die herabgefallenen Blätter, die Ahornkeimlinge, die Ulmensamen, die Käfer und Regenwürmer, die Mehlbeeren an den Dornbüschen, die abblätternden Rindenstücke – eine unerschöpfliche Fundgrube war der Wald zu jeder Jahreszeit.

Außerdem war so eine geheimnisvolle Luft da. Man fühlte

sich geborgen und geschützt und doch auch wieder umweht von leichter Gruseligkeit.

Ich gestehe es gern, dass alle Vorstellungen von Wald sich bei mir bis ins Erwachsensein mit unserem Kindheitswald deckten. Rotkäppchen ging in unserem Wald zur Großmutter, und die Wölfe waren in unserem Wald zu Hause, man sah sie nur zufällig nicht. Auch die Hexe hatte ihr Knusperhäuschen im dichten Gewirr unseres Bosketts, und Hänsel streute die Kieselsteine von einem Stamm zum andern. Auch der »richtige« Wald des Borsteler Gehölzes, das wir als Kinder besuchsweise kennenlernten, tat dem keinen Abbruch. Nur Jorinde und Joringel waren niemals in dem Kinderwald, sondern immer in einem ungeheuer traurigen Wald voll hoher kahler Stämme, durchzittert von dem Ruguh-gu der Holztauben. Diesen Wald hatte ich nie gesehen. Er mag eine uralte Erinnerung früherer Geschlechter sein. Wir Kinder schliefen oben im Ostzimmer, und wie manches Mal habe ich mit aufgestützten Armen im Fenster gelegen und von oben auf das Gezweig und Geblätter des Waldes geschaut, wünschend, ich wäre ein einziges Mal ein Vogel und könnte darin umherfliegen. Besonders lieblich sah es im Frühjahr aus, wenn der Ahorn seine grünlichgelben Dolden trug mit dem köstlichen Honigduft, wenn die Schneebeersträucher ihre durchsichtig grünen Blättchen in der ersten Frühlingssonne entfalteten, oft mit angefrorenen Rändern. Aber am beglückendsten waren mir die wilden Mirabellen (Prunus mirabulana), an deren schwarze dornige Zweige über Nacht die weißen Blütensternchen sich hefteten wie zarte Schneeflocken. Noch nach Jahrzehnten gingen sie durch meine Träume. Wenn ein langer Winter an mir zehrte und nirgends, nirgends ein Stück Frühling sich zeigen wollte, dann tauchten, ach wie oft, die blühenden Mirabellenbäume in meinem Traume auf. Oft verwandelten sich ihre Blüten in große südliche Wunderblumen, vor denen ich staunend stand: eben war doch noch trostloser Winter gewesen und plötzlich war die Welt mit Seligkeit überschüttet!

Später sind die wilden Mirabellenbäume höher und dünner geworden im Lebenskampf zwischen Ahorn und Akazien, und schließlich sind sie wohl eingegangen, denn schon lange, lange sah ich sie nicht mehr. Im Herbst wurde das Laub im Vordergarten zusammengeharkt und auf den Komposthaufen gebracht; aber ich weiß noch, dass wir es jedes Jahr unserer Mutter von neuem verdachten, dass sie auch im »Wald« das Laub zusammenharken ließ. Der Wald war doch unsere Zuflucht vor aller Bürgerlichkeit, auf die wir nicht nur als Kinder, sondern auch als junge Mädchen leise und lauter pochten.

Dieser Widerstand gegen das, was »man« tat, was gesellschaftlich üblich war, mochte die erste unbewusste Regung der Zeitströmung sein, aus der später die Jugendbewegung hervorgegangen ist.

Hier muss ich etwas sehr Wunderliches behaupten: Eine Vorläuferin der Jugendbewegung aus den neunziger Jahren war eine Schriftstellerin – die nachmals so vielbelächelte Marlitt. Unser Vater schätzte sie sehr; er vertrat den liberalistischen Fortschritt, soweit dieser Kirche, Gesundheitswesen und Gesellschaft anbetraf. Ende des 19. Jahrhunderts spielte ja eine ähnliche Bewegung wie Ende des 18. Jahrhunderts, ein Zurück zur Natur und ein Zurückführen der erstarrten gesellschaftlichen Sitten auf sinngemäße Grundlage. [sic!] Und dies vertrat die Marlitt in ihren Romanen, und um dessentwillen wurde sie vom Vater so hoch geschätzt.

An der linken Seite des Vordergartens, also gegenüber dem »Wald«, zog sich, wie es damals üblich war, eine Rabatte am Rasen entlang, mit japanischen Quitten und Mahonien besetzt.

Diese Quittenblüten vom lichten Weiß bis zum tiefsten Rot waren in jedem Frühjahr unser erstes Entzücken. Da waren dunkelrote Kelche mit weißen Blütenblättern und grüne Kelche mit zartrosa Blüten an den schwarzen Zweigen, noch ehe die blanken rötlichen Blätter sich auseinanderfalteten und grün wurden. Die deftigen Mahonien mit ihren unnahbaren Stachelblättern, die den ganzen Winter überdauert hatten, waren dagegen recht langweilig; das Dottergelb ihrer Blüten sah gar zu nahrhaft aus. Dagegen waren die japanischen Quittenblüten wahre Flügelkinder der Natur. Diese Rabatte lief neben dem Weg, der von der Pforte aus am Haus entlang und zur rückwärts gelegenen Haustür führte. Eine sehr deutliche und merkwürdige Erinnerung habe ich an diesen Weg. Längere Zeit hindurch – ich mag vier bis sechs Jahre alt gewesen sein – sah ich ab und zu einen grauen Zwerg mit grauer Kappe diesen Weg entlang dem Hause zueilen in weit ausholenden Sprüngen. Es war mir jedes Mal von neuem ein zugleich erschreckendes und beglückendes Erlebnis. In der Zeit, als sich dies alle paar Tage wiederholte, sprach ich davon und erfuhr, dass niemand sonst den Zwerg gesehen hatte, obgleich ich ihn sozusagen als unseren Hauszwerg empfand. Unsere Großmutter meinte, das würde wohl ein Wiesel gewesen sein, das in hohen Sprüngen den Weg entlangkam. Ein Wiesel hatte ich noch nicht gesehen, es gab auch keins bei uns, aber ich wusste doch, dass es weiß und schwarz und klein und schlank war, aber kein grauer Zwerg. »Du musst schnell rufen, wenn du ihn siehst, damit wir ihn auch sehen«, sagte unsere Großmutter. »Es ist ja nur ein Husch«, sagte ich, »bis ihr kommt, ist er schon vorbei.« Und ich wusste nun, dass die andern gar keine Ahnung hatten, wie diese Erscheinung vor sich ging. Später zeigte sich der Zwerg immer seltener, und als ich sechs oder sieben Jahre alt war, hörte das alles auf. Was es gewesen sein mag, weiß ich noch heute nicht.

Etliche Jahrzehnte später aber hatte ich noch einmal einen Traum von unserem Hauszwerg: Ich kam von der Haustür die Treppe hinauf, die zu den Wohnzimmern führte. Da erblickte ich, auf der obersten Stufe hockend, unseren Hauszwerg, behängt mit schwarzem Flor. Ich war bestürzt und fragte schon im Traum: Was mag das bedeuten? Erst nach einer Reihe von Tagen fiel mir plötzlich ein, dass in jener Nacht unsere Mutter zehn Jahre tot war, und ich – ich hatte den Tag vergessen. Das war mir unfasslich, denn in jedem Jahre hatten wir dieses Tages innig gedacht.

Gleich hinter dem »Wald«, auf der Linie, die durch die Rückseite des Hauses gebildet wurde, begann das Gebiet der Nützlichkeit: zunächst am Wald der Aschenhaufen, von wilden Taubnesseln überwuchert, in dem wir manchen bunten Scherben fanden, zur Freude und zum Spiel. Dahinter, versteckt durch eine Reihe Holunderbüsche, der Komposthaufen, den wir mieden. Wenn im Frühling davon abgestochen wurde, regten sich unzählige braunrote Regenwürmer darin, nein, das war nicht schön. Trotz dieser üblen Nähe saßen wir gern in den inzwischen baumartig erstarkten Holunderbüschen. Hier hatten wir unsere Plätze im Geäst und aßen das Holundermark aus den jungen Zweigen. Übrigens kannten wir nicht den Namen Holunder, sondern sagten Flieder, während wir die Fliederbüsche mit den lila Blüten Syringen nannten. Noch etwas weiter nach hinten war die Geschirrkammer, die der Ausgangspunkt der ganzen Gartenschöpfung gewesen war und nun zur Beherbergung des Gartengeschirrs diente, das nach jedem Gebrauch wieder bis zur vollkommenen Blänke gereinigt werden musste; so wurde es schon uns Kindern eingeprägt. Daneben stand die Fliederlaube, nach Süden geschlossen und nach Norden offen, also eine Laube für heiße Sommertage. Zuweilen wurden Küchenverrichtungen, bei denen wir Kinder helfen durften, dort erledigt. Aber sie war doch etwas zu weit vom Hause entfernt. Da war die Akazienlaube geeigneter, die nach Osten offen war und so Schutz gegen den Westwind bot. Sie schloss sich an den Platz hinterm Haus an und lag nächstens zur Haustür. Unzählige Male trippelten wir die Treppe zur Küche herunter, um Sachen zur Akazienlaube hin- und zurückzubringen.

Beide Lauben haben keine lange Lebensdauer gehabt. Die Fliederlaube wuchs in die Höhe, der feststehende Tisch vermorschte, und auch die Akazien waren ja keine eigentlich laubenbildenden Bäume. Als wir Schulkinder waren, bestand auch diese Laube schon nicht mehr. Das Hauptstück des Vordergartens aber war die »große Laube«, eine kreisförmige Hainbuchenlaube, in der vorderen Ecke des Gartens, anschließend an den »Wald«. Zum Hause hin, also nach Südwesten, war sie offen. Dies war so recht die Besuchs- und Kaffeelaube, um deren großen Tisch man sich bei festlichen Gelegenheiten sammelte. Tante Anna aus Lübeck behauptete, sie sei so groß, dass ein Wagen mit Pferden darin wenden könne, aber das war übertrieben. Schwierig war, diese Hainbuchenwand zu schneiden; auf Gartenstühle und Trittleitern musste man steigen, denn sie war fast zimmerhoch. Leider wurde sie allmählich unten kahl, als die Bäume des »Waldes« und vor allem die riesigen Kastanien hinter der Laube, auf dem Nachbargrundstück, mächtiger wurden. Uns Kindern konnte es nur recht sein, dass wir Ausgucke und Durchschlupfe hatten, aber den Erwachsenen gefiel es nicht, dass von hinten die Bewohner der Anstalten gelegentlich auf ihren Kaffeetisch sehen konnten. Sie wollten Rückendeckung, und als Behelf wurde eine Rollwand angeschafft, die zugleich Schutz gegen den Ostwind war.

Endlich aber bestand die »große Laube« nur noch aus kahlen Hainbuchenstämmen, die oben eine breite Schicht von wilden Zweigen trugen, die zum Licht hinaufwucherten.

Inzwischen war eine andre Laube an der Vorderseite des Hauses entstanden: die Weinlaube. Sie lag an der warmen Südwand und bot doch Schutz gegen die Sonne. Der Vater hatte sie angelegt in der Art der aus Weinreben bestehenden Überdachungen in italienischen Wirtsgärten: zwei feste Pfeiler trugen ein Lattenwerk, das sich hinten auf das Sims des Hauses stützte. Die üppigen Reben, für die die Hauswand nicht mehr Platz hatte, wurden über das Lattenwerk geleitet. Nach vorn schwankten sie lustig und grün mit verkrillten Rankfingern in die freie Luft hinaus, bis sie im Herbst wieder beschnitten und gebändigt wurden.

Drei Weinstöcke bekleideten die Südwand des Hauses. Links die Magdalenentraube (Madeleine royale), deren Beeren ein helles Gelbgrün und eine helle Süße hatten. In der Mitte, also auch an der Weinlaube, der Frühe von Malingre, dessen Trauben von der Weinlaube herabhingen. Man hätte so gut im Sitzen gleich davon speisen können; aber andere Liebhaber des Süßen kamen stets zuvor: die Wespen. Sie probierten schon die ersten reifen, länglich-runden, durchsichtig grünen Beeren, und ehe die ganzen Trauben für die Menschen reif waren, hatte ein Geschwirr von Wespen ihre Beeren ausgesogen und ausgehöhlt, so dass die faltigen braunen Hüllen hässlich an den Stielen baumelten. Der dritte Weinstock, rechts neben der Veranda, war der Frühe Leipziger, der von den dreien der späteste war. Seine Beeren waren am größten, dicht aneinandergeklemmt in der Traube, noch in der Reife blaugrün, aber glasig und sehr zart, von herb-würzigem Geschmack, wie ein voller Moselwein. In kalten Sommern reifte der Frühe Leipziger nicht ganz.

Die drei Weinstöcke sind noch heute am Leben. Obgleich ungepflegt und schlecht ernährt, bringen sie doch jedes Jahr treulich ihre süße Ernte.

Der Obstgarten reichte bis in den Vordergarten hinein. An der hässlichen Planke, die uns gegen den niemals gesehenen Schweinestall abschloss, wuchsen zwei köstliche Pflaumen, die früheste und die späteste unseres Gartens. Von herrlicher Süße war Lucas' Frühzwetsche, von der wir jedes Jahr unerwartet früh reife Früchte im Grase fanden. Neben ihr, im Anfang als Spalierobst gezogen, die große runde Pflaume Graf Altans Reineclaude, mit heller fleckiger Haut und festem Fleisch, aus dem der Saft rann, und selten schönem Duft. Das war die späteste Pflaume des Jahres.

Und als dritter Baum an dieser Planke, dicht am »Wald«, war da die unübertroffene aller Kirschen, die Hedlfinger Riesen, eine Knorpelkirsche von kleiner Pflaumengröße, von kurzem spröden Fleisch, süß und kräftig, wenn sie genügend ausgereift ist. Ich erinnere mich noch, wie wir um den Vater herumstanden, um je eine einzelne Kirsche ausgeteilt zu bekommen.

Leider hatte der Urhedelfinger nur einige Jahrzehnte Lebensdauer. Ein Nachkomme von ihm, ein Sämling, stand später ganz hinten im Obstgarten. Auf ihn wurden dann von den Resten des Alten einige Zweige gepfropft. Er wuchs ungeheuer schnell, blühte und trug jedes Jahr reichlich. Seine Früchte aber waren »zurückgeschlagen«, nicht so groß und fleischig, und der Stein im Verhältnis größer. Nur die Pfropfäste trugen bessere Früchte, die aber auch niemals an den Alten herankamen. Trotzdem, jedes Jahr freuten sich viele Menschen erst über die Wolken von Blüten, dann über die Tausende von heranreifenden Kirschen; und wenn die Erfüllung ganz nahe schien – plötzlich über Nacht oder über Mittag, niemand hat es je gesehen –, fiel ein Schwarm Stare oder Drosseln auf den Baum und machte ihn in wenigen Stunden leer. Man hätte ja vielleicht die Früchte vor der Reife abnehmen können; wir versuchten es manches Mal, aber der Tochterbaum hatte noch mehr als der Alte die Eigenschaft, dass die Früchte vor der

Reife viel Blausäure enthielten, bitterlich schmeckten und geradezu gesundheitsschädlich waren.

Noch heute nimmt die Tochter Hedelfinger einen ungebührlich großen Platz im Obstgarten ein. Sie wächst jedes Jahr weiter in die Breite und in die Höhe. Noch jedes Jahr hoffen viele Menschen auf einen tüchtigen Korb Kirschen von ihr, noch jedes Jahr gewinnen die Vögel das Rennen.

Rundherum um den Baum sind Schösslinge aufgesprossen, oder sind es Sämlinge? Diese Enkel des alten edlen Hedelfinger sind nun ganz wild, tragen kleine belanglose Früchte. Das Einzige, das wir an Genuss von dem riesigen Baum haben, sind die Knospenzweige, die wir hier ohne Bedenken in reichem Maße abschneiden können, um vielen Menschen mit den im Zimmer aufbrechenden Kirschblüten eine Freude zu machen.

Hinter dem Haus lag zunächst ein glatter Platz, auf dem die Pumpe stand. Der Wasseranschluss kam erst nach dem Weltkrieg; vorher hatte Hamburg nicht erlaubt, dass die Leitung über die Grenze ging; ebenso war es mit elektrischem Strom.

Der Schacht der Pumpe war vierzig Fuß tief, wie unser Vater gern mit Stolz erzählte. Das Wasser war nur acht Grad warm, frisches, reines Quellwasser, das von einigen Liebhabern auf der Anscharhöhe in Krügen geholt wurde.

Hinter der Pumpe, neben der Akazienreihe, war der Tümpel für das verbrauchte Wasser, in das hinein das Mädchen in weitem Schwung das Wasser der Feudeleimer hineinquatschen ließ, so dass Blasen emporquirlten aus der Trübe. Am Rande stand ein Weidenbusch, der aber bald nur dürftig und kläglich seine Zweige über den Tümpel hinüberschwang und seiner Aufgabe, ihn zu verdecken, von Jahr zu Jahr weniger nachkam. Sicher konnte er das Seifenwasser nicht vertragen, das ihm täglich so reichlich zuteilwurde. Niemals durfte man sich den Weg verkürzen und das seifige Wasser etwa an die Schattenmorellen am Haus gießen, auch nicht auf den Komposthaufen durfte es, darauf hielt der Vater streng.

Ebenfalls hinter dem Hause befand sich der ländliche Abort, von unseren Eltern nach französischer Weise als »Privée« bezeichnet. Da es in Höhe und Weite auf die Maße großer Erwachsener eingerichtet war, konnten wir Kinder uns nur mit baumelnden Beinen oben auf dem Sitz mühsam halten. Das Privée war so der Schrecken meiner ganzen Kindheit, eine Quelle ständiger Angst; und dann die finstere Grube, in die man kaum hineinzublicken wagte! Sie war der Sitz gräulicher Geister und Gespenster, die man bannen musste, solange man verweilte, mit immer neu erfundenen magischen Regeln, wie zum Beispiel: Man zählte bis hundert, so lange durften sie einem nichts tun; dann beeilte man sich natürlich, um vor »hundert« den Ort wieder verlassen zu haben. Wenn es aber nicht so schnell vonstattenging, so zählte man zum Schluss eben etwas langsamer.

Wenn dagegen im Frühjahr und Herbst »die Goldgrube«, wie unser Vater sagte, geöffnet wurde, wenn von der auszementierten Grube hinter dem Häuschen die Bretter, mit Dachpappe und Ziegelsteinen sorglich bedeckt, abgenommen wurden und die dunkle Pracht, dem Sonnenlicht preisgegeben, dalag, so war aller Schrecken gewichen, die bösen Geister nie gewesen, und der Duft, der den ganzen Garten durchzog, war zwar unangenehm, aber niemals grauenerregend, denn nun gewann die vernünftige Betrachtung die Oberhand: Die Obstbäume bekamen ihre Nahrung; um jede Baumscheibe herum waren Löcher gegraben, daneben lagen die Grassoden; sie wurden mit dem »Gold« gefüllt, das gut durchfrieren musste; später wurden die Löcher zugeschüttet und die Soden wieder eingefügt.

War die Grube dann wieder bedeckt, sonnenlos und schwarz, so hielten sofort die bösen Geister wieder ihre Herrschaft darin.

Dem finsteren Orkus benachbart, aber ein Tummelplatz der Windgötter, war der Bleichplatz, der große Rasen, hinterm Haus und hinter der Pumpe, zwar ein Feld der Nützlichkeit, aber wie kein anderer Platz im Garten geschaffen für freies Umherjagen gegen den Wind – mit dem Wind, für geregelte Spiele und unbändiges Austoben.

Wenn die Wäsche an den endlosen Leinen zwischen den Wäschepfählen flatterte und knatterte, dann griff der Himmel sichtbar in die tobende Lust mit ein. Die Mutter mit dem Mädchen vom Lande – sich hochreckend und mit den knarrenden Wäscheklammern die großen Laken über die Leine heftend – oder die wiegenden Waschkörbe, gehäuft voll von duftendem Leinen mit abgereckten Armen zwischen sich tragend – so steht die Mutter vor mir auf dem Bleichplatz, ein Bild froher, klarer, beschwingter Tätigkeit; sie, die so manche stille Last und dunkle Stunde zu überwinden hatte, hier war sie wie wir durchweht von herber himmlischer Reinheit.

An der rechten Seite des Bleichplatzes musste man sich beim Laufen vorsehen, nicht hinunterzustolpern in die Gemüsegrube, falls man nicht absichtlich verschwand in den erdigen Unterschlupf hinein, der den Erwachsenen ein nützlicher frostfreier Aufbewahrungsort für Gemüse war, den Kindern aber eine trauliche Höhle der Geborgenheit.

Links hinten am Bleichplatz war etwas, das wir noch bedeutend höher schätzten als die Gemüsegrube: die Lehmkuhle. Da war beim Hausbau auf Wunsch des Vaters eine ganze Fuhre Lehm aufgeschüttet worden, der dann in den Rasen einbezogen und nur gelegentlich für Töpferarbeiten wieder aufgewühlt wurde. Ein wilder Rosenstrauch schwang seine leichten Zweige darüber hin.

Lehm ist ein wundervolles Material für Kinderhände, viel schöner als das ölige und schlecht riechende Plastilin, das auch so aus der Natur herausgehoben ist, da es ja niemals trocknet. Der Lehm hingegen, erst geschmeidig und feucht, wird an der Luft und noch schneller an der Sonne trocken und rissig. Die gekneteten Figuren zerfallen.

Ich lebte wohl zwei Leben damals als Kind, ein träumerisches ganz in mich hinein und ein spielerisches, ein tätiges, mit meinen Schwestern gemeinsames; und darin war der Lehm ein wichtiger Teil. Schon das Herumglitschen der wühlenden Hände in der biegsamen Masse war Wonne, wie viel mehr noch das Formen von Kuchen und Gefäßen, die wir auf einem Platz an der Sonne trocknen ließen.

Man kann sich denken, mit welcher Hingabe wir später, jeder für sich, den Robinson gelesen haben. Der versuchte ja auch, Gefäße aus Lehm wasserdicht zu machen, und durch Zufall entdeckte er ein Mittel: Salz. Ich tat dann auch Salz in meine Lehmschüsselchen und versuchte, sie zu brennen, aber niemals wurden sie wasserdicht.

Mit wahrer Leidenschaft aber stürzten wir uns auf eine Anregung, die der Vater uns gab, vielleicht seiner eigenen Kindheit gedenkend: den Lehmherd. Da kneteten wir unter seiner Anleitung aus handdickem Lehm zunächst eine Bodenfläche. Darauf Wände, eine Öffnung vorn. Dann galt es, dünne Eisenstäbe oder dicken Draht zu finden, der als Rost quer über die noch niedrigen Wände gelegt wurde. Nun war über dem Rost der Feuerungsraum, und von unten wurde Zugluft zugeführt, und die Asche hatte Platz unter dem Rost. Am schwierigsten war es mit der Kochplatte, die nun wiederum auf den höhergezogenen vier dicken Seitenwänden ruhen musste. Man konnte sie allerdings ganz fortlassen und auf offenem Feuer kochen oder vielleicht einige Eisenstäbe zum Halt für den Kochtopf darüber legen.

Aber der Vater half uns, ein Stück Blech aufzutreiben, das als Herdplatte diente.

Endlich aber war ja ein Schornstein nötig. Da hatten wir ein Stück von einer engen Regenrinne, das als Schornstein von jedem Herd auf seinen Nachfolger wanderte.

Zunächst musste nun der Herd trocknen, tagelang, dann durfte ein leichtes Feuer unterhalb des Rosts aus ganz feinen Zweigen angelegt werden zum Austrocknen. Und dann war es so weit. Auf den Rost kam feingeknülltes Papier, darauf dürre Reiser, kreuzweise geschichtet und darüber einige Stückchen festes Holz. Unser Vater war selbst so bei der Sache, dass wir oft lange drängen mussten, um beim Feueranmachen auch einmal dranzukommen. Eine breite, flache Konservendose war der Kochtopf, der mit Wasser gefüllt sogleich auf das Feuerloch gestellt wurde. Nun wurde das Streichholz angerissen, das Papier entzündet, und schon knisterten die ersten Zweiglein. Weißgrauer Rauch trieb sich zum Schornstein hinaus, die Unterseite des Topfes beperlte sich mit Wassertropfen, bald waren auch die dickeren Zweige in Glut, und schnell musste für rechtzeitigen Nachschub gesorgt werden. Wir kochten, was wir im Garten fanden: Rhabarber, der nach Rauch schmeckte, und Spinat aus Vogelmiere.

Ein Lehmherd hatte keine lange Lebensdauer, gewöhnlich brach zuerst durch unvorsichtiges Dranstoßen der Schornstein heraus, oder durch Regengüsse sackte der ganze Herd in sich zusammen. Dann wurden die Eisenteile sorgfältig herausgewühlt und beim nächsten Herdbau wieder verwendet.

Viel prächtiger aber als die gezähmten Herdfeuerchen waren die großen freien Feuer mitten auf dem Bleichplatz, die wir fast wie einen Kult empfanden. Unser Vater war ja, wie er selbst gern sagte, ein »alter Heide«, der die griechischen Götter und ihre germanischen Nachfahren verehrte und stets eine leise Opposition zur Schau trug gegen das damals allerdings auch recht blutlose Kirchenchristentum. So wurde am Ostersonnabend oder zur Wintersonnenwende oder zum Erntedankfest ein Feuer entfacht.

Ein runder Platz mitten im Rasen ohne Graswuchs, mit Resten Holzkohle, bezeichnete schon die Stelle. Bald wurde es üblich, auf diesem Platz zu sammeln, was einmal verbrannt werden sollte: abfallende Zweige vom Heckescheren, stachelig und für nichts brauchbar, die abgestorbenen Stängel der Staudengewächse, die über Winter gebleicht und mürbe geworden waren, ausgesägte Äste der Obstbäume, die beim Feuerholz zu entbehren waren; auch Erbsstroh und dürres Kartoffelkraut fehlte nicht. War der »Brennhaufen« groß genug, so erprobte man mit hochgehaltenem nassen Zeigefinger (tat Robinson das nicht auch?) die Richtung des Windes; wo er herkam, da wurde unten eine Höhlung in die Zweige gewühlt, Papier oder Stroh aus dem Ziegenstall hineingeschoben, eine Streichholzschachtel erbettelt – und bald fuhren die Flammen durch das trockene lockere Gezweig. Herrlich war es, wenn der feurige Geselle des Windes festlich sich erhob aus hohem Reisighaufen.

Jauchzend tanzten wir herum, mal glühend von strahlender Hitze und rotem Schein auf den Gesichtern, mal hustend im plötzlich umschlagenden Rauch.

Um das Feuer zu nähren, sprangen wir dann suchend und rufend im Garten umher, und mancher gute dicke Ast und manches alte Brett wurde der Lust des Feuers geopfert. Sackte der Haufen in sich zusammen, glosten nur noch matt Zweige und Dornen zu weißlicher Asche, so war es Zeit, die Kartoffeln in die glühende Asche zu legen; nicht zu heiß durfte sie sein, sonst bekam die Schale verkohlte Blasen; auch nicht zu abgekühlt, sonst blieb das Innere ungar. Wenn endlich, endlich der Vater die Zeit für lange genug erachtet hatte, holte man mit einer Schaufel die Kartoffeln hervor, warf die glühendheißen, braunen, warzigen, aber köstlich duftenden Dinger von einer Hand in die andere, brach sie auseinander, drückte sie aus der Schale heraus und aß sie, etwas Salz darauf gestreut, aus rußiger Hand.

Das Fest des Gartenfeuers hat sich bei uns lange, eigentlich dauernd, erhalten. Bei Besuch bildete es oftmals den Höhepunkt des Beisammenseins, auch als wir erwachsen waren. Dann begnügten wir uns nicht mit dem Feuerplatz hinter dem Haus, sondern machten ein »Lagerfeuer« hinten im Obstgarten, schleppten Teller und Tassen und Kannen, Kuchen und Brot, Kartoffeln und Äpfel in Körben nach hinten und schlugen unsere Festtafel rings um das Feuer im Grase auf, junge Menschen, singend, scherzend und auch wehmütig. Unvergessene Feste für jeden, der daran teilnahm.

Und jetzt? Möchte man es wiederholen, jetzt, wo jeder das Grausen vor der verzehrenden Flamme irgendwo kennengelernt hat?

Mitten in dem grasigen Platz vor dem alten Hedelfinger, im Schatten des »Waldes«, der damals noch niedrig war, hatte ich mein erstes Beet, ein kleines Viereck, das ich mit »Gemischten Blumensamen« besäte. Jedes Jahr säte ich gemischten Blumensamen, und immer war ein Hoffen auf Wunder bei dieser Aussaat. Was konnten sich daraus für seltene Blumen entwickeln, die man nicht einmal dem Namen nach kannte! Was für wunderbare Rankgewächse mochten dazwischen sein, aus denen man kleine Lauben oder lebendige Girlanden ziehen konnte? Oder eine Hecke von Winden mit ihren tiefen Trichterblüten von der Bläue des Himmels und dem Weiß der Wolken! Aber jedes Jahr verlief alles in der gleichen Weise: nach langer Zeit erschienen die sehr harmlosen Blättchen des »Liebeshain«, das später blaue Blüten, wie milde Augen, hervorbrachte. Dann erschienen einige Mohnpflanzen, kurze und lange durcheinander. Wie mit Ellenbogen arbeitete sich eine rücksichtslose stämmige Pflanze an verschiedenen Stellen hindurch in die Höhe: eine Hanfstaude, die nur unordentliche Blütengehänge von schmutzigem Grün trug. Überhaupt kam sehr viel Grünkram hoch, der entweder nicht blühen wollte oder nicht blühen konnte.

Als ich größer war, ging ich einmal mit einer Tüte »gemischten Blumensamen« ganz heimlich im Frühling aus dem Garten hinaus nach Westen, wo mitten zwischen Feldern die »Sandkuhle« lag. Dort säte ich meinen Blumensamen in die Wildnis, über die gelben Sandhänge, die von niemandem mehr betreten wurden. Nachher im Sommer wollte ich dann wie zufällig wieder dort hinkommen und eine Blumenpracht entdecken, die wie durch ein Wunder sich dort hervorgezaubert hatte. Aber der liebe Gott, der jedem Kraut Platz und Nahrung gibt, ließ sich nicht ins Handwerk pfuschen; er hielt es für richtiger, die Flora der Gemeinde Lokstedt und ihrer Sandkuhle auf die üblichen bescheidenen Unkrautpflanzen zu beschränken.

Die Blumenwunderwünsche unserer Mutter dagegen wurden in schönster Weise erhört; auch sie unterstützte den lieben Gott dabei, zwar bedeutend prosaischer, aber umso wirksamer: sie sorgte dafür, dass die Erde, auf der ihre Blumen erstehen sollten, recht kräftig gedüngt wurde.

Früh im Frühling standen überall, wo die Sonne hinkam, auf Simsen und Fensterbänken, die Anzuchtkästen für die Sommerblumen; aus der schwarzen Erde sahen wir bald grüne Keimblätter hervorkriechen, gekrümmt und oft an den Spitzen noch zusammengehalten von der erdbehafteten Samenhülle. Dann breitete sich's aus und reckte sich empor, glatt oder gefiedert, gezackt oder gezähnt – kaum glaublich, dass die bunte Üppigkeit auf der Samentüte, die an jedem Kasten steckte, einmal Wirklichkeit werden sollte an diesen zarten Stängeln. Bald begann das Auspflanzen in die Beete, die am Ende des Bleichplatzes vor dem Treibhaus lagen.

Ein Teil der Blumen war bereits an Ort und Stelle gesät worden. Die großen gefüllten Mohnblumen zeigten sich schon als fettig-bläuliche Pflänzchen, der Shirleymohn in hellerem Grün, die Esscholtzien, die Schlafmützen, hatten schon ihre Fiederblätter herausgestreckt. Und nun kamen hinzu die Sommerphlox, die später in ihren zarten und kräftigen Farben erblühten.

Die Dauerphlox, die unser Vater zog, die jedes Jahr am selben Platz wiedererschienen, verblassten für uns gegen diese vergängliche Sommerherrlichkeit; nur das hatten sie voraus – besonders die schöne lachsfarbene Morgenröte –, dass sie weithin dufteten. Das taten die kleinen Sommerphlox nicht.

Die Löwenmäulchen wanden sich mit ihren Stängeln hierhin und dorthin, dicht besetzt nach beiden Seiten mit schmalen Blättern, zwischen denen aus kleinen knorpeligen Knospen sich die Pracht der großen hohlen Blüten entwickelte. Da war das samtene Schwarzrot des Trauermantels, das Gelbrot des kleinen Fuchses, das klare Gelb des Zitronenfalters und das milde Weiß des Kohlweißlings.

Die Kinder natürlich drückten gern seitlich an den Blüten und ließen das »Löwenmaul« auf- und zuklappen, wobei das geheimnisvolle Innere sich auftat, in dem stets Helligkeit, nicht Dunkelheit herrschte. Ich weiß ganz genau, dass auch meine Mutter nach

Wundern für ihre Blumenzucht fahndete. Die Beschreibungen der Kataloge konnte sie mit erwartungsvoller Begeisterung lesen; sie wollte immer gern Blumen züchten, die man noch nie gesehen hatte. So zog sie einmal Tropäolum canariense, dessen Blüten wie Schmetterlinge im Geranke sitzen sollten. Ich erinnere mich, mit welch gespannter Erwartung sie und die ganze Familie die Entwicklung der »Wunderpflanze« verfolgten. Als es dann so weit war – bemühte sich jeder, seine Enttäuschung zu verbergen und für die nichtssagenden kleinen gelben Kelche seine bestmögliche Anerkennung zu zeigen.

Unsere Mutter wechselte ihre Lieblinge unter den Blumen. Eine Zeitlang war sie ganz vernarrt in die riesigen gefüllten Mohnblüten, die aus der prallen Knospe hervorquollen wie ein dicht gedrängtes Taftkleid, dann über Nacht ihre beiden grünen Kelchblätter abwarfen und am Morgen zuerst noch eng und knitterig dastanden, dann aber ihre äußeren Blütenblätter glätteten, die nun wie eine Schüssel die gefranste Fülle hielten. Diese Mohnblumen, die wir so viel auf holländischen Stillleben fanden, waren Höhe des Sommers und Höhe des Lebens. Steil standen sie auf ihren blaugrünen, dicken, saftigen Stängeln, leuchtend und rot, oder in bräutlicher Weiße. Zwischen ihnen aber stand die Farbe des Trübsinns: eine verblichene Fliederfarbe, die uns an Kindersünden von ausgewaschenen Tintenflecken im Tischtuch erinnerte; auch ein Violett war da, eine tiefe und lustlose Farbe, die wir als »gekochte Bickbeeren« bezeichneten.

»Bickbeeren« nennt man in Hamburg die Heidelbeeren. Sie waren die einzigen Früchte, die in unserem Haushalt – ihrer Billigkeit wegen – gekauft wurden, und ich höre immer noch das melodische Rufen des Mannes mit der Bickbeerenkarre am Lokstedter Weg: »Biiickbeern, blaue Biiickbeern«, langgezogen, und am Schluss kam in schnellen, abgehackten Worten der Preis hinterher, den wir nie verstehen konnten. Damals wurde noch in Litermaßen verkauft. Unsere Mutter versuchte diese trübe Bickbeerfarbe ihrer Mohnblumen zu rechtfertigen und einzuordnen in ihre Sträuße; wir aber ließen sie nicht gelten, wir verabscheuten sie.

Später hatte die Mutter eine Vorliebe für den zarteren Shirley-Mohn, der aus lockerer Hand gleich an Ort und Stelle gesät wurde. Einmal hatte sie eine wundervolle Farbzusammenstellung hervorgezaubert: abwechselnd ein Beet blauer Rittersporn und ein Beet Shirley-Mohn – das Meer- und Himmelsblau neben der traumhaft leichten Farbenfülle eines zart gewölkten Abendhimmels. In die beglückende Ruhe, die für mich von dem tiefen Blau ausging, kam zärtlich leichte Bewegung durch diese Mohnblüten, die wie Segel aus Seide, jedem Lufthauch nachgebend, auf gebrechlichen Stängeln schwankten.

Von früh an spielten Farben eine große Rolle in meinem Leben. Ich war noch lange nicht der Kindheit entwachsen, als ich über Farbe und Farbsinn mir meine Gedanken zu machen begann. Der Anlass war der: Ich hatte bemerkt, dass über die Farbe violetter Blumen die Meinungen und Bezeichnungen verschiedener Menschen auseinandergingen; die einen nannten rot, was ich lila nannte, die andern nannten blau, was ich violett nannte. So kam mir plötzlich der erschreckende Gedanke: Wie, wenn das, was du als Rot siehst, von andern Menschen als Grün gesehen wird? Feststellen kann man es ja niemals, denn jeder hat ja den Namen für die Farbe, die er sieht, früh gelernt. Es wurde mir unheimlich bei dem Gedanken, ob vielleicht jeder Mensch so in seiner Welt saß, verschlossen für andere.

Und was waren die Farben überhaupt eigentlich? Wie kam es, dass sie mit der Sonne verschwanden, obgleich die Dinge blieben? Saßen sie im Saft, in der Haut der Pflanze oder waren sie luftartig? Einmal bildete ich mir eine Erklärung: Ich ging aus vom Regenbogen. Ein Regenbogen war immer ein Erlebnis bei uns gewesen, und unser Vater ließ uns gern die Skala der Farben aufzählen und erklärte uns, dass das weiße Sonnenlicht sich in diese Farben zerlegt. Auch zeigte er uns, wie durch den geschliffenen Rand des Thermometers das Sonnenlicht an der hellen Tür als Regenbogenstreifen erschien, den wir auf unsere Finger und Kleider zaubern konnten und der langsam und stetig mit der Sonne wanderte. Auch Prismengläser, die wir noch aufbewahrten von den Gehängen unserer früheren Kronleuchter, taten uns dieselben Dienste.

Daraus entstand bei mir folgende Annahme: Alle Pflanzenteile, auch ihr Saft, bestehen in Wirklichkeit aus nicht wahrnehmbaren winzigen Kristallen. Diese haben, je nach ihrem Schliff, die Fähigkeit, eine einzelne Regenbogenfarbe aus dem Sonnenlicht, das sie trifft, zurückzuwerfen. Werfen sie z. B. das Grün zurück, sagt man: die Pflanze ist grün; rote Blütenblätter erscheinen deshalb rot, weil sie nur das Rot des weißen Lichts zurückwerfen. Darum verschwindet die Farbe auch, wenn das Licht fort ist. Dass in gelbem Lampenlicht alle Farben wärmer erscheinen, mehr Gelb und Rot enthalten, hatte ich lange beobachtet, besonders an den Kornblumen, die wir, als um unseren Garten herum noch die Kornfelder standen, am Rande pflückten. Wenn wir sie abends betrachteten, war ihr schönes, tiefes Blau in ein unfrohes Lila verwandelt. Das passte nun sehr gut zu meinem Gedankengang. Die Winzigteile in den Blumen, die vom Sonnenlicht das Blau widerspiegelten, bekamen vom Lampenlicht einen anderen rötlicheren Farbton hingestrahlt, den sie widerspiegeln mussten, obwohl sie selbst die gleichen blieben.

Ich hatte damals für Farben sehr lebhafte Neigungen und Abneigungen; Farben konnten mich glücklich und unglücklich machen. Meine deutlichste Erinnerung an die Macht einer Farbe hängt mit einer Plüschdecke zusammen; unsere Großmutter, die halb gelähmt war, wurde nach Tisch immer auf einen Liegestuhl gebettet und mit einer gestreiften Plüschdecke zugedeckt. Die Farben dieser Plüschdecke waren mein höchstes Entzücken. Ich mag fünf Jahre alt gewesen sein, und noch weiß ich, mit welcher Inbrunst ich die schönen Farben in mich aufnahm, die mir wie aus einer himmlischen, glücklichen Welt erschienen. Ich weiß auch genau, wie ich mit immer neuen Vorwänden zu dem Liegestuhl zurückkehrte, nur um die Farben in mich zu trinken.

Nach Jahrzehnten, als die gute Großmutter lange gestorben war, entdeckte ich in einer Truhe auf dem Boden mit der tastenden Hand den Plüsch dieser Decke. Sofort fiel mir mein frohes Farbenerlebnis auf das Genaueste ein, begierig zog ich die Decke hervor, nichts anderes erwartend, als dass ihre Streifen die schönsten Farbabstufungen des himmlischen Regenbogens zeigten; denn so hatte es sich in meiner Erinnerung herausgebildet. Stattdessen fand ich zu meinem Erstaunen nur eine einzige schöne Farbe zwischen graubraunen Streifen: ein wunderbares klares helles Violett, eigentlich ein Lavendelblau von hoher Leuchtkraft, eine Farbe der Verklärung.

Zweites Kapitel

Die Zwetschenallee – das Treibhaus mit Wein und Rosen – Quitten und Hausfrauenehrgeiz – das Perpetuum mobile im Puppenpark – Apfel aus Samen, Birke aus Samen – Vögel in der Falle, Vögel im Freien – grüne Stachelbeeren und goldgelber Auflauf – Akelei und Vierzehnheiligen – Lilium auratum – Kinder pflücken Johannisbeeren, der Vater macht Obstwein – Bilder mit Uhrwerk – Makartbouquet – Goethe und Gartenlaube

Von der Haustür hinten ging der Weg nicht geradeswegs über den Bleichplatz hinüber zum Mittelgarten, sondern er bog rechts ab und führte im Bogen um den Bleichplatz herum, nach der rechten Seite des Mittelgartens. Diesen ganzen Weg entlang, vom Haus bis durch den Mittelgarten hindurch, hatte der Vater Zwetschenbäume gepflanzt, die so eigentlich eine Verbindung des Hauses vorn mit dem Obstgarten hinten darstellten.

Unschön waren sie gewachsen, die Stämme schief, der eine hierhin, der andere dorthin, die Krone breit und ungestalt, die kleinen grünlich-weißen Blüten unscheinbar. Keine Blütenpracht im Frühling wie die anderen Obstbäume! Aber umso schöner waren die Früchte, die spät im September an diesen Bäumen reiften. Es waren keine gewöhnlichen kleinen Hauszwetschen, sondern die großen italienischen Zwetschen, die sonderbarerweise äußerst selten angebaut werden, wohl wegen ihres geringen Ertrages. Viermal so schwer wie die Hauszwetschen waren sie manchmal, diese bläulich behauchten Früchte, die an kurzen Stielen zwischen den Blättern hingen. Ungleich wurden sie reif; schüttelte man aber, so platzten die schweren, saftigen Früchte beim Niederschlagen auf. Also, die Ernte war schwierig.

In üppigen Obstjahren haben wir große Laken unter je einen Baum ausgebreitet und dann geschüttelt. So blieben die Früchte sauber. Aufgelesen wurden sie mit aller Vorsicht, mit trockenen, sauberen Fingern, damit der zarte Hauch keine Flecke bekam, denn die schönsten Früchte wurden nicht nur die Zierde unserer Obstschalen, sondern sie prangten auf den Obstkörben mancher Hamburger Festtafel; dahin gelangten sie durch das in Hamburg bekannte und berühmte Geschäft von Heimerdinger am Neuen Wall, der in jedem Herbst seinen Wagen schickte, um die bläulichen Stapel bei uns abzuholen.

Das gibt dieser Zwetsche ihren vollen Wert, dass sie nicht nur im Aussehen andere ihrer Art überragt, sondern vor allem im Geschmack. Suche dir eine aus, deren dunkle Haut möglichst schon an einer Stelle von Regen oder Sonne geplatzt oder die am Stängel ein wenig angeschrumpelt ist! Brich sie auseinander! Der länglich zugespitzte Stein liegt locker zwischen den beiden Hälften. Die Saftkanäle des vollen gelben Fleisches sind verschlossen wie die Zellen einer Honigscheibe durch ihre Wachsdeckel. Nur aus der Bruchstelle tropft der Saft. Nun beiß hinein in das kräftig-elastische und doch zarte Fleisch! Der Saft strömt hervor, zuckersüß und aromatisch. Der köstliche Duft begleitet den Geschmack.

Hinter den Blumenbeeten der Mutter lag das Treibhaus mit seinen vielen blanken Scheiben, auf denen die Sonne blitzte. Von der Zwetschenallee aus führte links ein kleiner Weg zu seinem Eingang. Die leichte Tür musste vorsichtig aufgemacht werden, dann stieg man einige hölzerne Stufen hinunter in den tiefliegenden Mittelgang, der seitlich von dicken Brettern eingefasst war, die rechts und links die Erde hielten. Darüber hingen in der Luft waagerechte Bretter, von Drähten gehalten, auf denen Blumentöpfe und Anzuchtkästen standen. Rechts, nach Norden, Kamelienstecklinge, Abutilonableger, junge Fuchsien und die lieben, blauen Lobelien, die später in die Veranda kamen.

Auf dem südlichen Brett keimten die Tomatenpflanzen, die Gurken, da blühte auch wohl eine Valiota purpurea; auch Kakteenableger, Kamelienstecklinge und allerlei Seltenheiten standen da; sie kamen und vergingen und führten manchmal jahrelang ein halb erstorbenes Dasein. Am freundlichsten machten sich dazwischen einige Blumentöpfe mit Erdbeerpflanzen. Sie nahmen die Frühjahrssonne, durch die Scheiben verstärkt, als Sommersonne und röteten ihre Früchte, wenn die draußen noch hart und grün waren. Sorgfältig steckte der Vater dünne weiße Stäbchen um die Pflanzen, um von da aus die tragenden Stängel mit Bastfäden zu halten. Waren die ersten Erdbeeren reif, so wanderte der Topf als Geschenk in irgendein befreundetes Haus. Unten in der feinen schwarzen Erde, von Millionen winziger weißer Sandkörnchen durchpunktet, wurden Gurken und Rosenkohl, Grünkohl und Kohlrabi angezogen, die mit mageren Stielchen in die Höhe wuchsen, um später auseinandergeteilt und ausgepflanzt zu werden.

Im Anfang war das Mistbeet vor dem Treibhauseingang noch heil und diente natürlich zur Anzucht des Gemüses; aber als seine Umrahmung verrottet und die Mistbeetfenster zum Ausbessern für das Treibhaus gedient hatten, wuchsen darin nur noch Radieschen, Gurken und eine Staude duftender Estragon.

Das Eigentliche des Treibhauses waren aber nicht die Gemüsezucht und die Blumen auf den Brettern. Das Wunderbare, das in diesem kleinen Gehäuse ein winziges Fleckchen südlichen Landes in unseren Nordwesten zauberte, das waren der Wein und die Rosen.

Der großfrüchtige blaue Wein, es war Alicante, bedeckte die ganze Innenfläche der linken, also südlichen Scheiben. Unten aus der Erde kamen die zwei holzigen Stämme, von denen nach beiden Seiten die Reben abzweigten, bedeckt mit trockenen hellbraunen Fasern. Durch kundigen sorgfältigen Schnitt waren sie so gezogen, dass sie die Fläche ausfüllten, ohne sich gegenseitig im Wege zu sein. An den dünnen Leisten und Drähten, die sich dicht unter dem schrägen gläsernen Dach hinzogen, waren sie festgebunden mit dem gelblichen, weichen Bast, Raffiabast, von dem immer ein Bündel gleich links von der Tür hing, bereit für alle Zwecke des Gärtners. Aus den waagerechten Reben sprossen die jüngeren Triebe, die fruchttragenden.

Im Frühling entstand bald im Treibhaus diese eigenartige Luft aus Moder und Frische, aus Dung und Blumenduft zugleich, getragen von feuchtwarmem Dunst, manchmal drückend, wenn die Wärme der strahlenden Frühlingssonne durch die Scheiben verdreifacht wurde. Dann schwollen die braunbepelzten kugeligen Knospen an den jungen glatten verholzten Reben; heraus stiegen kleine feste, weißlich umhüllte Triebe, die stetig wuchsen und ihre zusammengefalteten, blanken, rötlich-grünen Blätter nach beiden Seiten ausbreiteten. Zwischen ihnen saßen die noch ganz weichen, aufgekrillten, oben gegabelten Ranken, die erst später sich ausreckten und in die Leere tasteten, um irgendwo einen Halt zu erreichen, um den sie sich dann von neuem wieder ringeln und so den wachsenden jungen Trieben Stütze geben konnten. Wenn Blätter und Ranken noch ihr glasiges Rötlich hatten, zeigten sich schon hier und da in den Blattwinkeln die Knospen der künftigen Trauben, klein und steif und grün; fest zusammengedrückt in winziger Traubenform waren die stecknadelgroßen Kügelchen.

Langsam lockerte sich die grüne Knospentraube, Nebenstängel wurden sichtbar, das Grün wurde gelblicher. Wenn alles auseinandergespreizt war, öffneten sich die Knospen zu unscheinbaren grünlich-gelben Blüten, noch viel kleiner als die der Linde.

Aber welch ein Duft! Die Süßigkeit aller süßen Weine schwebte darin. »Wie Veilchen und Reseda riecht der blühende Wein«, sagte unser Vater oft und immer wieder. Er lud gern Gäste in sein Treibbaus, wenn es erfüllt war von diesem süß betörenden Duft, der in der wohligen feuchten Wärme schwebte.

Außer der Linde, die einen oft geradezu überschüttet mit ihrem starken Duft, weiß ich nur eine Blüte, die sich mit der Weinblüte an Zartheit, Lieblichkeit und Reichtum des Duftes messen kann: die ebenso unscheinbare Blüte der Stachelbeere, zu der man sich niederbeugen muss wie zum Veilchen, um ihre Gabe zu empfangen. Wenn nun die grünen Kügelchen der Fruchtknoten schwollen, trockneten die kleinen zusammenhängenden Ringe der Blütenblättchen bräunlich ein. Sie fielen mitsamt dem Staubfädenkranz ab, oft aber hingen sie noch lange irgendwo an der Traube, leicht festgehakt, kein Wind entwehte sie. Sie gaben Zeugnis davon, dass keines Menschen Hand der Traube zu nahe gekommen war; diese Unberührtheit der Trauben war ein streng befolgtes Gesetz in unseres Vaters Treibhaus.

Harte grüne Kugeln wuchsen nun heran. Die Trauben näherten sich mehr und mehr ihrer späteren Form und Größe. Die schön gezackten Blätter waren inzwischen auch groß und grün geworden. Sie breiteten sich mit der Oberfläche gegen das Glas aus, sie fügten Zacke in Zacke, um den Lichtraum auszunutzen, so wie der Efeu es tut. Gegen die Sonne besahen wir gern die klare Äderung: vom Blattstiel her, aus verdicktem Ansatzpunkt, strahlten die sieben Hauptadern nach jeder Zackenspitze hin, von ihnen aus zweigten rechts und links abwechselnd die Nebenadern ab, die sich zum gezackten Rand hin noch einmal verzweigten.

Auch die Blätter kamen abwechselnd rechts und links aus den Ruten, und diese wieder, ebenso abwechselnd, aus den holzigen Reben. Diese ganze lichtvoll grüne Pracht, in sich gestuft und angeordnet nach schönem stillen Gesetz, betrachtete man gern vom Inneren des Glashauses aus. Von außen aber, hinter dem blendenden Glas, das die Sicht unklar machte, sah man nur ein Gewirr von dunkelgrünen Buckeln und Zacken, das jeden Blick ins Innere versperrte.

Während nun an der linken Seite des Treibhauses die grünen Beeren in duftloser Fruchtbarkeit sich ihrer Reife entgegenrundeten, erblühte an der rechten Glaswand, nach Norden, der Adel aller Blumen, die Krone aller gärtnerischen Zucht: die Maréchal-Niel-Rose.

Wie der Wein war sie an den Spalierleisten unter dem schrägen Glasdach gezogen. Nicht kraftvoll stämmig waren ihre Triebe, sondern schlank und lässig, sie brauchten Halt, sie wurden sorgfältig an die schmalen Leisten gebunden. Aber zu einem lustigen Ranken wiederum hatten sie weder Kraft noch Temperament. Ebenso die Blätter – von mattem Bläulich-Grün, auf der Rückseite fast weißlich – hingen nieder wie die Flügel ruhender Schmetterlinge, als seien sie welk. Aber dies Zusammengefaltete ist gerade die Natur und Eigenart der Maréchal-Niel-Blätter. Sie erinnern an aristokratisch schmale Hände, lässig hingelegt, doch voll innerer Straffheit. Jetzt muss ich an van Goghs Bild der Arlesierin denken. Auch die Blüte, die aus der aufgerollten Knospe von edler Schmalheit sich entfaltet, wird getragen von einem hängend gebogenen Stiel, der Schwäche aber nur vortäuscht; seine Biegung ist starr. Und dann die Blüte, von höchster Rassenschönheit! Streng gebändigt durch das Formgesetz, das auch sie so lange wie möglich in der schmalen Form erhält; aber endlich quillt der Reichtum an Farbe und Duft nun doch unaufhaltsam hervor. Darf man sagen zitronengelb? Nein, Zitronen, wenngleich die jungfräulichsten unter den Früchten, sind blank und prall, auch wenn ihr Gelb noch zart aus dem Grün der Frucht sich herauswandelt. Dies Gelbe aber, das immer die Neigung zu Weiß und zu Grün behält, ist von dem Glanz matter Seide. Keusch, mit verhaltener Zärtlichkeit, legt sich ein Blatt um das andere, die gerollten Blütenränder ordnen sich in edlem Zusammenklang. Der Duft, der unaufhaltsam der Blüte entströmt, hat die Lieblichkeit der Teerose, die Kraft des Lilienduftes und doch diese schwebende Leichtigkeit, diese Jungfräulichkeit, die auch in der knospenhaften Gestalt der Blüte liegt.

Jede neu aufbrechende Maréchal-Niel-Rose wurde vom Vater begrüßt und von uns Kindern bewundert. Nur wer ihre Schönheit zu würdigen wusste, oder wer besonders ritterlich bedacht werden sollte, bekam mit einer fast höfischen Verbeugung eine vom Vater überreicht.

Eine andere Rose führte ein stilleres Dasein an dieser Seite, weiter nach hinten im Treibhaus. Diese Rose hieß Adam. Sie hatte aber nichts Männliches, sondern war in ihrem ganzen Wesen wie ein junges Kind, anspruchslos bei großer Lieblichkeit, nicht fest in der Form, beinahe etwas flatternd, ganz ohne Üppigkeit. Ihr lichtvolles Rosa war wie durchscheinend, noch keine Rose habe ich seitdem von solchem Schmelz der Farbe gefunden. Der Duft war ganz zart und lieblich, ohne alle Schwere und Schwüle. Das Ganze war ein Traum von einer Rose.

Nie habe ich die Adam irgendwo anders gesehen, nur einmal, Jahrzehnte später, erblickte ich sie in einem Treibhaus in der Oberpfalz. Wenn Maréchal Niel und Adam an der rechten Seite ausgeblüht hatten oder nur noch ab und zu eine verspätete Adam ihr duftendes Dasein versteckt hinter grünen Blättern führte, dann begannen die Trauben an der linken Seite Farbe zu gewinnen. Die Beeren waren zu glasigen Knollen geworden, dicht aneinandergedrängt saßen sie in der Traube, künftiges Gewicht schon andeutend. Vorsichtig schnitt jetzt der Vater mit der Traubenschere die zu dicht sitzenden und zu kleinen Beeren heraus.

Dann bekamen die prallen Wangen einiger Beeren, die der Sonne zunächst waren, rötliche Färbung auf dem heller gewordenen Grün. Man musste an die Farbe der jung ausgetriebenen Weinblätter denken, wie ja so oft in der Natur dies Rot als Abwandlung des Grünen erscheint, so bei jungen Rosenblättern und Eichentrieben.

Bald waren die ganzen Beeren in dies matte, kühle Rot getaucht, das noch nichts von Süße verhieß. Langsam wechselte es in ein verhaltenes Violett, das bereits einen Anflug von dem späteren hauchartigen Belag zeigte; danach, unter immer weiterem Quellen und Runden und Wachsen floss in die Haut der Beeren dieses tiefe Violett, das die höchste Fülle der Reife verheißt, der Süße und Würze. Mit ihm zugleich entstand auf der Haut der Beeren dieser wundervolle Schimmer, dieser matte, weißliche Dufthauch, der das nächtige Violett in ein weiches köstliches Blau wandelt; wie in Goethes Farbenlehre die Dunkelheit (des Weltenraums), gesehen durch ein getrübtes Mittel, als Blau erscheint.

Die dunkle Farbe der Reife drang nicht sofort überallhin. Im Innern der Trauben waren oft noch kleine Beeren ganz grün geblieben, die Schattenseiten der großen noch hellrot. Endlich aber war die Reife und damit der höchste Grad der Süße erreicht.

Nun hingen die schweren blauen Trauben von den Reben herunter. Jeden, der sie ansah, lüstete es, so eine Traube in der Hand zu wiegen, wenn sie ihm da so entgegenhing, aber das war strengstens verboten, denn jede einzelne Berührung der Finger auf den Beeren nahm den Hauch fort und hinterließ einen schmierig glänzenden Fleck.

Die schönsten Trauben wurden nicht von uns selbst verzehrt. Sie gingen wie die italienischen Zwetschen in das Geschäft von Heimerdinger. Ehrfurchtsvoll sahen wir zu, wie der Vater feierlich und behutsam die Trauben am Stängel fasste und mit der Schere abschnitt, um sie in einen mit geknülltem Seidenpapier ausgefütterten Karton zu legen, den die Mutter bereithielt. Wie sie so dalagen in ihrer unberührten und unberührbaren Pracht, kam niemand auf den Gedanken, dass man sie wie ein gewöhnliches Nahrungsmittel verzehren könnte.

Auch dem Boten schärfte der Vater auf das Strengste ein, dass die Trauben ohne ein Fleckchen auf ihrer Oberfläche den Transport überstehen müssten.

Aber die Reben waren nicht leergepflückt. Einige schöne Trauben wurden zurückgelassen bis zum Hochzeitstag unserer Eltern Mitte Oktober. Auf Weinblättern liegend wurden sie von dem gartenstolzen Gastgeber den Gästen angeboten, zusammen mit duftenden Gravensteinern und den letzten gelben Zwetschen (Zwetschen, nicht Pflaumen, das wurde betont).

Dann blieben aber immer noch einige Träubchen hängen, die an langen Stielen nur sechs oder zehn Beeren trugen. Die hatte der Weinstock offenbar eigens für die Kinder wachsen lassen, und wir statteten in dieser Zeit gern dem Treibhaus einen Besuch ab, wenn wir den Vater dort wussten. Er erriet unsere Wünsche, schnitt so ein Kinderträubchen mit der Traubenschere ab und reichte es dem kleinen Besuch mit der gleichen Feierlichkeit wie dem großen Besuch die Schale mit großen Trauben.

Diese kleinen, locker verteilten Beeren hatten überall die volle Kraft der Sonne eingesogen. So war das glasige Fleisch voll Sonnensüße, und eine würzige Herbheit, aber ganz ohne Rauheit, schien aus dem tiefen Violett der Haut zu kommen.

Mit den letzten Trauben ging aber noch nicht alles Frohe und Farbige aus dem Treibhaus dahin; denn jetzt hatten die Weinblätter angefangen, sich zu färben, und man sah gegen das Licht durch die Blätter hindurch wie durch Kirchenfenster. Grüne Blätter wurden an den Adern gelb und am Rande rot. Manche waren gelb mit grünen Flecken, manche ganz und gar dunkelrot, und viele hatten das vergeistigte Gelb der Maréchal-Niel-Rose. Bei sonnigem Oktoberwetter flammten die Farben; aber oft über Nacht bekamen die Blätter braune, krausliche Ränder, und dann fielen sie ab, eins nach dem andern, viele blieben zwischen Reben und Leisten eingeklemmt hängen.

Nun sah es trübselig aus im Treibhaus. Aber die neuen Reben waren mitsamt ihren Ranken holzig und hart geworden, und an ihnen saßen rund und braun und fest, für den Winter eingebettet, die Knospen zum nächsten Frühjahr, einmal rechts und einmal links, wohlgeordnet nach ihrem Gesetz.

Hinter dem Treibhaus setzte sich der Rasen noch um einen schmalen Streifen fort. Das war ein selten betretenes Stückchen Niemandsland, das mir immer recht geheimnisvoll vorkam, vielleicht, weil ich dort einmal eine riesige Schlange, wohl eine Ringelnatter, aufgerollt gesehen hatte. Später lebte noch einmal eine Ringelnatter längere Zeit hier hinter dem Treibhaus. Auch ein Igel hatte mehrmals sein Nest mit Jungen dort im hohen trockenen Grase. In der ersten Zeit des Gartens war hinter dem Treibhaus ein Gitter von Maschendraht zwischen Vordergarten und Mittelgarten; eine Pforte gab den Zugang zum Mittelgarten, dem eigentlichen Gemüsegarten. Als wir klein waren, verbot uns der Vater oft, durch diese Pforte hindurchzugehen. Sie war nicht verschließbar, und die Verlockung in die unbekanntere Welt da hinter den Drahtmaschen war wohl manches Mal zu stark gewesen; ich erinnere mich noch sehr gut, wie eines Tages der Vater ärgerlich sagte: »Ich werde noch ein Schloss vor die Tür zum Mittelgarten legen!« Ich glaubte nicht anders, märchenverträumt wie ich war, als dass der Vater ein Königsschloss meinte, das er vor der Tür aufbauen wollte, um den Durchgang zu versperren. Ich war einfach hingerissen von Verwunderung, vor allem über die Lässigkeit, mit der solch eine großartige Absicht so gesprächsweise dahingeworfen wurde. Aber das angedrohte Schloss erschien niemals. Erst nach geraumer Zeit begriff ich meinen Irrtum.

Als wir Schulkinder waren, bestand schon diese Trennung im Garten nicht mehr, und der Zugang nach hinten war frei.

Da war zunächst am Anfang des Mittelgartens die Quittenanpflanzung, die einen recht ansehnlichen Platz einnahm. Quitten sind mir von jeher von besonderem Reiz erschienen durch ihre weichen, befilzten Blätter und ihre Blüten, die wie große flache Apfelblüten auf den Zweigen liegen; am meisten aber durch den herrlichen Duft ihrer Früchte, von denen man den Eindruck hat, dass an ihnen nicht viel herumgezüchtet ist. Sie haben noch so etwas vom Urobst an sich, und man könnte sich denken, dass sie schon mit den Holzäpfeln zusammen in Deutschland gewachsen sind, als noch das verfeinerte Obst, das die Römer von Gallien auch zu uns brachten, eine Seltenheit war. Wie die Fliederbeere soll die Quitte viel Heilkraft bergen.

In unserer Kinderzeit wurden die Quitten lediglich zum Einmachen benutzt. Es war schwer, mit dem Messer das holzige Kernhaus herauszuschneiden, das mit der Schale zusammen in einem besonderen Topf gekocht wurde, um Geschmack und Gallert herzugeben. Die Quittenstücke selbst kochten und kochten; erst waren sie weißlich, dann gelangten sie über Gelb und Dunkelgelb zu Rötlich bis Dunkelrot. Das war damals die gewünschte Farbe für Eingemachtes.

Viel Zucker wurde dazu gebraucht, aber nicht etwa geblaute Raffinade oder »Streuzucker«, nur grober Kristallzucker durfte in unserem Hause für alles Obst verwendet werden. Auf dem Boden – ich sehe sie heute noch – lagerten zwei oder drei Zentnersäcke, voll von Zucker, oben zugeschnürt mit einem Bindfaden, gut geknotet wegen der Kinderhände.

Aber diese Kinderhände waren doch gewandter, als man ihnen zutraute, denn der Zuckerhunger war größer, als die Erwachsenen ahnen konnten; sie zwängten sich durch die Öffnung hindurch und errafften etwas von den süßen, knuspernden Körnchen. Niemals, das weiß ich genau, haben wir sonst irgendetwas genascht, aber Zucker, danach hatten wir einen wilden Trieb. Das war außerhalb jeder Moral. Die Quitten kochten und kochten. Der Saft, vermehrt durch die Abkochung aus Schale und Kernen, wurde sirupartig klar und rötlich, die Quittenstücke mürbe und zähe, wie kandiert. So kamen sie in Einmachgläser für den Winter.

Sonderbar, zur Quittenzeit selbst gab es kein Quittenkompott zu essen; erst später, im eigenen Haushalt, habe ich gefunden, dass Quitten den schönsten Genuss geben, wenn man sie frisch und nur zerstückelt in Zuckerwasser kocht – geschält oder ungeschält –, bis sie locker zergehen wie Bratäpfel, hell goldgelb; keine Spur von Rötlich dürfen sie bekommen; dann bleibt ihr Duft so wie der frische Quittenduft, aber viel intensiver. Man hat das Empfinden, dass sie auf diese Weise am wenigsten Hellstoffe verlieren. Außerdem, warum soll man die Früchte nicht vor allen Dingen in der Zeit essen, in der die Natur sie uns darbietet?

Es gibt ja Hausfrauen, die z. B. vor lauter Bohneneinmachen gar nicht zum reichlichen Essen frischer Bohnen kommen, zumal, wenn ihre Ernte knapp war. Sie begnügen sich oft mit dem Inhalt der Gläser, die beim Einkochen nicht schlossen; diese Bohnen sind dann meist ausgelaugt und überkocht. Und wie herrlich und kräftig schmecken frische Bohnen aus dem Garten, in wenig Wasser und Butter kurz gedämpft! Wochenlang kann man diesen Genuss haben, ebenso wie den frisch gekochter Quitten.

Warum diese Zeiten künstlich verlegen mit viel Kraftaufwand?

Das Quittendickicht hinterm Treibhaus wurde eines Tages ausgerodet. Seitdem verbindet sich mir mit dem Worte »Roden« die Vorstellung der gelben unfruchtbaren Erde, die damals in großen Brocken an die Oberfläche kam.

Auf dem freigewordenen Stück durften wir dann unsere Kinderbeete anlegen; mein kleines Viereck hinterm »Wald« war allmählich im Schatten verkommen. Aus dem neuen Gärtchen machte ich einen Miniaturpark, mit Rasen aus Moospolstern, mit kleinen Gebüschen und sorgfältig abgeteilten und eingefassten Blumenbeeten. Ja, es fehlte nur noch der Gipszwerg auf dem Rasen!

In der Mitte aber war das Hauptstück: der Springbrunnen. Er entstand auch wieder durch eine Anregung unseres Vaters und löste den Lehmherd ab. Er wurde so hergestellt: In einer Ecke des Gärtchens stand erhöht ein Blumentopf, verdeckt von Pflanzen und Ranken und gefüllt mit Wasser. Durch das untere Loch des Blumentopfes wurde ein kleiner Gummischlauch geführt, der, von Erde bedeckt, bis zur Mitte des Gärtchens geführt wurde, wo sein anderes Ende dann inmitten eines kleinen Rasens heraustrat und einen bescheidenen Wasserstrahl herausspringen ließ.

Schade war es nur, dass das Wasser aus dem Blumentopf immer so schnell verbraucht war. So überlegte ich mit meinem Vater, ob man nicht das Wasser des Springbrunnens dem oberen Blumentopf wieder zuführen könne. Der Vater lachte und sagte, dass dies ein Perpetuum mobile sein würde, das die Menschen schon seit Jahrhunderten zu erfinden getrachtet hätten. Nun ließ mich die Sache erst recht nicht los, ich probierte und zeichnete, zeichnete und probierte, um zu erreichen, dass das Wasser wieder in den Blumentopf zurückfloss, wozu ja nötig gewesen wäre, dass der Zurückfluss abwärts lief. Ich versuchte, immer noch ein kleines bisschen von der Schrägung abzuknappen oder durch eine andere List das Wasser zum Zurückfließen zu bewegen – aber vergebens.

Ich musste es aufgeben, und mit dem Interesse an dieser technischen Knobelei verging zugleich das Interesse an dem Park in seiner puppenhaften Romantik. In jener Zeit fing ich an, aus der beschaulichen Enge heraus mich in die Weite zu sehnen.

Viel später erst, in der Jungmädchenzeit, gelangte das Gärtchen auf dem Quittengrund plötzlich durch Eifer und Pflege zu auffallender Blüte und Pracht. Da war das andere Du eingebrochen in den Bereich des stillen Lebens, und da das junge Gefühl anders sich nicht betätigen konnte, so wirkte und schaffte es am Blumenbeet, für die Möglichkeit, dass eines Tages der andere vielleicht eine Blüte davon wünschen könnte, oder auch nur seine Augen Freude schöpfen könnten aus der Farbenfülle.

In jener Zeit erwuchs auf dem ehemaligen Quittenland ein junger, schlanker Apfelbaum. Er war ausnahmsweise aus Samen gezogen, und zwar aus einem Kern des Boikenapfels.

Sonst werden ja die Obstbäume gepfropft, nicht gesät, es wird von einem Wildling – nicht nur Wildäpfel, Pflaume oder Birne, sondern auch Quitte oder gar Dorn kann als Unterlage dienen – ein kräftiger Trieb kurz geschnitten, in diesen ein dünner kurzer Zweig von einer edlen Sorte eingefügt, umwunden und mit Baumwachs verstrichen, also ein chirurgisches Kunststück. Die Säfte des Wildlings gehen in die Saftbahn des Pfropflings über; wenn die Operation geglückt ist, treibt das Pfropfreis weiter, wird

Zweig und Ast und Baum und trägt genau die edlen Früchte des Baumes, von dem es stammt. (Bei den Rosen wird durch das Okulieren, das Augeneinsetzen, im Grunde das Gleiche erreicht.)

Zieht man Obstbäume aus Samen, so fallen sie gewöhnlich wieder in ihr Wildlingstum, werden also unedler, sie arten zurück, wie die Hedelfinger Kirsche es tat. Nun hofft man natürlich immer, durch Kreuzung zweier edler Sorten eine neue Sorte zu erzielen. Verschiedentlich hatte unser Vater schon Versuche gemacht, und dieser war geglückt. Die Äpfel des jungen Baumes hatten von ihrer Mutter, dem Boikenapfel, Saft und Frische, von ihrem unbekannten Vater – war es ein Gravensteiner? – Duft und Aroma und Zartheit des Fleisches, und als dritte Komponente spielte das Wildapfeltum hinein, nicht nur die geringe Größe der Frucht, sondern ein köstlicher Duft nach wilden Rosen und nach Quitten.

Der neue Apfel hatte längliche, schwach zugespitzte Form, harte, bei völliger Reife schneeweiße Haut, sehr oft ein aufgesetztes rotes Bäckchen, wie ein flüchtiger Schminkfleck. Wenn die weißen und roten Äpfel in der Abendsonne zwischen dem vollgrünen Laub herausleuchteten, sah der Baum so recht wie ein Apfelbaum im Bilderbuch aus.

Das Innere der Frucht entsprach dem Äußeren; das Bild des Märchenapfels war vollendet: das Fleisch war weiß wie Schnee, die Kerne schwarz wie Ebenholz. Wir hätten ihn recht gut Schneewittchenapfel taufen können, aber eines Tages hatte er den Namen Glasapfel und behielt ihn. Das war wohl wegen seines hellen glasigen Aussehens, vielleicht auch, weil das Fleisch im Anfang der Reifezeit, wenn die weiße Haut noch stellenweise ins Zartgrünliche spielte, leicht knackend brach, wenn man hineinbiss, allerdings ohne hart zu sein. Das war von Ende September bis in den Oktober hinein. Allmählich wurde das Fleisch mürbe, ohne mehlig zu werden, oft hielt sich der Apfel bis gegen Weihnachten, manchmal länger. So gab er jedem Geschmack etwas: zuerst den Jungen die knackende Frische, später den Alten die zarte Mürbheit.

Zum Kochen eignete sich der Glasapfel genau so gut wie seine Mutter, der Boikenapfel. Ich erinnere mich noch genau, wie die Mutter zu Festlichkeiten halbierte und geschälte Boikenäpfel mit aller Vorsicht im offenen Topf in reichlich Zuckerwasser kochte. Sie blieben heil; nachher wurde in jede Höhlung, aus der das Kernhaus entfernt war, ein Klecks rotes Himbeergelee getan; so in Glasschüsseln geschichtet gaben die Äpfel einen festlichen Nachtisch. Ebenso verhielt sich der Glasapfel, er wurde beim Kochen zart und blieb heil und weiß. Leider waren immer nur wenige Äpfel recht groß, vielleicht lag das auch an dem mageren Boden des ehemaligen Quittenlandes.

Rechts und links von meinem Gärtchen hatten die beiden Schwestern ihre Beete. Auf Anitas Beet erschien einmal im Frühling der zarte Trieb eines Birkensämlings, den sie achtete und pflegte. Den dünnen Stängel mit den paar Blättern nannte sie »ihren Baum«, und wir lächelten über seine Kleinheit. Ach, es dauerte nicht lange, so hatte die junge Birke Zweige und Äste getrieben. Nach Jahren legten sich die jungen Ruten schon auf das Dach der Geschirrkammer daneben, und wir mussten auf einen Stuhl klettern, wenn wir im Frühjahr davon abschneiden wollten; die grün-gelben Birkenkätzchen mit den eben herausgekommenen Blättern wurden stets bei uns mit gelben Narzissen zum Strauß vereinigt. Jetzt, nach einigen Jahrzehnten, ist von Anitas Kinderbeet nichts mehr nachgeblieben als ein dicker Stamm, der so hoch ist, dass man den Kopf in den Nacken legen muss, ein mächtiger Baum, viel, viel höher als das Haus. Die kleine Diels Butterbirne daneben, die immer »mein Baum« war, führte bald im Schatten der Birke ein völlig erdrücktes jämmerliches Dasein. Groß war sie nie, das kam, weil sie auf Dorn veredelt war.

Man sollte nicht glauben, dass es die gleiche Sorte sei: dies Krüppelstämmchen und der riesige Baum hinterm Haus: ebenfalls Diels Butterbirne. Aber die Früchte waren unverkennbar die gleichen. Mit Stolz erntete ich jedes Jahr ein Dutzend Birnen, hart wie Stein, von stumpfer grüner Farbe, oft rissig und mit Fusikladium, dieser schwarzfleckigen Pilzkrankheit der Schale, bedeckt. Ich legte sie zwischen Wäsche, und nicht lange, so erhellte sich ihr stumpfes Grün. Bald wandelte es sich zum Gelb, und nun entquoll dem Versteck ein wunderbarer, süßer, quittenartiger Birnenduft, sobald man die Wäsche lüftete. Das Essen selbst, das man immer wieder als eine Erhöhung des Duftgenusses erwartete, wurde ein wenig gestört durch die vielen holzigen Körnchen, die in der Frucht vom Kernhaus aus bis weit ins Fleisch hineingingen und wohl bei meinem Bäumchen besonders ausgebildet waren. Aber auch sonst ist dies eine ständige Eigenschaft der Diels Butterbirne.

In manchen Jahren, später, haben wir diese Birnen sofort nach dem Pflücken, noch grün und hart, ins Freie gestellt; dann haben sie sich einmal bis Ostern gehalten.

Ein Ersatz für den Duft der Dielsbirnen in meiner Wäsche waren mir die japanischen Quitten. Ich sammelte sie oder pflückte sie an unserer Rabatte bei der Pforte; auch sie wurden leuchtend gelb und gaben diesen süßen herben Duft ab, den nur wenige künstliche Parfüms erreichen.

Eine sonderbare Liebhaberei kam in unserer Kindheit einmal auf. Sie entsprang aus dem Wunsch, ein lebendiges Tier zu haben und zu pflegen. Das sollte nun durchaus ein Vogel sein, wie er im Garten frei und lustig umherflog. Es genügte uns nicht, ihn dort zu beobachten. Wir wollten ihn zähmen, womöglich abrichten. Aber erst mussten wir ihn fangen. Der Vater erinnerte sich seiner Knabenzeit und lehrte uns eine Vogelfalle aufzustellen. Vier Mauersteine gehörten dazu, zwei wurden längsgestellt mit einem steinbreiten Zwischenraum; einer davor. Der vierte Stein lag der Länge nach schräg über dem Zwischenraum, hinten stützte er sich auf die Erde, vorn auf den dritten Stein. Nun wurde ein fingerlanges Hölzchen zwischen dem Deckstein und dem vorderen Stein eingeklemmt, so dass der Deckstein etwas hochgehoben wurde. Das Hölzchen war so abgepasst, dass es bei leichter Berührung herunterfiel.

Nun wurden große Futterbrocken ins Innere der Falle, unter das Hölzchen gestreut, kleine auf den vorderen Stein. Nie kam ein Vogel in unserer auch noch so versteckten Anwesenheit; meistens wohl in den frühen Morgenstunden. Er entdeckte das Futter, sättigte sich an den kleinen Krumen, entdeckte dabei die großen und hüpfte nach Vogelart erst auf das Stöckchen; dieser winzige Stoß genügte, um das Stöckchen samt dem Vogel zu lösen und den vierten Stein als Deckel zuklappen zu lassen. Der Vogel war gefangen.

Begierig lugten wir am Morgen hin und fanden die Falle geschlossen. Mit flachen Fingern zwängten wir die Hand unter den Deckstein, der arme kleine Kerl duckte sich in eine Ecke und war leicht gegriffen; denn der Ausweg, der das Licht hereinließ, wurde ja von der gespreizten Hand ausgefüllt.

Ach, welch wunderliche Wege macht sich doch oft die Liebe, die ihren Gegenstand zu besitzen begehrt! Der arme Vogel, meist war es ein Sperling, saß mit wildklopfendem Herzchen in der umschließenden Hand und beantwortete die zärtlichen Kinderküsse mit wildem Schnabelhacken. Er wurde ins Bauer gesetzt und bekam das schönste Futter. Aber jammernd flatterte er gegen die

Stäbe und jagte bei unserem Näherkommen angstvoll von einer Ecke in die andere.

Es war schließlich nicht mit anzusehen, wie er sich ängstigte und quälte, und bald wurde großmütig beschlossen, ihm wieder die Freiheit zu geben. Das Bauer wurde in den Garten getragen, das Türchen geöffnet, und bald stieß der kleine Gefangene daraus hervor, hinein in die Freiheit; sein Herz war ebenso erleichtert wie das unsere.

In jedem Frühjahr, wenn kleine grüne Blättchen die Dornenhecke sprenkelten, ging ich daran entlang und äugte hindurch, denn ich musste wissen, wie viele Nester es in diesem Jahr in der Hecke gab. Die Gartenrotschwänzchen kamen zu uns, als die Bäume älter wurden und sie mehr Nistgelegenheiten in Baumlöchern fanden. Meisen wurden als »nützliche« Vögel geschätzt, da sie so viele Obstschädlinge vertilgten; wir fütterten sie im Winter mit halben Walnüssen, die an einen Faden gebunden wurden und an einer Stange baumelten. Waren die Schalen leergefressen, so wurden sie mit Talg ausgegossen und nochmals hingehängt. Mit durchdringendem Jauchzen kamen die Meisen herbei, klammerten sich mit ihren zierlichen Füßen an den Schalen fest und pickten kräftig darauf los. Sonnenblumen, die zwischen den Beeten vor dem Treibhaus wuchsen, wollten wir den Vögeln zur Winternahrung aufbewahren; wenn wir sie nicht rechtzeitig ernteten, kamen die Meisen schon im Herbst und fraßen die strahligen Körnerreihen leer. Die Drosseln wählten allgemein lieber die dickeren Bäume, wie auch die Buchfinken, deren feste runde Nester zuweilen in den Gabelungen der Obstbäume saßen. Die Drosselnester waren zwar ordentlicher als die der liederlichen Spatzen, deren lange Heuhalme unter unseren beiden Hausgiebeln herauswehten, aber große Anstrengungen machten auch sie nicht, um zu einem Nest zu kommen; sie verschmähten nicht einmal trockene Placken von Mist. Oft saßen ihre geräumigen Nester auch auf dem Hausgesimse zwischen den Weinreben, und bestimmt jedes Jahr auf der Weinlaube; dann konnten wir einen Gartenstuhl nehmen, hinaufklettern und den Jungen in die gelben aufgerissenen Schlünde gucken.

Einmal hat sogar eine Beutelmeise in der Weinlaube ihr Nest gehabt. Die Drosseln waren so richtig mit ihren Familien bei uns zu Hause; jede hatte ihr Revier im Garten und liebte es nicht, wenn andere es ihr streitig machten. Jede hatte auch ihren festen Singplatz, die eine in der Akazie, die andere oben im Ahorn vom »Wald« und eine in der Dielsbirne hinterm Haus. Ihr Gesang wurde durch die Konkurrenz jedes Jahr schöner, reicher, weithin klingender. Die Melodien unserer Drosseln waren uns menschlich ganz nahe, drückten aus, was an zärtlichen Sehnsüchten in uns wuchs, was an Leiden keimte, noch ehe etwas zu leiden da war.

Einmal hatten wir drei Kinder drei junge Drosseln, die prächtig gediehen. Wir fütterten sie, wie wir es vom Vater gelernt hatten, mit einer Stahlfeder, die umgekehrt in den Halter gesteckt wurde und in deren Rundung das Futter lag. Diese drei Drosseln betrachteten uns durchaus als ihre Vogelmütter; auch als sie schon fliegen lernten, saßen sie am liebsten bei uns auf Kopf und Schulter, und wir konnten mit ihnen spazieren gehen, auch auf die Straße.

Im Herbst zogen sie sich allmählich von uns zurück, nachdem sie ihre ersten Singversuche gemacht hatten. Aber im strengen Winter erschienen sie plötzlich alle drei beim Haus, taten sehr vertraut und nahmen gern die hingestreute Nahrung. Aber es war nur ein kurzer Besuch gewesen. Im nächsten Frühjahr konnten wir sie zwischen den andern Drosseln nicht mehr mit Sicherheit herauserkennen.

Und ich wollte doch so gern einen zahmen Vogel für immer bei mir haben! In dem alten Lesebuch unseres Vaters, das noch aus den gemütvollen sechziger Jahren stammte, aus dem wir lesen lernten, stand eine Geschichte: »Das Rotkehlchen und der Landmann. Da kommt ein Rotkehlchen zum Winter ans Fenster und klopft mit dem Schnabel an, wird hereingelassen und bleibt nun den ganzen Winter als kleiner Hausgenosse bei dem Landmann, um im Frühjahr wieder in die Freiheit entlassen zu werden. Ach, wie hatte ich mir immer gewünscht, dass auch zu mir ein Vögelchen im Winter kam und ans Fenster klopfte – aber es klopfte nie eins.

Ich glaube, als kleines Kind, sozusagen im mythischen Zeitalter, hatte man wohl doch eine gelöstere Haltung zu den geliebten Dingen. Ich denke daran, wie wir in früher Kindheit die Nachtigall erlebten. Mehrere Jahre hintereinander brütete eine Nachtigall tief unten in den Stachelbeerbüschen, dort, wo das dürre Gras vom Vorjahr sich mit den bestachelten Stämmchen verhakte und bis in den Sommer hinein ein kleines undurchschaubares Dickicht schuf.

So klein wir waren, hatten wir doch eine große Scheu, die nicht sichtbare Sängerin zu stören, beeindruckt durch die Ermahnungen der Großmutter, in denen die liebe Nachtigall neben dem lieben Brot und der lieben Sonne stand, bald nach dem lieben Gott selbst. Des Nachts, wenn man aufwachte, wenn ringsumher das fahle Dunkel stand, alle andern schliefen, da tönte dann wohl durch den Spalt der Fensterklappe aus dem Garten das unwirkliche süße Flöten, als wenn die Engel nachts in unseren Bäumen sich trafen und musizierten.

Einmal, nur einmal, sah ich den bescheidenen graubraunen Vogel wirklich, als er durch die Hainbuchen der großen Laube schlüpfte und die Großmutter ihn uns flüsternd zeigte. Aber diese Erscheinung der Wirklichkeit habe ich niemals in meinem Bewusstsein zusammengebracht mit der lieben Nachtigall, die des Nachts, wenn man aufwachte, zu singen anhub. Diese war nur tönende Erscheinung, und es war ganz richtig, dass wir sie niemals zu sehen bekamen, so lange sie auch in den Stachelbeerbüschen brütete.

Das Stück jenseits des Quittengebüsches war in unserer Kinderzeit mit kleinen Erdbeeren eingefasst, andere als die heute beliebten Monatserdbeeren, die erst dann schmecken, wenn sie schwarzrot geworden sind. Dies waren kleine Polster von stumpfgrünen Blättchen, die sehr kleine, teils weiße, teils rote Früchte trugen. Gern machten wir ein Sträußchen aus den zarten Stielen mit reifen Beeren, umrandet von den grünen dreiteiligen Blättern. Rechts an der Erdbeerkante stand ein Paradiesapfelbaum. Seine kleinen Früchte gaben gekocht einen herrlich duftenden Saft, ebenso wie die Früchte des Zierstrauches, des Kirschapfels. Da ist noch etwas von Wildheit, Harz- und Waldduft darin. Der Paradiesapfelbaum ist wohl bald gepfropft worden, und zwar mit dem König aller Apfel, dem Schönen von Boskop.

Links von der Erdbeerkante war das Gebiet der Stachelbeerbüsche. Zunächst vorn eine Reihe »Gelbe Löwen« (Golden Lion), für mich noch immer die schönste aller Stachelbeeren. Die Büsche sind stark gedornt und haben viele kleine, etwas filzige Blätter.

Schon bald im Frühling, nachdem die Bienen die Blüten beflogen hatten, schwollen die Fruchtknoten zu kleinen grünen Beeren, die in gekochtem Zustand den ersten Obstgenuss des Jahres boten. Gern nahmen wir die mühselige Arbeit des »Abpuhlens« auf uns, um die festhaftenden vertrockneten Blüten und die kleinen Stängel zu entfernen; denn als Lohn winkte mittags das zartgrüne Kompott, in das manchmal süße Zwiebäcke hineingebrockt wurden, was uns Kindern besonders gefiel.

Die Höhe des Genusses aber war der Stachelbeerauflauf, der so köstlich war, dass ich jetzt sein Rezept hervorsuchen muss aus dem alten Kochbuch meiner Mutter, mit zierlicher Jungmädchenschrift geschrieben:

Stachelbeer-Auflauf

Man kocht Stachelbeeren in Wasser gar, thut Zucker daran und Kartoffelmehl, daß es wie ein recht dickes Compot wird, füllt es in eine mit Butter und Zwieback ausgestrichene Form, viertel oder halb voll. Dann rührt man 4 Loth Butter zu Salbe, thut 5 Loth Mehl dazu, läßt ½ Flasche Milch mit 4 Loth Zucker aufkochen und rührt darin das mit der Butter ausgerührte Mehl ab, bis es eben geworden ist. Erkaltet, von 1 Citrone Schale und Saft, 8 Eigelb und zuletzt den Schaum der Eier dazu, dies gießt man über die Stachelbeeren und läßt es 1 Stunde backen.

1 Flasche = ¾ Liter, 3 Loth = 50 Gramm.

Ah, welch ein köstlicher Duft nach gebackenen Eiern entströmte dem Bratofen und zog sich durch das ganze Haus bis zum Esstisch. Mit einer Serviette umwickelt wurde die glühend heiße Tonform auf einen Untersatz gestellt. Die lichtbraune Decke des Eierteigs war sanft gewölbt. Manchmal zischelte es noch leise darin. Mit einem alten, schon scharfrandigen silbernen Löffel wurde vorsichtig in den Teig hineingestoßen; am Rande saß knuspriges Braun festgebrannt an der Form. Jeder achtete darauf, dass er auch davon seinen Teil mitbekam; wenn sich der Löffel wieder heraushob, war er gefüllt mit der zarten hebernden, goldgelben Masse, durchzogen von kleinen Blasen. Nun vermischte sich mit dem

Eierduft auch der süß-säuerliche frische Duft der geschmorten grünen Stachelbeeren, die die schaumige Masse über sich getragen hatten. Auch von ihnen bekam jeder seinen Teil, doch waren sie vom Kochen schon rötlich geworden und etwas herb im Geschmack, deshalb nicht so begehrt wie das noch daneben gereichte erkaltete grüne Kompott der gleichen Stachelbeeren.

Dieser Stachelbeerauflauf war mehr als ein gewöhnliches Nahrungsmittel. Man wurde gesättigt von Duft und Luft, von dem Traum einer Speise.

Sobald die haarigen Stachelbeeren anfingen, ihr Grün ins Gelbliche zu wandeln, hörte das Pflücken auf, denn nun sonderte sich die Schale von dem Innern, dieses wurde saftig, jene zu hart für Kompott. Danach dauerte es sehr lange – uns Kindern jedenfalls – bis das weißliche Gelb glasig wurde; dann konnte man die Beeren schon essen. Die jungen Kerne waren von einem süßen Glibber umgeben, die Schalen waren noch dick und so sauer, dass einem die Zunge rau wurde. So blieben genug Beeren nach, um goldgelb, richtig löwengelb, zu werden. Dann war die haarige Schale hauchdünn geworden und das Innere ein zartes Gelee von duftender klarer Süße. Oben an den Zweigen saßen kleinere feste Beeren; die zartesten, größten und schönsten verbargen sich im Innern des belaubten stachligen Gezweigs, manchmal schleiften sie an der Erde und mussten mit den Kinderschürzen saubergeputzt werden. Manche blieben auch den lungernden Kinderaugen verborgen und reiften unter ihren Blättern zu einem weiteren Grad der Gelbheit und Süße heran. Nach Wochen wurden sie dann doch entdeckt und schmeckten so überaus köstlich, dass man bedauerte, nicht alle so weit haben reifen zu lassen.

Hinter den Gelben Löwen waren drei Reihen andere Stachelbeeren, eine Reihe grüne, eine Reihe glatte rote und eine Reihe haarige rote. Nein, so ein Erlebnis wie die ersten reifen Gelben

Löwen konnten diese späteren niemals werden. Die großen grünen waren zwar auch süß, aber ihnen fehlte das Aroma der kleinen gelben, so wie den großen Himbeeren das Aroma der Waldhimbeeren fehlt. Kräftig süßsauer schmeckten die roten Stachelbeeren. Sonderbar: Duft und Geschmack der Stachelbeeren deckt sich mit dem Duft der gleichfarbigen Rosen; die warme Süße der Gelben Löwen entspricht dem Duft der gelben Teerosen oder mehr noch der üppigen Soleil d'or; der kraftvolle frische Geschmack der roten Stachelbeeren dem Duft der roten Sommerrosen, in denen auch immer eine Säuerlichkeit mitschwingt. Auch von den roten Stachelbeeren blieben immer einige vergessen in den Zweigen zurück, die zu schwärzlicher Röte reiften und dann ein zartes Mus von Fruchtfleisch enthielten, das weinig schmeckte.

Rechts im Mittelgarten, an einem versteckten Weg vor der schwarzen Planke, wuchsen die besonderen Blumen des Vaters. Es war ein zauberhafter Platz, man fand ihn nicht leicht. Der Zugang lag versteckt hinter einem mächtigen Zentifolienstrauch. An ihm musste man vorbei, um dann in den schmalen Weg einzubiegen, der diese Blumenrabatte begleitete.

Voran standen zwei Deutzienbüsche, an denen nichts Besonderes war; lange Wochen hindurch waren sie übersprüht von ihren lockeren weißen Blüten.

Daneben wuchs die ziemlich niedrige Staude des Delphinium nudicaule, das vom Vater als Seltenheit hingestellt und infolgedessen von uns mit entsprechender Achtung betrachtet wurde. Rund um die Stängel saßen die gelbroten Blütchen, die ihre eingerollten Schweife nach außen streckten. Es wurde eigentlich niemals von dieser Pflanze etwas abgeschnitten. Nur einmal, da sollte der Geburtstag unserer Schulvorsteherin gefeiert werden. Es war uns Kindern verboten worden, Geschenke oder Blumen mitzubringen. Unser Vater aber hatte sich wohl gerade entschlossen, einige Stängel seines Delphinium nudicaule zu opfern, und ich geriet in schwere Bedrängnis, als ich am andern Morgen dennoch mit einem Strauß der seltenen Blume auf den Schulweg geschickt wurde. Mit zagenden Worten reichte ich ihn dar, und siehe da, die Bewunderung der noch nie gesehenen Blume machte offenbar die Nichtbefolgung des Gebotes vergessen, und erleichtert strebte ich meinem Platze zu.

Inniger als zu diesem Delphinium war unser Verhältnis zu den Blumen daneben, deren steile Stiele sich erhoben aus einem Rund fein gezeichneter Blätter, die ja schon Dürer entzückt haben: die Akelei. Oben schwankten die anmutigen Blüten, wie Bündel von winzigen Füllhörnern, an weichen Stielchen herunterhängend von den aufragenden Stängeln; sie schaukelten wie Ballettröckchen. Da waren dunkelblaue mit matter Blütenhaut, da waren lachsfarbene von unerhörter Zartheit, die nach innen ins Gelbliche gingen, da waren weite, taubenhafte, deren Pflanzen man schon früh an dem lichteren Grün ihrer Blätter erkannte. Anmutig wie Elfen brachten sie den Zauber eines lichten Waldes in den Garten.

Zwischen ihnen standen einige, die ihre Glockenkreise aufrecht trugen; sie waren auch kleiner und unrein in der Farbe; die galten uns nicht viel.

Die Akeleizüchtung Benary hat ja später die schlanken Schwänze der glockigen Blüten ins Unwahrscheinliche verlängert und auch die Farben zu wahren Duftgebilden vergeistigt; sie hat die schönste Aufgabe einer Züchtung erfüllt: nicht irgendwelche Absonderlichkeiten herauszuholen, die der Natur der Pflanze im Grunde zuwiderlaufen, sondern das Wesen der Pflanze auf ihrer eigenen Linie zu entwickeln und zu erhöhen, sozusagen die Pflanze ihrer Idee – im platonischen Sinne – anzunähern.

Über unsere Kindheit hinaus haben sich die Akelei in unserem Garten nicht gehalten. Sachte und still sind sie daraus verschwunden, nur einige von den Stielen tauchten noch hier und da als Sämlinge auf.

Mein Wunsch, sie einmal wild wachsend als lichte Waldblume irgendwo auf meinen Reisen zu finden, so etwa als blaue Blume der Romantik, wurde nie erfüllt, bis ich, schon im Zweiten Weltkrieg, nach Vierzehnheiligen kam, im Juni. Ja, dieser gesegnete Fleck Erde mit dieser Kirche voller Gnaden vom Fundament bis zur Spitze, voller Gnaden vom Barockbaumeister bis zum heutigen Wallfahrer, dieser Berg des himmlischen Lichts mochte wohl die edle und liebliche Blume Akelei in Fülle hervorbringen.

Wenn man aus der Kirche heraustritt – geklärt von ihrem Licht, gesättigt von der Fülle ihrer Formen, gesegnet von ihrer strömenden Gnade – und nordwärts dem Waldrand zuwandert, gelangt man auf einen Pfad inmitten hügeliger Wiesen. Ist es ein Park? Ein Garten? Eine Weide? Kein Zaun verbietet den Eingang. Man fühlt sich eingeladen von ungesehenen Gastgebern. Gras und Kräuter wachsen hochgestielt, flimmernd in der Sonne, und überall dazwischen leuchtet es märchenblau, tropfen die Kelche der Akelei; nur ganz selten eine weiße dazwischen. Alte Walnussbäume begleiten den Weg, unterbrechen die sanften Hänge; in ihrem sonnendurchfleckten Schatten lagert man und blickt hinüber zum jenseitigen Mainufer.

Wenn von unserm ganzen Deutschland nichts durch den Krieg unberührt bleibt als Vierzehnheiligen auf diesem Berg des Lichts, so ist das heilige Herz unseres Vaterlandes gerettet, und wir wollen dahin wandern oder wallfahrten und an diese Vergangenheit und Gegenwart unsere Zukunft anknüpfen.

Auf der Rabatte mit den Akelei, zwischen ihnen, strebten im Frühjahr lange geschlossene Büschel von Blättern aus der Erde, zu weich, um Irisblätter zu sein, zu gelblich, um Tulpen anzugehören. Sie hielten oben zusammen und fielen, fast schleppend, rundherum auseinander, indes ein zwischen ihnen noch kaum sichtbarer kräftiger Stängel schnell in die Höhe wuchs. Sie sahen belanglos aus, fast konnte man sie für Unkraut halten. Bald aber merkte man, dass der kräftig-fleischige Stängel nur aus einer Zwiebel stammen konnte. Er wuchs und wuchs zu Meterhöhe, die Blätter von edellanzettlicher Form wurden steifer und standen waagerecht rundherum um den runden Stängel. Bald war die endgültige Länge erreicht; oben und in den letzten Blattwinkeln zeigten sich blanke grüne Knoten, mit Nähten wie Schmetterlingspuppen. Sie wuchsen und wuchsen zu edler, schlanker Form, handlang, manchmal schnabelte die Spitze ein wenig in die Höhe. Jetzt wurden sie weißlich, von innen warm angehaucht, fest hielten die Nähte der langen Blütenblätter noch zusammen, obgleich sie sich bauchten und bogen, als sollten sie von innen her auseinanderplatzen. Aber immer noch weiter wuchs die riesige Knospe. Endlich, eines Morgens, wenn man in den Garten kam, waren die Blütenblätter in den Nähten auseinandergegangen, sie verlangten heftig, sich auszubreiten, aber noch hafteten ihre Spitzen fest aneinander; auch die mussten sich voneinander lösen, eine nach der andern, und nun konnten die Blütenblätter sich wohlig zurückbiegen und ihr juwelengeschmücktes Inneres der Sonne und den Menschen zeigen.

Es war Lilium auratum; die Goldbandlilie heißt sie in schöner Verdeutschung. Sie ist die königlichste der Gartenblumen; stolz ihr Wuchs, der Menschengröße nahe: Wie ein Herrscher Reichsapfel und Zepter in ruhevoll abgespreizten Händen hält, so trägt sie ihre herrlichen Blüten mit Würde und Gelassenheit, so recht von Gottes Gnaden.

Die Lilie der Gotik ist ja die schöne weiße nonnenhafte Lilium candidum. Lilium auratum aber trägt Glanz und Größe, Pracht und Würde der Hohenstaufenzeit in sich, deren Reich die Herrlichkeit des Morgenlandes und die unerschöpfliche Kraft des Abendlandes in fast mythischer Einmaligkeit in sich schloss. Lilium auratum, keine Lilie auf dem Felde, sondern Herrscherin in Gottes Garten, mit ihren großen, stolz geöffneten Blüten, deren schimmerndes Silber wie Brokat von Gold durchwirkt ist.

Aus der Mitte der Blüte strecken sich die langen gebogenen Staubfäden, an deren Spitze, wie auf einem Punkt, die großen hammerförmigen Staubbeutel anmutig schwanken. Fast tierhaft sind sie und haben die Farbe getrockneten Bluts. Erst glänzen sie matt wie duffe Seide; die verwandelt sich danach in Samt, der später kupferfarben sich auspulvert.

Aus dem Innern der Blüte rauschen die Wellen von Duft, süß und stark, unwiderstehlich. Sie steht da und teilt ihn aus, wie ein Herrscher mit vollen Händen die Gaben unter das Volk wirft. Man braucht nicht heranzukommen, unnahbar, unberührbar möchte die Stolze bleiben. Lilium auratum, keine weißgesichtige Nonne zwischen Kirchenpfeilern, wie ihre Schwester, die gotische Lilie, kein sanftes Engelsantlitz voll kindlicher Harmlosigkeit – nein, ein Cherub aus den innern Ringen der Lobpreisenden, bestimmt zu vollen Tönen und erhabenem Glanz. Immer haben wir Lilium auratum mit Ehrfurcht betrachtet, als Kinder wie als Erwachsene, diese Blume aus Silber und Gold, die schon durch unsichtbare Kraft, durch ihren Duft allein, Garten und Menschen beherrschte.

Sechs bis acht Blüten trug jeder Stängel. Wenn bei den ersten die Blütenblätter, ganz nach außen gekrillt und mit vielem Blütenstaub betupft, abgefallen waren und nur der langgestielte Stempel noch ragte, dann waren die letzten am Stängel noch lange nicht aufgeblüht. Einmal hatte eine ihrer Zwiebeln etwas Merkwürdiges hervorgebracht, das wir geradezu als Pflanzenwunder empfanden: Der Schaft eines Stängels war von unten herauf so breit, als wenn sechs oder zehn aneinandergeschoben wären; so wuchs er in die Höhe, wie ein flaches Schwert, und wir nannten sie darum die Schwertlilie. Mit unzähligen Blättern und vielen, vielen Knospen, alle etwas kleiner als bei einem normalen Stängel, war dies breite, grüne Stängelband besetzt. Alle Blüten kamen nacheinander zur Entwicklung, vierundachtzig an der Zahl, viel bestaunt von Besuchern und Gartenkennern. Der abgeblühte und entblätterte, trocken und holzig gewordene Stängel mit den dürren Blatt- und Blütenstielen lag noch jahrelang als Seltsamkeit in unseres Vaters Zimmer unten im Keller.

Der Anfang unserer Sommerferien stand immer unter dem Zeichen des Johannisbeerpflückens. Da war eine lange Reihe Johannisbeerbüsche an der rechten Seite des Mittelgartens, links des Weges, der die Rabatte mit Akelei und Lilien begleitete.

Rote, weiße und schwarze Johannisbeeren hatten wir; von den roten am meisten; von denen durften wir beim Pflücken so viel essen, wie wir wollten, denn die setzten dem Genuss selber eine Grenze, indem sie Zunge und Gaumen bald wund und schmerzend machten durch ihre heftige Säure. Die weißen Johannisbeersträucher waren immer schmächtiger im Wuchs, sie trugen darum nicht allzu viel. Die Beeren waren nicht weiß, sondern gelblich, wie die weißen Himbeeren. Nur einzelne gärig gewordene waren milchweiß.

Wir Kinder hatten ganz kleine Weidenkörbe, eng und tief mit einem kleinen Henkel; für zwei von diesen Körben voll gab es einen Pfennig Pflücklohn. So hockten wir denn von Morgen bis Mittag und von Mittag bis Nachmittag unter den Büschen und hakten die rotbebeerten Träubchen aus ihren Ansatzknoten. Unsere Großmutter kam ab und zu mühsam mit ihrem Krückstock heran und achtete darauf, dass jeder Strauch völlig leergepflückt wurde, ehe ein neuer drankam.

Nach dem Pflücken saßen wir dann mit der Großmutter in der Akazienlaube oder in der Veranda und »ströpelten« die gepflückten Beeren ab. »Abströpeln« war so ein herzhaftes Wort für das viel farblosere »Abstreifen«, das uns wie städtisches Schriftdeutsch erschien, und nicht für den täglichen Gebrauch.

Unsere Großmutter stammte aus dem Holsteinischen und rettete manche der volltönenden und bezeichnenden Ausdrücke aus der Heimat des Plattdeutschen in unsere hochdeutsche Kindersprache. Sie sagte auch, wenn der Busch recht voll hing: die Johannisbeeren sitzen ja in ganzen »Klustern«.

Damit wir bei dem langweiligen Abströpeln nicht die Geduld verloren, las der Vater uns dabei vor, und zwar aus Goethes »Reinecke Fuchs«, Jahr für Jahr.

Die Johannisbeeren wurden zu dickem Saft verarbeitet, der später als köstliche Tunke zum duftenden warmen Reis- oder Grießpudding erschien oder zum Großen Hans, dem riesigen Hefekloß, der in einer Serviette im Wasser schwimmend gekocht wurde.

Die Hauptverwertung der Johannisbeeren aber war der Obstwein, und das war nun ganz allein das Gebiet unseres Vaters.

In zwei Kellerräumen, nach Süden gelegen, mit großen hellen Fenstern, war sein besonderes Reich. Vorn die »Studierstube«, dahinter die »Weinstube« oder »Werkstatt«. Beide waren durch eine Holzwand mit einer Tür darin getrennt.

Die Wände der Studierstube trugen eine hellbraun geblümte Tapete, freundlicher als die »vornehmeren« dunkelgeblümten

Tapeten der oberen Zimmer. Auch sonst hatte dieser Raum etwas Anheimelndes. Da stand der große Nussbaumschreibtisch des Vaters, davor sein Schreibtischsessel mit der niedrigen runden Lehne, die im Rücken ein Verbindungsstück, akanthusblattähnlich, trug. Der spärlich gepolsterte Sitz war mit dunkelrotem Mokett bezogen.

Hinten am Schreibtisch erhob sich der dreiteilige »Aufsatz«, der unendlich viele Fächer enthielt, in denen nicht nur Rechnungen, Obstbaum- und Samenkataloge, Zeichnungen und Pläne steckten, sondern auch allerlei Raritäten und zerbrochene kleine Kostbarkeiten. Ganz oben stand der Globus von graugrüner verblichener Farbe mit noch mancherlei unerforschten Gebieten; der Vater nahm ihn zuweilen herunter, um uns die Kugelgestalt der Erde und ihre Drehung zu Tag und Nacht zu erklären.

Im mittleren Bort des Schreibtischaufsatzes stand die türkische Wasserpfeife, und immer erschien es uns unerklärlich, wie dies bauchige Gefäß und der lange, gewundene Schlauch zum Rauchen hatten dienen können, da wir doch vertraut waren mit des Vaters langer Pfeife aus Weichselholz; da glöste der Tabak unten in dem bemalten Porzellankopf mit durchlöchertem Deckelchen; den Rauch zog der Vater durch das lange mit Troddeln geschmückte Pfeifenrohr hoch, um ihn dann paffend durch Mund oder Nase wieder von sich zu stoßen. Auch der braune Schlafrock mit den Posamenten, wohl noch aus der Studentenzeit, hing dort, wurde aber eigentlich niemals gebraucht; denn der Vater war jetzt doch mehr Gärtner als Studierer geworden, und in meiner Erinnerung trägt er weit eher die knappe, helle, sommerliche Leinenjacke des Gärtners und Imkers als den weiten Schlafrock bürgerlicher Bequemlichkeit. Auch das Rauchen der langen Pfeife war wohl nur im Winter üblich und im Weltkrieg, als der Tabak knapp wurde; sonst rauchte der Vater nur Zigarren, nie hat eine Zigarette seinen

Mund berührt. Die Zigarren ließ er von einer Fabrik kommen in großen Postsendungen, und die leeren Kisten stapelten sich zu einer Wand in der Studierstube; Zigarrenkisten wurden überall gebraucht im Hause, aus ihnen stellten wir unsere ersten Basteleien her; oft bewunderte ich die bunten Bilder auf dem weißen Glanzpapier im Innern der Kiste. Sie waren der rauschenden Farbenfülle des Südens angeglichen; Palmen am Wasser und schwarzlockige Frauen neben malerisch geschnürten Tabakballen waren da zu sehen; diese Welt war aufregender als die sinnigen Gartenlaubenbilder, die wir oft und oft betrachteten.

Die eine Ecke des Zimmers war geschmückt mit einem Eckbord, auf dem ein Krug und zwei Gläser aus hellblauem Milchglas standen, wie es in den sechziger Jahren einmal Mode gewesen war. Das Eckbord trug an der vorderen Rundung eine ellenbreite Perlstickerei in allerhand wohlgeschwungenen Arabesken mit drei großen Zacken. Ein ähnliches Bord war ja auch oben in der »guten Stube«, und dort stand eine Vase aus Biskuit darauf mit einem »Makartbouquet«, das sogar eine Pfauenfeder enthielt. Auch zwei Schilfkolben steckten darin. Immer war als Kind mein Wunsch, einmal Schilfkolben im Freien zu finden, oder gar dem zauberhaften Vogel zu begegnen, der diese grün und blau schimmernden Federn trug.

Solchen Dingen, wie Pfauenfedern, Vogeleiern, getrockneten Seepferdchen, Kokosschalen mit Negerschnitzereien, Steinen mit Kristallen darin konnte man in der Studierstube des Vaters begegnen, und da es nicht seine Art war, an diese Dinge viele Erklärungen und Erzählungen anzuknüpfen, so blieben sie stets mit einem Hauch des Geheimnisses umhüllt.

Aber das Wunderbarste unten in der Studierstube, das Einmalige, das uns immer und immer wieder fesselte und uns mit einem wohligen Schauer erfüllte, das waren die beiden Bilder zum Aufziehen. Bilder mit einem Uhrwerk. Das eine, im glatten verblassten Goldrahmen, zeigte eine wilde See aus Seidenpapier geformt, ein Schiff darauf, und dann einen Luftballon, ja, einen Luftballon! Sobald das Uhrwerk summte, wogten die graublauen Wellen auf und ab, auf und ab, sie warfen das arme Schifflein gefühllos hin und her, hin und her. Währenddes stieg der Luftballon ruhig auf und zog am Himmelsbogen seine Bahn, unberührt von Wind und Wetter, wie die liebe Sonne selbst. Wenn das Surren langsamer wurde, ließen auch die Wogen an Wildheit nach, und schließlich standen sie ganz still, das Schifflein in schiefer Lage haltend. Auch der Ballon mit seiner Gondel blieb stehen, so lange, bis ein erneuter Kinderwunsch den Vater das Uhrwerk aufziehen ließ.

Dieses bewegliche Bild war sicher sehr alt; es erschien uns geradezu von Magie beseelt, viel mehr als ein zweites, das der Vater geerbt hatte von einem alten Herrn, der es selbst gebastelt. Dies hatte einen Rahmen von glattem Mahagoni mit quadratischen Ecken: Auf der Rückseite trug es die Jahreszahl 1837. In einer tief gegliederten Dürer' schen Landschaft waren vorn zwei Knaben zu sehen, die auf einer Wippe auf und niedergingen; dahinter hackte ein Holzhauer mit seiner Axt ständig das gleiche Stückchen von seinem Kloben ab. Zwei Männer sägten mit ihrer Säge hin und her an einem Stamm, der in einem Sägeblock lag. Auf einer Brücke begegneten sich zwei Ziegenböckchen und stießen lustig mit den Köpfen immer wieder gegeneinander. An einem Abhang, wo der Wald begann, war zwischen den vorderen lichteren Bäumen eine Schaukel befestigt, in der ein Mädchen saß, und ein Herr gab ihr immer wieder einen neuen Schwung. Am Bach drehte sich das Mühlrad. So war das Bild voll von ausgeklügelten kleinen Kunstfertigkeiten, aber so amüsant es auch zu betrachten war, ich habe bei diesem technisch so raffinierten Bild niemals das Gefühl des

Wunders empfunden wie bei dem anderen viel einfacheren, noch in späten Jahren, bis in meine Träume hinein.

Neben dem Schreibtisch stand das große schlichte Bücherbord. Da waren die juristischen Bücher aus des Vaters Studienzeit, das dicke Corpus juris neben dem Bürgerlichen Gesetzbuch von 1896, das der Vater gern bei gegebenen Gelegenheiten zitierte. Da stand »sein« Philosoph Schopenhauer, in zwei Leinenbänden von abfärbendem Rot mit vielen unruhigen Ornamenten, die nicht die geringste Beziehung zum Buch selbst hatten; so band man ein, damals, als Lichtwark schon lange solche Unkultur aufgezeigt und auf die ernsthafte Buchbindekunst in England und Frankreich hingewiesen hatte. Schopenhauers Missachtung der Frau wurde vom Vater gern scherzenderweise zitiert; aber doch war solcher Scherz in jener Zeit, auf der Höhe des Patriarchats, von tieferer Bedeutung.

Später stand neben Schopenhauer Chamberlains »Grundlagen des 19. Jahrhunderts«, das die Gespräche jener Zeit stark erfüllte.

Viele Bücher hatte der Vater von einem alten Freund geerbt. Da war eine ehrwürdige Bibel, in Schweinsleder gebunden, von 1757. Da waren einige wunderschöne Bücher über Obstzucht mit handkolorierten Abbildungen, die wir recht gerne besahen.

Das Schönste von ihnen nannte sich »Pomona franconica« (was man etwa mit »Obstwelt des Frankenlandes« übersetzen könnte). Es ist im Jahre 1776 – also zur Zeit der Vollendung von Vierzehnheiligen – geschrieben von dem Hofgärtner des bischöflichen Gartens zu Würzburg. Der Text ist in französischer und deutscher Sprache nach- und nebeneinander. Drei dicke Bände umfasst dies Werk, das wir noch heute in Ehren halten. Der 1. Band handelt von den Aprikosen, Mandeln und Pflaumen, der 2.

von den Kirschen, Mispeln und Pfirsichen, der 3. von den Äpfeln, Birnen und Feigen. Die Widmung lautet:

> »Dem Hochwürdigsten des Heiligen Römischen Reichs, Fürsten und Herrn, Herrn Adam Friederich, Bischoffen zu Bamberg und Würzburg, auch Herzogen zu Franken etc. widmen dieses Werk ehrerbietigst der Verfasser und der Verleger.«

Gegenüber dieser so zeremoniellen Schreibweise erscheint uns aber der Inhalt stellenweise recht gegenwartsnah. So heißt es in der Vorrede,

> »daß vielleicht vor mir noch niemand so viel Aufmerksamkeit und Mühe auf dergleichen Gegenstände verwendet hat. Ich werde hierzu um so mehr ermuntert, als eine dergleichen feingemahlte Sammlung die einzige in ihrer Art, und wichtig genug, auch besonders für Deutschland nützlich zu sein schien, wo die Hauptgattungen und Abarten der wirklich guten Obstfrüchte weder genugsam bekannt, noch sattsam unterschieden sind, und wo die Baumgärtnerey überhaupts noch nicht denjenigen Grad der Vollkommenheit erreicht hat, dessen sich unsere Nachbarn, die Engländer und Franzosen, rühmen können.«

Gründlich geht der Verfasser vor. Er beginnt mit dem Garten des Paradieses und führt uns über die Gärten Mohammeds, Salomonis und Ahasverus, über die wundersamen heidnischen Gärten von Venus und Adonis, zu Hesiodus, der ein Jahr nach dem trojanischen Krieg ein Gedicht über die Gärten geschaffen hat; dann erwähnt er die römischen Gärten des Lukullus und Pompejus, und wir erfahren, dass zur Zeit des jüngeren Plinius die Hälfte Italiens schon in Gärten verwandelt war; über die Mediceer kommt er zu Ludwig XIV. und zur Gartenkunst des Barocks, die ihn die einzig mögliche dünkt. Da schreibt er:

> »Jedermann kennet die mächtige, die zauberische Würkung, welche das Ebenmaß der Verhältnisse in der Baukunst, in der Ton- und Tanzkunst hervorbringt; sollte man denn nicht einen eben so reitzenden Erfolg davon in der Gartenkunst erwarten können? Der brittische Park mit seinen vervielfältigten Unregelmäßigkeiten ist ein aus lauter Dissonanzen bestehendes Stück der Tonkunst.«

Aber trotz solcher grundsätzlicher Betrachtungen fehlen nicht ganz praktische Anweisungen z. B. über das Einmachen von grünen Mandeln, über ihre Verwendung zu »Mandelkuchen, Mandelbrot, Marcipan, Maccaronen, gebrannten Mandeln oder Pralinen«.

Er erzählt, dass »die Morgenländer zur Anmachung des Salats Mandelöl gebrauchen, und statt des Essigs Zitronensaft nehmen«; er gibt Rezepte für Mandelmilch und Mandelbutter und Mittel gegen ihr Ranzigwerden.

Einen großen Teil des Werkes nehmen die Abbildungen der Früchte ein, »die er unter seiner eigenen Aufsicht durch die geschicktesten Hände nach der Natur abmahlen, in Kupfer stechen – und mit lebendigen Farben sorgfältig illuminiren ließ«. Jede ist ein Bild für sich, mehr als eine Abbildung. In sorgfältigster Weise sind Zweige, Früchte oder Fruchtteile in das gegebene Format des Bildes hineingesetzt, eine vollkommene Harmonie in den Raumverhältnissen, ja eine eigenartige Dynamik der einzelnen Teile zueinander beglückt uns an jedem Blatt.

Unten im Bücherbord, jederzeit leicht greifbar, waren die Bände Goethe und Schiller in Folioformat. Mit Goethe lebte unser Vater täglich, vor allem mit dem pantheistischen Goethe; Zitate aus dem Faust begleiteten unsere Kindheit von früh an, auch kurze

Erzählungen daraus, die wir verstehen konnten, so wie man früher den Kindern die Geschichten des Alten Testaments erzählte.

In gleicher Weise gebunden, in gleichem Format, lagen auf einem Bord zahllose Bände von gebundenen Jahrgängen der »Gartenlaube« mit den Romanen der Marlitt. Die Gartenlaube war die Spiegelung eines Zeitalters, das die Welt zu kennen und zu meistern glaubte und doch nur den »Geist, den du begreifst« darin fand. Die Dämonen, die Goethe sehr wohl kannte, waren für diese Zeit einfach nicht existent.

Die Gartenlaubenzeit war so um die sechziger bis achtziger Jahre, sie wurde abgelöst von der Zeit, in der die Technik sich entwickelte und der »Fortschritt« begann. So war dem Vater die Gartenlaubenzeit seine Jugendzeit, die eigentliche Zeit, die richtige Zeit, zu der die neue Zeit eigentlich wieder zurückkehren müsste.

Goethe und die Marlitt – welch seltsame Verkoppelung! So konnte Ewiges und Zeitliches in einem Menschengeist nebeneinander Platz finden in jener Zeit der Abbrüche und neuen Übergänge, jener Zeit, die nur äußerlich so sicher und gefestigt erschien, während die Dämonen des zwanzigsten Jahrhunderts unbemerkt aus ihren Eiern krochen.

Von der Studierstube aus gelangte man in die dahinter liegende »Werkstatt«, in der eine Hobelbank den größten Platz einnahm. Zwar haben wir nie den Vater daran hobeln sehen; sie war vollgepackt mit Werkzeugen und Material zum Handwerkern, Holz, Leder, Nägel, Schrauben und hundert anderen Dingen. An der Wand darüber hing der Werkzeugkasten, dessen Inhalt stets wohlgeordnet bleiben musste.

Borde zogen sich rundherum an den Wänden, vollgestellt mit leeren Gärungsflaschen, mit Futterkästen für die Bienen und mancherlei anderem Zubehör zur Gärtnerei und Imkerei. Da war Baumwachs und Bienenwachs, Tischlerleim, Karbolineum und Tapetenkleister; und doch fand sich den Winter über noch Platz, um die vielen Kakteen aus der Veranda bis zum Frühjahr aufzunehmen.

Je nach Jahreszeit und Verwendung war die Werkstatt auch Bienenstube oder Weinstube.

In der Zeit der Johannisbeerernte wurden die leeren Zehnliterflaschen von den Borden genommen und auf die Hobelbank gestellt; Tonnen und allerlei Gerätschaften kamen hervor und bedeckten Fußboden und Böcke.

Die für den Wein bestimmten Beeren brauchten nicht abgeströpelt zu werden, wir drehten sie durch eine Beerenmühle mit zwei geriffelten Holzwalzen, die gegeneinander liefen. Zwischen ihnen wurden die oben eingefüllten Beeren zerquetscht. Der Brei fiel nach unten, in eine offene Tonne, in der die Vorgärung stattfinden sollte. Die Beeren waren vor dem Zerquetschen gewogen worden, nun kam auf ein Pfund Beeren ein Pfund Zucker und ein Liter Wasser. Der Zucker durfte natürlich nicht dieser bläulich-weiße raffinierte Zucker sein oder der gelbliche »feine Kristallzucker«, der noch nach Rüben aufduftete, wenn man ihn etwa zu kochendem Obst schüttete; nein, es musste der grobe Kristallzucker sein, der oben auf dem Boden in den bewussten Säcken stand und von dem auch die Bienen bekamen.

Dies Gemisch von Beerenmasse, Wasser und Zucker in der Tonne wurde nun täglich mehrere Male mit einem großen ruderartigen Holzlöffel, der das ganze Jahr rot gefärbt blieb, umgerührt. Bald fing das Ganze an, unruhig zu werden, Blasen kamen hoch und trieben das Fruchtfleisch in die Höhe; dieses wurde ständig blasser und farbloser, schließlich schwamm es in bläulichen, grauvioletten Klumpen, mit Blasen durchsetzt, mit Schaum umkränzt, auf der Oberfläche. Nun war das nicht mehr Fruchtfleisch, nun waren es Treber, die wir ja aus der Geschichte des verlorenen Sohnes kennen, der in der Fremde die Treber essen musste, die die Säue aßen.

Ein leichter Gärungsduft erfüllte das ganze Haus. So war es wohl auch möglich, dass immer die richtigen Gärungspilze in der Obstmasse wirkten, und niemals Essig- oder Fäulnispilze. Ich weiß wohl, dass man in späteren Jahren verschiedene Gärungspilze in Tablettenform kaufen konnte, Tokaier und Burgunder, und was weiß ich alles. Wir haben sie niemals angewendet, wir hatten Hausgärungspilze, die sich an allen Gerätschaften, Tonnen und Deckeln reichlich festsetzten und das ganze Jahr darauf lauerten, zur nächsten Weinbereitungszeit sich auf Vaters Weingemisch zu stürzen und ihre Art in unabsehbarer Erbfolge zu erhalten.

Nach etwa drei Tagen schwammen die Treber in dicker aufgeblasener Schicht oben und ballten sich immer mehr zusammen, indem sie sich vom Fass lösten. Nun war der Zeitpunkt, sie von der übrigen Flüssigkeit zu trennen. So wurde das Ganze durch ein riesiges Sieb gegossen, in dem die Treber zurückblieben. Die Flüssigkeit, unruhig perlend, wurde in Zehnliterflaschen gefüllt, zuweilen auch in kleine Fässer. Die Treber kamen in das Gärungsfass zurück und wurden mit Wasser begossen. Es gärte noch einmal und ergab dann eine Reserveflüssigkeit, um die Flaschen oder Fässer nachzufüllen.

Hübsch war es, nun die Gärung in den Zehnliterflaschen, die vom Südfenster her reichlich beleuchtet wurden, zu beobachten, und gern standen wir bei unserem Vater, die kleinen Blasen verfolgend, die aus dem dichteren Grund, dem Trub, aufstiegen und sich emsig ihren Weg bis an die Oberfläche bahnten, um sich dort der Schaumschicht zu gesellen, die, höher und höher werdend, sich in dem kurzen Hals der Flasche türmte. Gern lauschten wir dem leise singenden Geräusch, das auch an dem Fass noch vernehmlich war, wenn wir das Ohr an die bauchige Rundung legten.

Zuerst wurde die Flaschenöffnung nur mit einem Holzbrettchen bedeckt. Nachher, wenn die erste stürmische Gärung vorbei war, umwickelte der Vater große Korken mit Watte und setzte sie lose auf die Flaschen, damit die Kohlensäure weiter entweichen konnte. Ich meine, es waren auch selbstgegossene Pfropfen aus Bienenwachs dabei; vielleicht waren andere nicht in passender Größe zu kaufen, vielleicht aber geschah es nur aus einem Hang zur Autarkie in Bezug auf alle Erzeugnisse des Gartens. Immer noch bildete sich im Flaschenhals Schaum, und trübe Teilchen wurden mit den Kohlensäurebläschen nach oben getragen; das alles wurde sorgfältig oben abgefüllt und der Mengenverlust ersetzt durch die Flüssigkeit aus der zweiten Gärung. Allmählich wurden die Blasen kleiner und weniger, der Trub setzte sich in immer festerer Schicht unten ab, die Flüssigkeit wurde durchsichtiger, das Sonnenlicht bildete schon ein tiefes Rubinrot in den Flaschen, das noch verstärkt wurde, wenn man vorher einige Pfund der roten Johannisbeeren ersetzt hatte durch Himbeeren oder – entgegen aller Gartenautarkie – durch Bickbeeren. Neben dem roten Johannisbeerwein wurde auch weißer Johannisbeerwein gemacht, jedes Jahr. Die weißen Johannisbeeren ergaben einen besonders lieblichen, reich duftenden Wein, der zuweilen an Tokaier erinnerte.

Allmählich, im Herbst und Winter, vergaß man den Wein ein wenig; es war ja auch kalt im Keller unten.

Wochen-, monatelang dauerte die Gärung. Im Winter erst klärte sich der Wein, und wenn keine Blase mehr aufstieg, wurde die Weinprobe gemacht. Mit einem gekrümmten Glasröhrchen, an dessen unterem Ende man sog, wurde etwas Wein entnommen, immer in ein bestimmtes Glas von schönem Schliff, aber ohne Fuß; der Stielrest war abgeschliffen. Bedächtig hob der Vater es gegen das Licht und beurteilte zunächst Klarheit und Farbe. Dann zog er langsam den aufsteigenden Weinduft in die Nase, lange, immer wieder; auch wir Kinder durften riechen, trinken durften wir niemals wegen des Alkohols. Endlich wurde gekostet. Inbrünstig, mit etwas zurückgelegtem Kopf und manchmal geschlossenen Augen, ließ der Vater das edle Erzeugnis seiner Garten- und Gärungskunst über Zunge und Gaumen gleiten und wusste nun, ob der Wein dieses Jahr geraten und ob er reif zum Abziehen war.

War er das, so wurden die sorgsam gereinigten Flaschen bereitgestellt, und dann setzte das Spiel ein, das auch meinem Kinderspringbrunnen zugrunde gelegen hatte, das Ableiten der Flüssigkeit mittels eines gebogenen Glasrohres aus den Zehnliterflaschen in die tiefer gestellten Weinflaschen. Auch in den Flaschen musste der Wein noch eine Zeitlang ruhen, bis er volle Reinheit des Geschmacks erreicht hatte. Gern holte der Vater für erwarteten und unerwarteten Besuch eine Flasche aus dem Keller. Besonderen Spaß machte es ihm, solche Gäste, die nichts ahnten von der eigenen Weinherstellung, zu fragen, was es wohl sei; und wenn dann der weiße Johannisbeerwein als weißer Bordeaux angesprochen wurde, so lachte er stolz und gab sein Geheimnis kund.

Wir Kinder bekamen nur bei festlichen Anlässen ein kleines Glas oder ein Schlückchen Wein. Er mundete uns ganz wunderbar. Später, als Halberwachsene in der ersten großen Gesellschaft, schreckte ich förmlich zurück bei dem ersten Schluck eines »gekauften« Weines, eines fadsäuerlichen Mosels. Das sollte ein festlicher Wein sein? Da verstand doch unser Vater mehr! Als unser Vater alt war und ihm durch den Weltkrieg, wie uns allen, fühlbare Entbehrungen auferlegt wurden, holte er, der sonst nur mit seinen Gästen zusammen getrunken hatte, oftmals still eine Flasche aus seinem Bestand herauf, setzte sich in die Sofaecke, hing seinen Gedanken nach und trank immer und immer wieder einen Schluck von dem tröstenden Getränk, aus dem ihm der Duft seines Gartens, die Erinnerung an so viele Jahre friedlichen Schaffens entgegenströmte.

Drittes Kapitel

Der Gemüsegarten – die Wissenschaft von Spaten und Harke – Sünden um Spinat – junge Erbsen mit Katenschinken – Große Bohnen und griechische Philosophen – Türkische Erbsen mit Birnen und Speck und andre holsteinische Gerichte – die Frühbirnen: Erzbischof Honz, Stuttgarter Geißhirtle – Esperens Herrenbirne – Pflückreife und Essreife – Klapps Liebling und Madame Trévoux – Williams Christ und Kongress

Links von den Stachelbeerreihen bis nach hinten führte ein Weg, der an der Seite, neben der Dornenhecke, einen breiten Streifen frei ließ. Dies war das Gemüseland.

Der Vater hatte immer einen großen Schuljungen zur Gartenarbeit, für drei Stunden bekam er zwanzig Pfennige. Wir betrachteten ihn mit Respekt, denn er bekam eine Mark zwanzig die Woche ausgezahlt, und wir nur fünf Pfennige. Meistens musste dieser Junge Unkraut zupfen; nur wenn er besonders tüchtig war, ließ ihn der Vater an das Umgraben heran.

Lange ehe wir selbst einen Spaten zu führen imstande waren, wussten wir aus Zuschauen und ernsthaften Belehrungen, wie es sich gehörte: Zunächst wurde eine Leine gespannt, die die Grenze angab; sie war befestigt an einem Pflock, der in die eine Ecke gesteckt wurde, die Leine wurde stramm um den zweiten Pflock gewickelt und dieser in die andere Ecke gesteckt. Dann wurde rechtwinklig zu dieser Seitengrenze die erste Reihe ausgehoben. Dazu wurde der Spaten fast senkrecht angesetzt und mit dem Fuß niedergedrückt. Die Erde durfte nicht etwa – so machten es die Unkundigen – dort wieder hineingeworfen werden, wo sie herausgehoben war, sondern dahinter. Es entstand also ein Graben, der von vorn bis hinten gleich breit sein musste. Sollte gedüngt werden, so ging man nach Fertigstellung jeder Reihe mit einer Mistgabel an den Mist oder Kompost, der in einer Schiebkarre bereitstand, und trug vorsichtig die kostbare Pflanzennahrung heran, ging an dem ausgehobenen Graben Schritt für Schritt entlang, wippte von der Mistgabel leichter Hand den Mist ab und verteilte ihn darin.

Unterbrochen wurde die Grabearbeit durch das Harken; mit ausgestrecktem Arm, die Harke leicht vor- und rückwärts ziehend, zerbröckelte man die Schollen. Es war gar nicht leicht, die Harke immer sozusagen in der Schwebe zu halten; in den Kinderhänden jedenfalls sank sie mal tiefer, mal weniger tief in den Boden ein, und so entstanden Erdwellen. Das war nicht sachgemäß. Der Vater setzte seinen Stolz darein, die geharkte Fläche ganz ebenmäßig, ganz plan zu bekommen.

Mit dem letzten Harken wurde der reichlich tiefe letzte Graben, der ja nun nicht wieder zugeworfen wurde, etwas aufgefüllt.

Wenn das ganze Stück gegraben war, ging es ans Treten der Wege. Wiederum wurde die Schnur gespannt; ihr zugewandt setzte der Vater Fuß neben Fuß, so dass die Abdrücke wie Ziegel auf dem Dache nebeneinander lagen, die Spitzen in einer Linie mit der Schnur. Oben drehte er sich um und machte den Weg rückwärts genauso. Endlich nahm er die Harke und drückte die Ränder zu Seiten des Weges damit fest, so dass sie wie abgestochen erschienen.

Dann zog der Vater die Pflöcke der Richtschnur aus der Erde und setzte sie ein Stück weiter hinein, sorgfältig mit den Augen messend, denn die abgeteilten Streifen erschienen ja an der Hecke schmaler als an dem Weg, wo wir standen; und wiederum, wenn wir uns zur Hecke begaben und zum Weg hinüberschauten, war er dort schmaler. So lernten wir frühzeitig ein Weniges von der Perspektive. Auch lernten wir bei diesen Gartenarbeiten recht früh, unser Augenmaß auszubilden. Die schnurgeraden Wege zwischen den Beeten waren immer der Stolz des Vaters, und wir übernahmen von ihm die leise lächelnde Verachtung für die kindlich unordentliche Gartenarbeit mancher Städter, die, anstatt in Reihen zu graben, die Erde flach umwarfen, deren Harke Wellen im Land zurückließ und deren Wege gekrümmt und bucklig waren. Es entwickelte sich in uns so etwas wie ein Gartenehrgefühl.

Auf diese Gemüsebeete nun wurden Spinat, Zwiebeln, Karotten und Petersilie gesät, breitwürfig, und auch das gehörte zur gärtnerischen Geschicklichkeit, dass der Samen nirgends in Klumpen fiel, nirgends freie Stellen ließ und auch im Ganzen nicht zu dicht gesät wurde; denn nur Laien glauben, dass Verschwendung bei der Aussaat reichliche Ernte bringt.

Der Spinat erschien zuerst über der Erde, er gab die erste grüne Frühlingsmahlzeit.

Die vielen Zentner Spinat, die im Frühling täglich auf dem Markt und in den Läden erschienen, waren für uns nicht vorhanden; wir warteten, bis der junge Spinat auf unseren eigenen Beeten voll und kräftig genug war zum Schnitt. Große Mengen türmten sich dann auf dem Küchentisch; die anhaftenden harten Samenhüllen wurden herausgelesen und die Blätter gewaschen.

Der Spinat, so wie unsere Mutter ihn kochte, war ein Erlebnis des vollsten Grüns, erlebt im Bereich des Geschmacks. Ganz wenig Milch milderte die krautige Kraft, frische Butter unterstrich das liebliche Aroma.

Hochgebergte Schüsseln kamen auf den Tisch, belegt mit Vierteln von harten Eiern, die für jeden ausgezählt waren. Ha, welch ein Genuss, im Frühling nach langer Grünentbehrung sich satt zu essen an frischem Spinat!

Wir hatten als Kinder manche Krankheit zu überstehen; und immer ist mir, als sei das erste Genesungsessen Spinat gewesen. In solchen Fällen wurde er sogar manchmal im Laden gekauft. Ich erinnere mich noch genau, wie Claudine nach lebensgefährlicher Krankheit zum ersten Male wieder Essenswünsche hatte, und wie glücklich die Mutter darüber war. Natürlich wünschte sie Spinat. Aber kaum hatte sie den ersten Bissen zu sich genommen, so jammerte sie, dass sie nichts schmecke als Salz. Dabei war das Gemüse nur normal gesalzen. Die Mutter bereitete geduldig von neuem, und wieder konnte die Kranke es nicht essen, bis sie völlig ungesalzenen Spinat bekam, der ihr sehr wohltat und förmlich ihre Genesung einleitete.

Später, als ich häufig in Gaststätten aß, ließ ich mich, in Erinnerung an unsere häuslichen Spinatschüsseln, jedes Mal von dem »Frischen Spinat« der Speisekarte verleiten.

Welch eine Enttäuschung! Ein Häuflein gelbgrüner Brei, strenge oder kohlartig riechend, wurde gebracht.

»Das ist ja Dosenspinat!«, jammerte ich.

»Nein, es ist frisch gekochter«, wurde gekränkt erwidert.

Was hatte man nur mit dem frischesten und grünsten aller Blattgemüse gemacht, um es in einen seiner so unwürdigen Brei zu verwandeln?

Ich habe es, auch durch stille Beobachtung an hausfraulichen Herden, herausgebracht. Die lange Kochzeit ist das Übel! Entweder wird er mit kaltem Wasser aufgesetzt und laugt schon vor dem Kochen aus, oder man lässt ihn in viel Wasser weiterkochen, bis man gerade Zeit findet, ihn herauszunehmen; nach dem Fertigmachen lässt man ihn an irgendeiner Stelle des Herdes sachte weiterkochen, bis er zu Tisch gebracht wird. Er hat sich dann gründlich totgekocht, hat sein ganzes Wesen verändert; er ist für unsere Ernährung wertlos geworden.

Wie soll man denn den Spinat zubereiten?

Zunächst: Er muss frisch gepflückt sein. Den gewaschenen Spinat senkt man in wenig kochendes Wasser hinein und sorgt, dass das Ganze schnell wieder ins Kochen kommt. Ist man sicher, dass er nicht durch scharfe Düngung streng schmeckt, so genügt das Wasser, das vom Waschen an den Blättern haftet; oder noch besser: Man dämpft ihn. Mit breiter Schaumkelle wendet man ihn um, sobald das Untere schon gar, das Obere noch roh ist. Nach wenigen Minuten probiert man, ob die Stängel sich zerdrücken lassen; kaum ist es so weit, so hebt man den Spinat mit der Schaumkelle heraus und zerkleinert ihn. Auch das Gemüsewasser braucht nicht fortgeschüttet zu werden. Mit ein wenig Salz gewürzt ist gerade das Spinatwasser – wie auch das von Rosenkohl und Blumenkohl – ein wohlschmeckendes Tischgetränk. Allerdings, wenn es nicht lieblich schmeckt, so soll man es weggießen, denn dann enthielt das Gemüse Stoffe, die unserem Körper nicht zuträglich sind.

Der Spinatbrei nun darf nicht wieder kochen, das ist das Wichtige. Je nach Geschmack und Haussitte bereitet man eine Mehl-Milch-Schwitze; falls Muskatnuss erwünscht ist – nur einen Hauch davon; aber Zwiebel gibt dem Spinatgeschmack Fülle. Für kleine Kinder darf die Milchtunke reichlich sein und gesüßt, sogar mit Zwiebackkrumen vermischt; aber die meisten Kinder essen ja die Gemüse lieber roh als gekocht, und die Wissenschaft rechtfertigt ihren Instinkt.

Erwachsene mögen meistens weder rohen Spinat noch stark vermilchten und versüßten. Soll er recht herzhaft schmecken, so schüttet man den zerkleinerten Spinat ohne weitere Zutaten auf ein wenig gebräunte Butter.

Die Krone aller Frühgemüse aber waren die Erbsen. Da kamen zuerst die kleinen grünen Spitzen aus der Erde, und schon machten sich die Spatzen darüber her; in jedem Jahr wurde etwas anderes gegen diese kleinen Räuber ausprobiert. Einmal wurden die Zweige unseres abgesetzten Tannenbaumes, bräunlich und unfroh geworden, über die Reihen gedeckt; dann wieder versuchte man es mit Fäden, die hin und her über die Beete gespannt wurden. Einmal wurden alte Gardinen über die Beete gelegt, und man musste achten, dass nicht aus den Löchern gerade eine Reihe grüner Spitzen herauslugte.

Am schönsten aber war natürlich eine Vogelscheuche; ich vermute, sie hat nur deshalb so gut geholfen, weil wir sie so oft besuchten, dass die Spatzen gar keine Gelegenheit hatten, ungestört an die keimenden Erbsen heranzukommen.

Später lernten wir das einzige Mittel kennen, um die Erbsen vor Schaden zu hüten: sie so tief legen, dass die Blätter beim Herauskommen den Vögeln nicht mehr süß schmecken. (Bohnen allerdings müssen »die Glocken läuten hören« – also flachgelegt werden, sonst verlieren sie ihren Richtungssinn.)

Waren die Erbsen heraus, so wurde bald Reisig neben die Reihen gesteckt, das sich oben kreuzte. Kaum steckte es in der Erde, so begann ein eifriges Emporklimmen der zahllosen Ranken; sie reckten sich und tasteten in die Höhe nach dem nächsten Zweiglein, ringelten sich im Weiterwachsen darum herum und hoben sozusagen im Klimmzug die Pflanze, die selber durch Wachsen nachkam, in die Höhe. Nach rechts und nach links angelten die kleinen Hände nach einem Halt. Blatt auf Blatt entfaltete sich, und nicht lange, so erschienen zwischen den Blättern, selber noch wie ein Blatt geformt, die ersten helleren Blütenknospen. Während der Hauptstängel emsig und unbeirrt weiter in die Höhe wuchs, falteten die Knospen sich auseinander zu zarten weißen Schmetterlingen. Im Nu war das Beet über und über mit ihnen besetzt; aber kaum wurde man der Pracht recht gewahr, so fingen die ersten schon wieder an zu verblühen, die weißen Blättchen fielen ab oder welkten bräunlich zusammen, und zwischen den stehen gebliebenen Staubfäden schnabelte die winzige Andeutung einer Erbse hervor. Zuerst waren es die Zuckererbsen, die zum Pflücken bereit wurden. So platt aneinandergedrückt waren die beiden grünen Hälften, dass die winzigen Erbsenkörnchen zwischen ihnen sich als eine Reihe kleiner grüner Knubben abhoben. Pflücken durften wir sie nicht, aber abziehen; mit dem Stängel und gegen das Schwänzchen, so lautete die Losung für Erbsen wie für Bohnen, denn auf diese Weise bekam man die Fäden am besten zu fassen. »Ausgepahlt« wurden die Zuckererbsen nicht, die grünen Schoten selbst bildeten das köstliche zartgrüne Gemüse, das einfach nach Frühling schmeckte, mit junger Petersilie durchpunktet und mit frischer Butter – »Grasbutter«, denn die Kühe waren wieder auf die Weide gekommen – als einziger Würze.

Wenig später kamen die Pahlerbsen, die schon roh aus der Schale am Strauch köstlich schmeckten – darin waren sich Kinder und Spatzen einig.

Zum Erbsenauspahlen konnte man nun schon in der Akazienlaube sitzen. Jeder hatte sein Schüsselchen im Schoß, auf dem Tisch häuften sich die Schalen. Wie jede Erbse auf den Druck des linken Daumens mit einem leisen Knall aufsprang, wie man dann die süßen grünen Kugeln herausstreifte in die Schüssel hinein, das war ein Vergnügen für sich.

Die kleinen Schüsseln füllten sich, die große Schüssel auf dem

Tisch war fast leer; nun wurden die Gesichter immer aufmerksamer zum Hause hin gerichtet.

Was war es, das die Kinder so in Spannung versetzte?

Die Küchentür klappte, die Mutter ging zur Speisekammer und kam bald mit einem umfangreichen weißen Beutel zurück.

Das war es: Der Schinken wurde geschnitten!

Und schon stürmten die Kinder die Treppe hinunter in die Küche, wo die Mutter bereits die weiße Leinenhülle von dem großen Landrauchschinken abgestreift hatte. Das wohlbekannte Brett wurde untergelegt, und mit dem langen Bratenmesser säbelte die Mutter mit abwägender Hand eine Scheibe nach der andern herunter. Von dem rosigen, duftenden Fleisch wurde nichts vorher ausgeteilt, das wussten die Kinder wohl, aber von dem köstlichen Speck bekam jedes Kind ein Stück heruntergeschnitten; es wurde mit trockenem Schwarzbrot zusammen verzehrt. Das war damals noch richtiger Katenschinken, ganz durchzogen von dem würzigen Duft des Rauches aus gutem Holz; das war kein chemisch hergestellter Rauchersatz, der Landrauch vortäuschen soll, wie es später aufkam.

Viele köstliche Mahlzeiten gab so ein Erbsenbeet, und selbst das letzte Abernten war noch ein Vergnügen: Sorgfältig wurden die trocken und weißlich gewordenen Pflanzen von dem Reisig losgerissen und auf Haufen gelegt. Dann konnten die suchenden Kinderaugen sich nicht genug tun, noch hier und da Schoten zu entdecken, die mit dem fahlen Laub gleichfarbig geworden waren. Die leeren, dürren Pflanzen aber kamen auf den Brennhaufen.

Die bedächtigeren Vettern der edlen Erbsen, die Bohnen, durften natürlich erst gelegt werden, wenn die Eisheiligen vorübergezogen waren. Wundersam war es dann bald zu sehen, wie überall die Erdbröckchen sich hoben, um den beiden dicken grünlichen

Keimblättern Platz zu machen, die noch kurz zuvor die beiden Hälften einer scheinbar toten Bohne gewesen waren. Nun hatten sie wie Hände sich auseinandergebogen, um die ach so winzigen, spitzen blanken Blättchen freizugeben, die geborgen zwischen ihnen lagen. Mit Geschwindigkeit entwickelten diese sich zu wohlgestalteten grünen Bohnenblättern, während ihre beiden mütterlichen Nährer und Beschützer, einst so prall und wohlgefüllt, schrumpften und welkten und endlich unbemerkt zu Boden fielen.

Die kleinen Bohnenbüsche standen in drei Reihen auf jedem Beet. Das Bohnenpflücken war ein Problem damals, denn die Erwachsenen trugen noch lange Kleider, und die Mutter und das Mädchen mussten ihre hochschürzen, so verlangte es der Vater beim Bohnenpflücken, damit die Pflanzen nicht durch das dauernde Bestreifen mit den schweren Röcken Schaden nahmen. Wir, die wir als Kinder in kurzen Röcken liefen, wurden gern zur Bohnenernte herangezogen, und unsere scharfen Augen fanden auch manche Bohne in ihrer grünen Schutzfarbe, die den Erwachsenen entgangen war. Die Bohnen waren das Gemüse des reifen Sommers. Um sie zu würzen, standen auf einem andern Beet Bohnenkraut (Kölle) und Thymian, der, in der Hand etwas gedrückt oder gerieben, so köstlich duftete, dass man gleich glaubte, in der Sommersonne auf durchhitzter Heideerde zu liegen, als einzigen Laut um sich das Sirren vorbeischießender Fliegen. Ja, nach solchem Sommertag riecht Thymian.

Ich weiß nicht, warum wir niemals Majoran im Garten gezogen haben. Frischer Majoran ist doch das Reichste, Vollste der Gewürzkräuter, mit der größten Wärme im Geruch und doch ohne alle Schärfe. Er gibt den Bohnen die Würze, nach der sie verlangen. Die grünen Brechbohnen, die bei unserer Mutter auf den Tisch kamen, waren ein Gemüse, das trotz seiner Häufigkeit einem niemals über wurde, denn sie waren grün, und nicht etwa rötlich und auseinanderfallend durch überlanges Kochen.

Ein besonderes holsteinisches Gericht waren »Schneidebohnen in Milch gestobt«, sie erschienen als grüne Striche kreuz und quer in einer dicken weißlichen Soße, die mit viel Petersilie gesprenkelt war. Zu diesen Bohnen gab es bei uns Matjesheringe und Pellkartoffeln mit Zwiebelsoße, braun und dick und reichlich.

Durch eine lange Zeit meiner Kindheit hindurch ziehen sich Träume vom Essen, das ich mit so großer Deutlichkeit genoss wie kaum je in Wirklichkeit. Es war zweierlei, entweder süßes Gebäck oder – grüne Bohnen. Von diesen Bohnen aß und aß ich mit unbeschreiblichem Genuss; denn sie hatten gleichsam den Geschmack der wirklichen grünen Bohnen zu höchster Fülle entwickelt. Keine irdischen Bohnen, so glaubte ich, kamen diesen Traumbohnen gleich. Fünfundzwanzig Jahre später, in Desenzano am Gardasee, im Hotel Due Colombe, wurden mir Bohnen aufgetischt, in denen ich beim ersten Bissen meine Traumbohnen erkannte. Sie waren in dem fruchtbaren Oberitalien in der heiteren italienischen Sonne gewachsen, groß und dunkelgrün. Eine weise Kochkunst hatte sie nicht erst in Wasser abgekocht, sondern in frischer Butter bis zum knappen Garen geschmort, wie einige buttrige Bläschen ihrer Haut zeigten. So wurden sie serviert mit Lammbraten; weißes Brot und Chianti gab es dazu.

Im Winter wurden die grünen Bohnen abgelöst durch die Salzbohnen. Viele Stunden saßen wir alle im Herbst und schnitten Bohnen, die in große braune Kruken mit Salzlake eingelegt wurden, mit einem Tuch und einem runden Holzteller bedeckt, der mit einem großen Feldstein beschwert wurde. Diese eingesalzenen Bohnen, die ja eine bestimmte Gärung durchmachen, sollen wie die Salzgurken wichtige Bakterien dem Darm zubringen.

Aber sie hatten keinen Reiz für mich. Sie schmeckten ausgelaugt, und die weißen Bohnen, mit denen sie vermischt wurden, gaben ihnen einen faden, mehligen Geschmack.

Als später das Einwecken aufkam, wurde von den Salzbohnen Abstand genommen. Die Arbeit der Mutter, besonders im Herbst, war um ein großes Gebiet erweitert. Aber mit Stolz zeigte sie die sauberen Reihen eingemachter Weckgläser, unter denen die vielen Zweilitergläser voll Brech- und Schneidebohnen den wichtigsten Platz einnahmen. Bei winterlichen Besuchen und Geselligkeiten erschienen dann die großen Schüsseln mit gebutterten grünen Bohnen auf dem Tisch und schmeckten fast wie frische, besonders, wenn sie noch mit sorgsam gehüteter Petersilie überstreut waren.

Merkwürdig, wie verschieden Brechbohnen schmecken können. Vom vollen, krautigen Bohnenaroma bis zum faden, ausgelaugten, förmlich papiernen Geschmack. Ich habe bis heute noch nicht ganz herausgebracht, woran das liegt, ob am zu langen Kochen, am Boden oder an der Sorte. Ich glaube, dass doch wohl die Sorte am meisten den Geschmack bestimmt. Während für den Handel Sorten bevorzugt werden, die vor allen Dingen viel tragen, könnte der Privatmann es sich doch eigentlich leisten, sowohl Gemüse wie auch Obstsorten zu ziehen, die hervorragend im Geschmack, wenn auch nicht so ertragreich sind. Ich erinnere mich, dass unser Vater den Sorten nicht nur beim Obst, sondern auch beim Gemüse größte Beachtung schenkte, vor allem auch legte er Wert auf die Zuverlässigkeit der Lieferanten, die durch Jahrzehnte die gleichen blieben.

Die bäuerlichen Vettern der Bohnen waren die Großen Bohnen, auch Saubohnen oder Puffbohnen genannt, die auf dem Gemüseland immer in einer Längsreihe vorn gleich am Weg standen.

Ein merkwürdiges Gemüse, diese Großen Bohnen. Sie bringen ihr Gewürz aus der pelzigen Wiege mit. Es ist so vordringlich, dass es nur noch von dem kräftigen Bohnenkraut überhöht werden kann, und man versucht es mit süßen gewürfelten Karotten und mit süßlichem durchwachsenen Speck zu mildern. Einmal und zweimal im Sommer aß man sie gern, ja geradezu mit Leidenschaft, diese bräunlichen großen Dinger mit ihrer lederartigen Haut; aber plötzlich war es vorbei, dann war einem schon der Geruch zuwider.

Unbeliebt machten sich die Großen-Bohnen-Pflanzen auch dadurch, dass sie unweigerlich in jedem Jahr, ob es trocken oder nass war, die Herberge für Tausende von schwarzen Läusen waren, und zwar immer schwarze Läuse, nicht einmal diese zartgrünen, die auf hohen Beinchen ganz anmutig an den Blattstielen entlangspazieren. Es heißt, man soll die Großen Bohnen früh legen und die Spitzen früh entfernen. »Du hast wohl Große Bohnen gegessen«, sagten bei uns die Schulkinder untereinander, wenn jemand schwer von Begriff war oder nicht hören konnte; also auch hierin stand die Große Bohne in keinem guten Ruf. Ja, in Griechenland durften die Philosophen und ihre Schüler keine Großen Bohnen essen, weil dadurch das Denkvermögen behindert wurde. Man aß sie dort ausgereift, statt Kartoffeln; sie waren sehr billig.

Weil der Markt mit dem Wunsch nach Quantität so weitgehend die Obst- und Gemüsezucht beeinflusst, sind ja auch die Türkischen Erbsen fast ganz aus den Läden und zum Teil auch aus den Gärten verschwunden; und doch wüsste ich keine Bohne, die so »nach Bohnen« schmeckt, die so die besten Eigenschaften der grünen Bohnen und der weißen vereinigt wie die Türkische Erbse. Dabei ist sie anspruchslos in der Küche: sie schmeckt, wenn sie jung ist, sie schmeckt auch, wenn sie schon der Reife nahe ist und ausgebildete weiße Bohnen in sich trägt.

Natürlich schmecken Türkische Erbsen am feinsten, wenn sie leicht in Butter und gehacktem Majoran geschwenkt werden. Aber hier in Schleswig-Holstein denkt man bei Türkischen Erbsen stets an das Gericht, das zu den Eigenarten unserer Heimat gehört: Durchwachsener Speck wird gekocht mit Türkischen Erbsen und Frühbirnen. Nachher wird die Brühe leicht angedickt und mit etwas Kräutern gewürzt. Eigenartig, diese Zusammenstellung von süß und säuerlich, von Gemüse und Obst.

Für die Süddeutschen ist solche Zusammenstellung einfach unverständlich. Wir Norddeutschen kommen nicht davon los, von diesen merkwürdigen Gerichten unserer Heimat. Wir haben Sehnsucht danach, wenn wir sie lange nicht gegessen haben; sei es nun Großer Hans mit Johannisbeertunke; Schwarzsauer, das mit Backobst und Steckrübenstücken gegessen wird, bei dem Mehlklöße und Speckstücke, nicht unterscheidbar, von der dicken schwarzen Tunke bedeckt sind; oder Buttermilchsuppe mit Kochwurst und Backobst darin. Dies Gericht ist allerdings so holsteinisch, dass es in die mehr hamburgisch gerichtete Küche unserer Kinderzeit keinen Eingang fand, während die Hamburger Aalsuppe, die viel belachte und hochgeschätzte, in ihrer hamburgischen Eigenart bei uns holsteinisch abgewandelt wurde zur Sauren Suppe, ohne Aale, aber nach holsteinischem Brauch auf einem Schinkenknochen gekocht, und dann mit allen vorgeschriebenen Zutaten, als da sind: Backpflaumen und Backbirnen, runde Mehlklöße, Karotten, junge Erbsen, Bohnenkraut und andere Kräuter, Essig und Zucker.

Unter diesen Gerichten nahmen die Türkischen Erbsen mit Speck und Birnen einen Ehrenplatz bei uns ein. Das verdankten sie vor allem den Birnen, die zu ihrer Vollendung unerlässlich sind; und zwar müssen die Birnen unverletzt in die Speckbrühe gelegt werden, nur dann bleiben sie süß und schmackhaft; wenn man auch nur die Blüte herausschneidet, laugen sie aus, geben den Bohnen zu viel Obstgeschmack und werden selbst fade und säuerlich. Wer da meint, unreife Birnen oder ausgeschnittenes Fallobst ebensogut verwenden zu können, da es ja doch »nur Kochbirnen« zu sein brauchen, der ist im Irrtum.

Auch muss die Birne volle Reife und starkes Aroma haben. O, diese köstlich duftende Süße, die sich in der heilen Schale, feiner als Seidenpapier, doch voll erhalten hat, leicht mit dem Rauchgeschmack des Specks durchzogen!

Keine andre Birne ist dafür so geeignet wie unsere Erzbischof Honz.

Der weit ausladende Baum, der einem als erster großer Obstbaum auffällt, wenn man vom nördlichen Treppenfenster aus den Garten überblickt – gleich hinter den Stachelbeerbüschen –, das ist Erzbischof Honz. Er hat nun bereits mehr als ein halbes Jahrhundert hinter sich. Seine Zweige schwingen nach allen Seiten, im Frühling ist er als einer der Ersten weiß überschüttet. Selten gibt es ein Jahr, in dem nur ein Teil des Baumes blüht.

Mit den Bohnen um die Wette wuchsen die langen, schlanken Birnen. Wenn die Sommerferien vorbei waren, so Mitte August, liefen die Kinder schon gern frühmorgens in den Garten, um nachzusehen, ob unter dem Erzbischof nicht schon einige notreife Birnen lagen. Die wurmstichigen Früchte beschleunigen ja ihre Reife, als wüssten sie, dass sie vielleicht vor der normalen Zeit schon vergehen müssen, und nun wollen sie noch ihre Kerne zur Reife bringen.

Erst Ende August schielen die ersten Vollreifen von der Südseite des Baumes, die gelbe Haut bräunlich überzogen. Wir Kinder rissen den Stängel heraus und bissen gleich die obere Hälfte der sehr schlanken Frucht ab. Man biss geradezu in den Sommer hinein, zuckersüß, fast honigsüß war die Erzbischof. Darin erinnert sie an die Beurrée grise, ist aber viel edler, sowohl im Geschmack wie im Fleisch. Von nun an regneten reife Birnen von oben; die meisten wurden natürlich so gegessen, wie sie vom Baum kamen. Freunde und Verwandte stellten sich ein, tüchtige Kletterer waren bald oben und schüttelten, dass prasselnd die süßen Früchte herunterkamen, wo schon eifrige Sammler mit Körben bereit waren; manches Au au! ertönte von denen, die voreilig noch während des Schüttelns ihre Hände ausstrecken mussten nach den verlockenden goldgelben Birnen. Manche Birne freilich war von Zweigen und Ästen verletzt auf ihrem Weg nach unten und musste möglichst sofort verspeist werden.

Man hätte ja auch pflücken können, aber das widerspricht eigentlich der Eigenart dieser Sorte. Die Erzbischof ist eine Schüttelbirne, die am Baum voll ausreifen muss. Die gepflückten Erzbischof, die dann zum vollen Ausreifen noch hingelegt werden, erreichen nicht die volle Süße.

Jeder leichte Wind jagte unzählige Birnen von den Zweigen, und mehrmals am Tage musste gesammelt werden, die heilen für sich und die zerschlagenen für sich. Korbweise wanderten sie in die Nachbarschaft, wurden verkocht, verzehrt, eingemacht und auch getrocknet. Auf weidengeflochtenen Hürden, auf gardinenbespannten Rahmen oder in der emaillierten Pfanne des Bratofens wurden sie bei mäßiger Wärme getrocknet und ergaben ein Backobst, das so viel Süße enthielt, dass es später beim Kochen nicht ein Körnchen Zucker brauchte, ja, noch getrockneten Pflaumen und Äpfeln von seiner Süße abgeben konnte.

Alle Hausfrauen schätzten die Erzbischof in ihrer vielfachen Verwendung, aber am schönsten war es, wenn eine Schar Kinder zum Sammeln und Ernten kam, auch später, als die Kinder des Hauses schon erwachsen waren. Die anderen Birnen wurden ja in unreifem Zustand gepflückt, man aß zwar während des Erntens, aber nicht mit Genuss. Das war bei den Erzbischof anders, da war es so wie im Paradiese oder auch im Schlaraffenland, wo die Früchte reif von den Bäumen fallen. Eine Kinderschar aus der Stadt war zuerst immer ganz benommen von diesem Wunder – dass es das wirklich gab, dass diese goldgelben Früchtehaufen im Gras lagen und man essen konnte, so viel man wollte, dass man in den Baum hineinklettern konnte und dort oben, auf dem Ast hockend, um sich herumgreifen und gleich von den Zweigen schmausen! Zuletzt wurden dann auch noch Brottaschen und Rucksäcke vollgepackt und den Müttern mit nach Hause genommen.

Ja, das war die gute Erzbischof, die Freundin der Kinder.

Noch heute, nach mehr als einem halben Jahrhundert, steht er da, höher geworden als das Haus, die breiten Äste weit über das Gartenland gestreckt. Der Stamm ist wuchtig geworden, man kann ihn nicht mehr umspannen, die obersten Zweige sind auch dem geübten Kletterer kaum noch erreichbar. Und er blüht und trägt unentwegt jedes Jahr, an der Südseite die großen goldgelben Früchte, nach der Nordseite die kleineren, nicht so süßen. Er sieht aus, als wolle er auch die zweite Hälfte eines Jahrhunderts in Fruchtbarkeit überdauern.

Der zweite Schüttelbaum im Garten stand hinter dem Erzbischof, glücklicherweise in angemessener Entfernung, so dass die beiden Bäume auch bei ihrem starken Wachstum sich nicht behinderten. Es war der Stuttgarter Geißhirtle.

Hübsch ist die Geschichte vom Ursprung seines Namens.

Um 1750 war es, da trieb ein Stuttgarter Geißhirte seine Geißen auf die umliegenden Höhen; dort entdeckte er beim Hüten einen wildwachsenden Birnbaum – niemand wusste, ob er noch im Dreißigjährigen Krieg in einem verlassenen Garten entstanden war (Birnbäume, auf Wildling veredelt, werden leicht hundert

Jahre alt), oder ob er ein zufällig gut geratener Sämling war, dessen Vorfahren noch der hohen Obstkultur der alten Römer entstammten.

Jedenfalls – dem Büblein schmeckten die Birnen; er brachte davon mit hinunter, und den Stuttgartern schmeckten sie ebenfalls. Man holte Reiser zum Pfropfen von dem Baum des Stuttgarter Geißhirtle – und eine neue Sorte hielt ihren Einzug und brachte ihren Namen gleich mit.

Die Stuttgarter Geißhirtle sind in allen Dingen bescheidener und zurückhaltender als die Erzbischof. Sie reifen acht bis vierzehn Tage später. Sie sind kleiner, weißlich-grün und nicht so intensiv süß wie die Erzbischof. Aber ihre Schale ist eher noch feiner, sie sind fast noch saftiger; auch süß, aber von einer ganz anderen Süße, ihnen fehlt das Honigartige. Sie haben eine leichte, frische Süße, auch krachen sie leise beim Hineinbeißen, selbst wenn sie schon reif sind. Beim Aufschlagen auf das Gezweig zerschmettern sie, so »kross« sind sie. Ich habe festgestellt, dass den meisten Menschen die große Süße der Erzbischof und der Beurrée grise wichtiger ist als andere Vorzüge der Birnen. Mir selbst ist die frische klare Süße der Stuttgarter Geißhirtle eigentlich lieber. In noch einer andern Birne finde ich sie wieder, in der Soldat laboureur.

Erzbischof und Stuttgarter entsprechen in ihrer Eigenart den beiden Rosen in unserem Treibhaus: die erste der hochgezüchteten, schlanken, süßduftenden Maréchal Niel, die zweite der zarten, mädchenhaft frischen Adam.

Auch die Stuttgarter ist so recht eine Birne für Kinderfeste und Kinderbesuch. Aber die Hausfrau weiß sie ebenfalls zu schätzen; wunderbar schmeckt sie eingemacht mit etwas gutem Weinessig und Zucker und Nelken. Dafür braucht man sie nicht zu schälen, man schneidet sie nur in Hälften, entfernt die Blüte und vielleicht auch den Stängel, lässt aber das Kernhaus unberührt. Dann kocht man sie mit wenig Essig und mäßig Zucker, kaum bedeckt mit Wasser, lange Zeit; ja, man wundert sich jedes Mal wieder, dass das lange Kochen den Geschmack nicht verdirbt. Die Birnen werden schließlich hellrot, die Schale ganz zart, wie kandiert, die Kerne von süßem Saft durchzogen, nussartig von Geschmack. Das Fleisch wird zart und zähe und hat mit dem Weinessig eine neue Geschmacksharmonie entwickelt, die in dem sirupartigen Saft ebenfalls zur Geltung kommt. Fülle diese Birnen schnell in Einmachhäfen, es braucht nichts zur Konservierung darauf, binde sie gut zu mit einem kräftigen Bindfaden, den du gar nicht genug verknoten kannst; denn nicht die Schimmelbazillen sind es, die du fernhalten musst, sondern deine eigenen Hausgenossen oder gar dich selbst; wer einmal angefangen hat, sie zu probieren, der ruht nicht, bis das Glas leer ist, so gut schmecken sie.

Wochen hindurch dauerte der Birnensegen der beiden Bäume. Wenn die Kinder sich satt gegessen hatten, die Erwachsenen die Birnen nicht mehr anrührten, so lagen immer und immer wieder überreife Birnen im Grase. Und eines Tages schwirrte es unter den Bäumen von Wespen. Sie fraßen sich in das zuckersüße Fruchtfleisch hinein, die Schalen ließen sie stehen, und manchmal lag da so eine scheinbar heile Birne, die in Wirklichkeit nur eine Blase von Birnenhaut war, angefüllt mit Wespen.

Für das viele Fallobst hatten wir später, lange nach dem Weltkrieg, eine prachtvolle Verwendung: das Mosten. Da war in Groß-Borstel die Roehrich'sche Mostfabrik, die alle angelieferten Früchte zusammen vermostete, und das war ganz vorteilhaft, denn wir lieferten die übersüßen Frühbirnen, und zu gleicher Zeit andere Leute die noch ganz sauren Falläpfel; das war eine gute Ergänzung.

Erstaunlich eigentlich, wie viel Süßigkeit solcher Most enthält, und dass sie sofort verschwindet, wenn man ihn kocht; wie ja auch reife Früchte, die beim Rohessen ausgesprochen süß erscheinen, beim Kochen noch Zuckerzusatz brauchen. Ist es die Obstsäure, die aus den durch Kochhitze erschlossenen Zellwänden austritt, oder geht mit dem Fruchtzucker eine ungünstige Veränderung vor? Jedenfalls schafft in zuckerarmen Zeiten das Mosten ein wertvolles Nahrungsmittel, denn Obstsäfte sind ja für den Körper mehr als nur Erfrischung.

Weiter hinten im Garten stand Esperens Herrenbirne, ein alter und ein junger Baum. Beide saßen fast jedes Jahr voll von kugeligen grünen Birnen.

Esperens Herrenbirnen durften nicht geschüttelt werden, sie mussten, wie die meisten Birnen, unreif vom Baum gepflückt werden. Merkwürdigerweise denken ja die meisten Menschen, dass die Birnen so lange am Baum hängen müssen, bis sie reif sind. Ich weiß noch, wie ein Junge aus der Stadt, ein sehr wohlerzogener, mit seinen Eltern bei uns zu Besuch war und mit uns durch den Obstgarten ging. Bei den Herrenbirnenzweigen, die voller Früchte über den Weg hingen, sagte er, um uns artig zu unterhalten: »Da greift ihr euch wohl jedes Mal eine reife Birne herunter, wenn ihr hier vorbeigeht.« Wir dachten in unserm Innern: »So blöde kann doch nur ein Städter reden.«

Wirklich, es ist sonderbar, wie wenige Menschen wissen, dass die Birnen zweierlei Reife haben. Zuerst die *Pflückreife,* sie richtet sich nach der Sorte und schwankt nach dem Wetter des Jahres manchmal um zwei Wochen. Sicher geht man, wenn man eine Birne mit loser Hand hochkippt: lässt ihr Stängel leicht los von der Anwuchsstelle, so ist die Birne pflückreif, obgleich sie noch ganz hart und grün ist.

Sie wird nun gelagert bis zur Essreife; aber nicht in der offenen Obstschale oder auf dem Schrank, denn dann welken dünnschalige Birnen, ohne richtig zu reifen. In feuchter Luft oder in ihrem eigenen Dunst reifen sie am besten.

Das Aroma einer Birne und auch ihre Fleischbeschaffenheit hängt sehr davon ab, wann sie gepflückt wurde:

Birnen, die gleich zu Beginn ihrer Pflückreife geerntet sind, werden nachher im Fruchtfleisch feiner. Bei zu früh gepflückten wird das Fleisch sogar manchmal von einer zarten Zähigkeit. Birnen, die am Ende oder gar nach ihrer Pflückzeit geerntet werden, reifen überraschend schnell, manchmal alle auf einmal, haben gröberes Fleisch bis zur Körnigkeit oder Mehligkeit; ihr Aroma wird stärker, aber in unangenehmer Weise, aufdringlich parfümiert. Sehr schnell wird das Kernhaus braun, und das Mulschen beginnt.

Eigenartig ist, dass zu früh gepflückte Birnen länger bis zur Essreife brauchen als später gepflückte.

Und wie stellt man die *Essreife* fest?

Wenn man mit dem Daumen die Birne an ihrer dicksten Rundung leicht eindrücken kann, so ist sie essreif. Erst sind es nur wenige in einem Behälter, dann täglich mehr, endlich der ganze Rest auf einmal; schnell müssen sie verbraucht werden, denn in der Überreife schmeckt keine Birne gut. Einmachen kann man sie dann nicht mehr; zum Einmachen nimmt man sie am besten in beginnender Reife.

Bei reifen Birnen sind die Kerne schwarz, bei unreifen weiß oder braun. Bei überreifen Birnen wird das ganze Kernhaus braun, und von da ausgebend das Fruchtfleisch. Wir sagten: die Birne ist mulschig. Das ist keine Fäulnis, ist niemals bitter, im Gegenteil, widerlich süß. Sonderbar ist, dass die Vögel mulschiges Obst immer vorziehen; mit Leidenschaft hacken Drosseln und Stare in den braunen Brei hinein; schöne saftige, für unseren Geschmack reife Birnen lassen sie liegen. Die Herrenbirne fordert viel Sorgfalt beim Pflücken wie beim Reifen. Dann belohnt sie durch ihren

Saftreichtum. Man ist überrascht, wie der Saft gleichsam wie aus einem zerbrochenen Gefäß herausläuft, wenn man die runde grüne Birne schält, die nach ihrem Äußeren gar nicht viel verheißt. Sie ist eine Birne zum Rohessen; für Backobst ist sie zu wässerig, zum Einmachen zu fade. Ihr ganz feines, zartes Fleisch hat eine köstliche milde Süße und ein leichtes erfrischendes Aroma. Eigentlich ist sie so recht eine Damenbirne.

Für den Handel hat sie den Nachteil, dass sie bei beginnender Reife nicht mehr transportfähig ist und überhaupt sehr schnell verbraucht werden muss. Wir waren immer im Zweifel: sollten wir die Herrenbirnen unreif weggeben, dann gab es immer genug Leute, die sie sofort verzehren wollten und mit dem Urteil: »Die Birne schmeckt ja wie eine Rübe« schnell bei der Hand waren. Ließen wir aber die Herrenbirnen bei uns reif werden und gaben sie dann erst fort, so entstand leicht das andere Urteil: »Die Herrenbirnen sind alle innen braun und schmecken gar nicht erfrischend.« Beides ging gegen unsere Gartenehre.

Noch vor der Herrenbirne war Klapps Liebling geerntet, oft noch vor der Erzbischof, Ende August. Klapps Liebling war keine Schüttelbirne, beileibe nicht. Mit Sorgfalt wurde jedes Stück vom Zweig abgehoben und in den Korb gelegt. Die großen, schweren, edelgeformten, schön gelb und rot gefärbten Früchte, die auch selten von einer »Hautkrankheit« befallen werden (außer Monilia), wanderten als erste Lieferung aus unserem Obstgarten alljährlich in das Geschäft von Heimerdinger, um die Tafelaufsätze in Hamburger Häusern zu schmücken. Freilich hat Klapps Liebling den Vorzug großen Saftreichtums, aber meistens bleibt sie wässerig. Sie ist eine Birne der Aufmachung mit ihrem prächtigen Äußern. Somit passte sie ja ganz gut in die damalige »Fassadenkultur« um die Jahrhundertwende.

Dagegen die äußerlich so bescheidene Madame Trévoux! Wie eine kleine Pockennarbige saß sie an ihrem dürftigen Bäumchen mitten im Obstgarten; ungleich groß waren die Früchte bis zur Winzigkeit. Seit der Beschattung durch einen unverschämten Haselnussbaum waren fast alle ihre Früchte bedeckt von schwarzem Fusikladium und braunen Baumstellen; einige ganz verkrümmt, bucklig und schief. Aber diese unscheinbare Dame trug alle Vorzüge in sich, die man überhaupt von einer Birne erwarten kann.

Zunächst: Sie war die früheste von allen. In unserer ersten Kindheit war die früheste im Garten die Römische Schmalzbirne, die zwar hübsch rot und gelb aussah, eine adrette Form hatte, – vollschlank würde man heute sagen –, aber von recht ordinärem Charakter war: ein grobes mehliges Fleisch und ein aufdringlicher parfümierter Geschmack; kein Duft, nur ein Geruch; jedes Mal war man enttäuscht, wenn man, durstig auf die erste Birne, hineinbiss.

Madame Trévoux war ebenso früh wie die römische Schmalzbirne und enttäuschte in nichts. Bald nach Mitte August, wenn man sich in der Sommerhitze schon so recht nach einer saftigen Birne sehnte, warf einem die gute Madame die ersten, zwar wurmstichigen, aber doch saftigen gelben Birnen herunter.

Mit ihrer Pflückreife nimmt sie es nicht so genau, auch wenn man sie am Baum vergisst, lässt sie sich reif noch herunterholen und hat doch ihren Saft behalten. Man kann sie früh pflücken und langsam reif werden lassen; man kann jeden Tag hingehen, und bei leisem Schütteln gibt sie gutwillig immer die nächstreifen herunter; man sitzt dann im Gras und verzehrt sie sofort. Und dann ihr Aroma! Es ist geradezu der Duft einer schönen Seele in ihr enthalten. Mit saftiger Frische und klarer Süße vereinigt sie ein reiches und volles bergamotteähnliches Aroma. Und dazu eine edle Säuerlichkeit, wie sie sonst nur der Vorzug später Sorten ist. Wahrhaftig, sie hat es verstanden, in ihrer unschönen Hülle einen inneren Reichtum zu entwickeln, der sie zu der Wertvollsten in unserem Garten macht. Und für die Hausfrau ist sie zu allem brauchbar, zum Einmachen, zu Marmelade, zum Trocknen, und das ist recht vielerlei für eine Dame von solcher Kultur.

Aber ich will nicht undankbar sein gegen eine andere, die bei unserer Mutter die Beliebteste war: die Williams Christ-Birne. Bei Hölderlins Worten: »Mit gelben Birnen hänget …« denke ich immer an diese edle, wächsern gelbe Birne; niemals entwickelt sie auch nur ein rotes Streifchen auf ihrer seidig matten Haut. Sanfte Buckel hat ihre Oberfläche, als quelle das üppige Fleisch unter der Haut. Sie ist so saftig wie Klapps Liebling, auch eine richtige Trinkbirne. Und dann dieser wunderbare Muskatgeschmack, der durch die zarte Haut dringt und ein Zimmer füllen kann und beim Kochen noch stärker herauskommt. Freilich ist Williams Christ anspruchsvoll bezüglich ihrer Pflückzeit: wenige Tage zu spät gepflückt, und sie verliert alle ihre guten Gaben; ihr feines frisches Aroma wird dann in der Reife streng und parfümiert, ihr Fleisch mehlig, und die Bräune des Innern setzt gleich bei der Reifung ein. Dann ist sie für den Haushalt verloren. Immer achtete unsere Mutter darauf, dass ihr die Williams Christ-Birne rechtzeitig ins Haus kam. Eine Reihe Gläser davon wurden eingeweckt; sahnefarben lagen die geschälten Birnenhälften in den Gläsern geschichtet, mit Zuckerwasser übergossen, um auf der festlichen Tafel in den alten schlichten Kristallschüsseln wieder zu erscheinen.

Williams Christ ist eine der wenigen Birnensorten, die sich im Handel durchgesetzt hat, weil sie sich so gut zum Einmachen eignet.

Noch eine andere Birne in unserem Garten war der Williams Christ ähnlich: Die Kongress, wie wir kurz sagten, ihr voller Name lautete: Andenken an den guten Kongress von Saint Sauveur. Der Baum stand an der rechten Seite des Mittelgartens. Die Kongress ist gelb, wie die Williams, aber einen Schein dunkler und oft mit einem duffen bräunlichen Hauch stellenweise überzogen. Es gibt gewaltige Stücke darunter, oben schlank und unten weit ausbauchend, muskulös wie Ringkämpfer muten sie an. In allem ist sie eine überhöhte Williams, auch im Geschmack, der das gleiche Aroma, nur etwas durchdringender hat. Das Fleisch ist zwar triefend von Saft, aber nicht ganz so zart wie das der Williams. Es neigt zum Körnigwerden um das Kernhaus herum und ist dort, wo in der Oberfläche – vielleicht durch frühe Verletzungen – sich Vertiefungen gebildet haben, braun bekrustet; im Innern des Fleisches hat sich an diesen Stellen ein steinharter gelber Holzkern gebildet. Die Kongress ist noch anspruchsvoller mit ihrer Pflückzeit als die Williams. Sie fordert ständige Beobachtung und rächt sich für Versäumnis auf derbe Weise: Bei zu später Pflückung bleiben die großen herrlichen Früchte lange hart und scheinbar noch nicht essreif; wenn man sich dann doch entschließt, eine anzubeißen oder anzuschneiden, so findet man ein braunes, nicht mehr genießbares Inneres, umgeben von einer nur noch fingerdicken, rübenartig harten Fruchthülle. Der Geruch ist noch schärfer als bei der mulschigen Williams. Also wenn man sich gefreut hatte, dass die größten Kongress einem den Gefallen taten, bis zu diesem oder jenem Geburtstag hart zu bleiben, so erlebte man nachher die Beschämung, eine zwar schöne, aber ungenießbare Birne geschenkt zu haben.

Viertes Kapitel

Pflaumenbuntheit – die Erdbeerbeete – des Vaters Geburtstag, Rosengirlande und Erdbeerbowle – Sommerabend mit Lampions bei den Alten und bei den Jungen – von Bienenzucht und Honig – Met und Pferdefleisch – das alte Bienenschauer und die Gartengeister – mit der Mutter beim Himbeernpflücken

Neben den frühen Birnen reiften nun auch die Pflaumen, nachdem die erste, die Lucas' Frühzwetsche, schon vorbei war. Da kam zunächst die Merolds Reineclaude, deren weißliches Gelb alles Grünliche verlor. Lustig war der Baum gesprenkelt mit den vielen gelben Kugeln. Man schüttelt, und sie kollern herab. Das ist bessere Gewähr für die Reife als das Nachgeben der Stiele beim Pflücken. Man hebt sie auf und bricht sie in ihrer Naht auseinander; wie Kristall ist der Bruch des festen Fleisches. Nicht allzu saftig ist es, aber weich wie Seide schmiegt es sich an die Zunge und duftet leicht, kaum wahrnehmbar. Die Victoriapflaume, die nicht weit dahinter vor dem Erzbischof stand, ist schon anspruchsvoller. Sie will gepflückt werden; aber man darf sich nicht täuschen lassen durch die Farbe: auch die unreifen, noch nicht ausgewachsenen, sind schon kräftig rot. Sie ist saftig, beim Schütteln wird sie leicht beschädigt. Ihre Süße ist nicht so zärtlich wie die der Merolds; in verregneten Sommern schmeckt sie sogar manchmal etwas kahl.

Ähnlich im Aussehen wie die Victoriapflaume, nur etwas schlanker und heller, war die Brietzer Eierpflaume, die unmittelbar vor dem Obstgarten stand. Diese Pflaumen schüttelten wir, denn sie mussten vollreif sein; manche platzten dabei auf, denn die Brietzer bestand eigentlich nur aus Saft, eine rechte Trinkpflaume. Unser Vater teilte sie im Sommer gern an Gartenbesucher aus und freute sich über die Variationen ihres Lobes, wenn ihnen der Saft über die Finger lief und sie sich bücken mussten und den Kopf vorwärts strecken, um ihre Kleidung nicht zu betropfen.

In der Nähe stand die Columbuspflaume, die ebenfalls die Bewunderung der Besucher erregte, ihrer Größe wegen. Sie war wirklich enorm, kräftig violett, handfest; aber damit waren auch ihre Vorzüge erschöpft. Wer sich von ihr imponieren ließ, der hatte keinen Sinn für wahre Werte.

Kenner dagegen stellten jene unscheinbare grünliche Pflaume, die oftmals noch mit Schorf und Flecken verunziert war, am höchsten von allen: die grüne Reineclaude. Darum hatte der Vater auch gleich zwei Bäume davon gepflanzt, beide im Mittelgarten. Immer trugen die Bäume reichlich, und es wurde jedes Jahr im September eine richtige Ernte darum veranstaltet. Man schüttelte sie, nachdem der Weg daneben mit Tüchern bedeckt worden war; die andern fielen ins Gras. Bei den Aufgeplatzten besann man sich nicht lange, man aß sie an Ort und Stelle. Es war auch nicht gut möglich, zu widerstehen, denn der likörartige Saft tropfte ja schon heraus aus dem lindfarbenen Fruchtfleisch, das fest und saftig zugleich war. Wie bei der Reseda, wie bei der Weinblüte ist ihr Duft mit nichts zu vergleichen, sie ist einfach die Königin der Pflaumen in ihrer grünen Unscheinbarkeit.

Eindringlicher noch wird ihr Duft und Geschmack, wenn sie gekocht ist. Glas bei Glas standen die Weckgläser bei unserer Mutter in der Speisekammer, voll der grünen Pflaumen, bei denen das geäderte Fleisch aus den umgekrillten Hautfetzen hervorbrach. Im Laden sahen die eingemachten grünen Reineclauden vielleicht besser aus, gleichmäßige, feste Kugeln; dann waren sie vor der Reife eingemacht. Das gab es bei uns nicht. Lieber wollten wir auf ihre tadellose Form verzichten als auf ihren Geschmack. Beim festlichen Mahl, wenn die großen Glasschüsseln mit halben Birnen, mit Schattenmorelien und mit resedafarbenen Reineclauden auf dem Tisch erschienen, erhielten diese nach schwerer Wahl doch meistens den Vorzug.

An der Nordseite des Hauses und an der Ostseite standen die Schattenmorellen. Merkwürdig – richtige Süßkirschen, frühe gelbe und rote, haben sich niemals im Garten gehalten, ich weiß nicht, weshalb. Im Obstgarten standen zwei letzte Bäume Weinkirschen und brachten kleine, saftreiche, dunkelrote späte Kirschen. All die andern hatten nie getragen und waren entfernt worden. Von den Schattenmorellen aber lebt gerade die an der Nordseite bis auf den heutigen Tag. Sie hat uns alljährlich viel Gutes beschert; sie galt als reine Einmachkirsche, aber wir Kinder hielten es wie die Drosseln: wir fanden, dass sie roh ebenso gut schmeckten, besonders die großen und ganz reifen. Diese Kraft der aromatischen Säure, dieser Saft – da reicht keine andere Kirsche heran. Sie wurden mit einer kleinen Schere abgeschnitten; zupfte man sie vom Stängel, so verloren sie zu viel Saft.

Wenn eine auf dem Boden aufschlug, platzte sie und färbte die Erde mit ihrem Saft. Die Drosseln und Spatzen fügten uns größeren Schaden zu durch das Fallenlassen der Kirschen als durch das Wegfressen.

Schon bevor es das Weck-Einkochen gab, standen die dunkelgrünen gläsernen Einmachhäfen mit Schattenmorellen auf den Borden der Speisekammer, sorgfältig bedeckt mit dem kreisrund geschnittenen Pergamentpapier, das in Rum getaucht und mit Salizyl bestreut wurde. Daneben die Flaschen mit Saft, der vorher den Früchten entnommen war. Später, als ich erwachsen war, gab es bei mir zu Kindergesellschaften immer Mürbeteigtorte (drei Teile Mehl, zwei Teile Butter, ein Teil Zucker; für jede Platte ein Ei) mit eingemachten Schattenmorellen oder italienischen Zwetschen belegt, dazu Berge von Schlagsahne, die den allzu kräftigen Geschmack der Früchte auflockerte und liebevoll begleitete.

Früher, als die Bäume noch nicht so groß waren, lagen um die Kongress und die Grüne Reineclaude herum die Erdbeerbeete; nur eine Sorte wurde gezogen, solange ich denken kann: König Albert. Später, als ich die Erdbeeren im Laden kaufte, musste ich feststellen, wie recht der Vater mit dieser Wahl gehabt hatte. Ausgenommen die köstlichen Ananas-Erdbeeren – die aber auch in manchen Jahren nur wässerig oder sogar jauchig schmeckten –, gab es selten Erdbeeren zu kaufen, die im Geschmack unserer König Albert ebenbürtig waren. Auch bei den Erdbeeren wirkte der Handel bestimmend auf die Sortenwahl: Große Früchte, großer Ertrag; gute Transportfähigkeit – so galt die Losung für die Belieferung der Käufermasse, die ohne Obstfachkenntnisse ja ohne natürliche Empfindung für das lebendige Aroma der Früchte war, und bei all ihren Ansprüchen an das Leben so bedauerlich anspruchslos an die Qualität des Gekauften.

In der Kindheit war es uns, als wenn die Erdbeeren nur die eine Aufgabe hätten: zu des Vaters Geburtstag reif zu werden. Noch heute kommt mir bei den Erdbeerbeeten immer des Vaters Geburtstag ins Gedächtnis. Er war am dritten Juli, zur Zeit der Erdbeeren und der Rosen.

Immer auf die gleiche Weise wurde er gefeiert. Einige Tage vorher stand in der Speisekammer in einer großen braunen Schüssel eine Hammelkeule, so groß, wie ich später niemals Hammelkeulen gesehen habe. Sie lag in Sauermilch, und die Mutter ging oft hin, um sie sorgfältig zu begießen. Dadurch bekam sie Wildgeschmack. Obgleich es des Vaters Lieblingsbraten war, wurde sie doch nur einmal im Jahr, eben zu diesem Geburtstag, bereitet.

Einen oder zwei Tage vorher ging die Mutter mit uns an den Knick zwischen den Kuhweiden der Anscharhöhe, und wir pflückten Körbe voll Eichenlaub. Der kleine Eichbaum in unserem »Wald« gab nicht das her, was wir brauchten. Dann wurden im Garten Rosen geschnitten. Eigentlich sollten es nur Centifolien sein; an verschiedenen Stellen im Garten wuchsen Büsche davon. Sie reichten nicht immer, dann schnitt die Mutter auch mit einer kleinen schwarzen Schere von den Gartenrosen; nicht die geschlossenen – die verwelken zu sehen, hätte dem Vater Kummer gemacht –, aber auch nicht die allzu weit aufgeblühten, denn sie am Geburtstag entblättert zu sehen, wäre der Mutter nicht lieb gewesen.

Einen einzigen Sommer gab es, einen kalten Sommer, o, ich weiß es noch genau, da ging die Mutter jammernd durch den Garten, denn die Rosen blühten noch nicht; und unerblühte Knospen mussten genommen werden als Hoffnung auf kommendes Sommerwetter.

Wenn es nicht regnete, wurden Eichenlaub und Rosen auf großen Tischen in einer Laube gebergt, und nun durften wir helfen, die Girlande zu winden. Ein dickes Tau in der richtigen Länge wurde jedes Jahr wieder benutzt; die ungebleichte Baumwolle zum Umwinden kam aus dem Strickkorb der Großmutter. Als wir klein waren, durften wir Eichenlaub und Rosen zureichen, und die fleißigen Hände der Großmutter förderten das Wachstum der Girlande so schnell, dass wir staunten. Später durften wir selber winden; nach je zwei Bündelchen Eichenlaub wurde eine Rose eingebunden, einmal mehr nach rechts, einmal mehr nach links; am letzten Ende aber wurde ein Büschelchen in entgegengesetzter Richtung gebunden, um die letzten Stängel nicht sehen zu lassen. Endlich wurde die Girlande in dem Rahmen der geöffneten Flügeltür zwischen den beiden Südzimmern befestigt. Da blieben die kleinen Schraubhäkchen von Jahr zu Jahr sitzen, so wie auch durch unsere ganze Kindheit hindurch die Bleistiftstriche im Türrahmen blieben, die unsere Länge anzeigten: Alma, Claudine, Anita, das wuchs hintereinander her, zweimal im Jahr wurde gemessen: zu Weihnachten und zu Vaters Geburtstag.

Der Vater durfte von all den Vorbereitungen nichts sehen, er hielt sich geflissentlich fern, um am Geburtstagsmorgen beim Öffnen der Flügeltüren, das jedes Fest einleitete, völlig überrascht die sommerliche Girlande zu bewundern sowie seinen blumengeschmückten Geburtstagstisch. Es war schwer für uns, Geschenke für ihn zu erdenken, aber da hatte er selbst eine Abhilfe geschaffen: Sobald wir von der Großmutter stricken gelernt hatten, wünschte er sich von uns ein für alle Mal zum Geburtstag und zu Weihnachten eine gestrickte graue Wollsocke; als wir größer waren ein ganzes Paar. Die einzelnen Socken gerieten trotz genauer Maschenvorschrift recht verschieden; die einen waren eng gestrickt und dadurch zu kurz geworden, die Großmutter musste die Spitze später leise wieder »aufröppeln« und etwas länger machen. Ich strickte mit loser Hand und fand das auch viel vorteilhafter, denn so wuchs die Socke schneller zu ihrer richtigen Größe heran.

Später erdachten wir dann auch noch andere Geschenke dazu, wir beklebten und bemalten Pappumschläge für je einen Jahrgang »Praktischer Ratgeber für Obst- und Gartenbau«, der in unserem Hause mit Recht hoch geehrt wurde. Schon ehe ich lesen konnte, betrachtete ich gern die Abbildungen darin, besonders das Titelbild – war es nicht von Ludwig Richter? – mit einer weiträumigen Gartenlaube, in der eine ganze Familie um den Tisch saß; Gartengeräte lagen stilllebenartig rundherum aufgebaut. Eine sinnige Gemütlichkeit entströmte dieser harmlosen Illustration aus der »Gartenlaubenzeit«.

Zu Tisch wurden an Vaters Geburtstag einige Freunde der Familie geladen, Studiengenossen, Schwestern des Vaters und Freundschaften der Mutter. Der Hammelbraten ragte auf dem braungeäderten Bratenteller und wurde vom Vater »tranchiert«. Die Schüsseln mit Frühgemüse dampften, die Kartoffeln kamen in einer versilberten Deckelschüssel auf den Tisch, die ein Hochzeitsgeschenk war und immer nur zu dieser einen Gelegenheit benutzt wurde; da der Garten zu dieser Zeit meist noch keine Frühkartoffeln lieferte, waren sie im Laden gekauft worden, was bei uns als ein besonderer Luxus galt und eben nur an Vaters Geburtstag zu rechtfertigen war. Zum Schluss aber kamen die Erdbeeren auf den Tisch, in Glasschüsseln gehäuft und mit Zucker bestreut, der die obersten Früchte feucht umkrustete. Immer wurden sie in den großen blaubebänderten Suppentellern mit Milch gegessen, und ich muss noch heute sagen, dass diese Zusammenstellung in ihrer Kindlichkeit so ganz besonders glücklich ist, vor allem, wenn der vom Zucker dickliche Saft in rötlichen Ringeln die frische rahmige Milch durchzieht.

Ich sehe uns noch sitzen an unserem Kindertischchen im Zimmer der Großmutter – als kleine Kinder saßen wir an Vaters Geburtstag nicht mit am Tisch der Erwachsenen –, vor uns die Teller voll Erdbeeren und Milch, die für uns der Höhepunkt dieser Festlichkeit waren.

Später, in den Jahren der Weinlaube, veranstaltete der Vater auch gern ein sommerliches Fest mit einer Bowle, die am warmen Sommerabend in der Weinlaube getrunken wurde, und dann hingen mit dem Dunkelwerden Lampions am Rande der Weinlaube und an dem Weingehänge, das von der Laube zum Rasen reichte. Nachher machten alle mit Laternen oder Lampions in der Hand eine Polonaise durch den »Wald« und den ganzen Garten, aber nur bis an den Obstgarten, dessen kleiner Grasweg den Damen mit ihren langen Kleidern nicht gut begehbar erschien; und das war ausschlaggebend.

Zehn Jahre später machten wir Jungen, nach schwieriger Erlangung der väterlichen Erlaubnis, ein Volkstanzfest im Obstgarten mit meinen Kameraden der Kunstgewerbeschule. Nachmittags gab es ein Lagerfeuer an freier Stelle, und Kaffee und Kuchen wurde in Körben nach hinten gebracht und auf dem Gras aufgetischt. Man sang Volkslieder und tanzte Volkstänze, das war damals etwas Romantisch-Revolutionäres. Man wand Kränze aus Wiesenblumen und setzte sie ins Haar. Gegen Abend hingen große, einfarbige Lampions wie gelbe und rote Monde in den Obstbäumen. Hier ging es freilich bacchantischer zu als bei der Polonaise der geruhsamen Bürgerlichkeit zehn Jahre vorher. Zwar tanzte es sich nicht gut auf dem knubberigen Grasboden, aber das störte uns nicht, es war jedenfalls etwas ganz anderes als in einem Gasthaussaal, und die alten Obstbäume sahen es wohl nicht ungern.

Es war der Juni 1914.

Wenn man den rechten oder linken Weg durch den Mittelgarten hinaufging, sah man am Ende jedes Weges vor sich liegend einen blaugrün gestrichenen Schuppen aus Brettern, deren Fugen immer mit einer Leiste gedeckt waren, vorn war eine Holztür, und ein schräges Dach, mit Dachpappe gedeckt, öffnete sich nach Osten. Das waren die beiden großen Bienenschauer. Denn der Vater war nicht nur Obstbaumzüchter geworden, sondern auch, mit stillerer Leidenschaft, Imker.

Jedes Bienenschauer hatte an seiner offenen Seite zwei breite Borde, auf denen Bienenkästen und Bienenkörbe standen. Dahinter, nur durch die Tür erreichbar, war ein Gang, von dem aus man an die Rückseite der Kästen gelangen konnte. Oft schlüpften wir mit hinein, wenn der Vater, zur Unkenntlichkeit vermummt, an der Rückseite der Kästen hantierte. Sein Kopf steckte in einem gewölbten Drahtgitter, das nach unten in bauschenden braunen Stoff überging, die Hände hatte er in unförmigen Handschuhen. Vorn aus der Drahtmaske stak eine Pfeife heraus, und an seinem Paff-Paff und dem wirbelnden Rauch wussten wir, dass es der Vater wirklich war. Unheimlich kam er uns nicht vor so in dieser Imkerverkleidung, nein, eher behaglich. Auch war er immer sehr friedlich, wenn er bei seinen Bienen hantierte.

Früh schon ließ er uns teilnehmen an den Wundern des Bienenstaates. Wir durften das Ohr an die Körbe legen und das geschäftige Summen da drinnen behorchen, auch das aufgeregte vor dem Schwärmen und das Tüten der Königin. Wir sahen hinter dem Glas der Kästen bei geöffneter Rückwand die Bienen eifrig am Glase und an den Rähmchen umherlaufen, scheinbar ziellos; aber nun erzählte uns der Vater von dem geregelten Leben der jungen Bienen, vom Ausschlüpfen an, wie sie im frühesten Frühjahr Pollen sammeln aus den Krokus und den Weidenkätzchen – die wir deshalb auch niemals abpflücken durften –, wie sie mit gelben Puderhöschen nach Hause flogen, immer genau in ihr eigenes Flugloch; wie die jungen Bienen gefüttert werden, wie die sechseckigen Zellen angelegt werden, die Honigzellen und die Brutzellen; von den Drohnen, den Nichtstuern, und der Königin, die den ganzen Bienenstaat erzeugt – nicht etwa ihn regiert, wie der Vater immer den Laienansichten gegenüber betonte. In seiner Werkstatt und der Bienenstube hatte uns der Vater mehrmals schon eine Königinnenzelle innerhalb all der andern kleineren gezeigt.

Dort sahen wir auch die Rähmchen, sorgfältig in den Rähmchenkasten gehängt, mit den künstlichen giftgelben Wachsanfängen, die dazu dienten, dass die Bienen sorgfältig ihre Waben anlegten und nicht, wie wilde Bienen im Baumstamm, durcheinander.

Aber aufregend war es, wenn die vollen Honigwaben aus den Bienenkästen herausgenommen wurden; freilich bekamen wir sie immer erst zu sehen, wenn sie schon im Rähmchenbock hingen, denn die Bienen ließen sich nicht so ohne weiteres berauben, sie wehrten sich mit Stichen, und wir mussten weit fortgehen, wenn der Vater, gepanzert, die Kästen leerte. Einzelne Bienen verfolgten immer noch die Beute, und wir mussten uns auch dann noch vorsehen, wenn die vollen Waben unten im Keller standen. Die schönsten wurden aus ihren Rahmen geschnitten und sorgsam auf große Teller gelegt. Immer wieder bewunderten wir die Kunstfertigkeit der sechseckigen Zellen, die mit zartem weißen Wachs überdeckelt waren. Bei der leisesten Verletzung troff der köstliche, klargelbe, noch ganz flüssige Honig heraus – dieser Wundersaft aus den Herzen von Millionen Blüten.

Im Frühling war es der schneeige Blust der Obstbäume, der den zarten Honig hergab. Danach blühten die Akazien, die ja neben der kurzgeschorenen Weißdornhecke sich an der ganzen linken Längsseite und an der Rückseite des Gartens hinzogen, eigens für die Bienen gepflanzt. Der Akazienhonig war duftreicher, aber dennoch zart und von Farbe hell. Nun kamen die vielen Sommerblüten auf Wiesen und Feldern und Weiden dazu; Anfang Juli aber war der Höhepunkt der Bienenernte: die Lindenblüte.

Der Vater hatte dafür gesorgt, dass die Osterfeldstraße, die Verbindung zwischen Eppendorf und Lokstedt, mit Linden bepflanzt worden war, die bald reich blühten. Das war immer so recht der Beginn des Sommers, wenn der süße Duft der Linden in der Luft schwebte.

Nach der Lindenblüte und vor der Seradella gab der Klee seinen duftenden Nektar. Kleewiesen gab es in der Nähe, und der Bleichplatz hinterm Haus war auch mit weißem Klee untermengt, der gleich für die Bienen mitgesät war.

Kleehonig, unvermischt, hat eine besonders reine Süße und ist auch für die Menschen genießbar, denen anderer Honig widersteht. Er ist fast wasserhell, und wenn er fest geworden ist, sieht er aus wie weißes Schmalz.

Heide war erst in weiterer Umgebung vorhanden, so weit flogen die Bienen nicht. Dafür aber wurden viele der mageren Äcker, rund um unser Grundstück herum, mit Seradella, einer niedrigen Futterpflanze, bestellt, die zwischen das Korn gesät wurde und nachher in den Stoppeln erschien und blühte. Seradellahonig ähnelt dem Akazienhonig an Milde und Zartheit.

Der ausgetropfte »Leckhonig« oder der »Schleuderhonig« wurde in große Kruken gegossen, die auf dem Boden verwahrt wurden. Im Winter kristallisierte er, so dass er nur mit dem starken Brotmesser herausgestochen werden konnte.

In Jahren reichlicher Honigernte versuchte der Vater auch, Met zu machen. Damals las man Felix Dahn und Gustav Freytag, und die Welt der alten Germanen begann wieder als romantischer Bezirk in der bürgerlichen Welt aufzuleben. Auch dies gehörte zu den Vorläufern der Jugendbewegung. Wir Kinder wünschten uns damals, Pferdefleisch zu essen, darin lag eine gewisse Opposition gegen die bürgerliche Sitte. Der Vater, der ja diese Opposition in gewisser Beziehung vertrat, lächelte wohlgefällig zu diesen ungestümen Kinderwünschen. Er erzählte uns von der Heilighaltung des Pferdes bei den alten Germanen, von den Opfermahlzeiten, von den Pferdegiebeln der norddeutschen Bauernhäuser, die wir in Lokstedt noch sehen konnten; und auch, wie die Einführung des Christentums die alte heilige Sitte in ihr Gegenteil zu verkehren suchte, das Pferdeopfer und das Pferdefleisch-Essen als etwas Abscheuliches hinstellte, als was es fälschlicherweise ja bis in unsere Zeit noch gegolten hat. Der Vater übernahm ganz gern die Rolle des »ollen, ehrlichen Heiden«, im Gegensatz zur Großmutter, die von einer tiefen Christlichkeit erfüllt war, über die sie aber kaum sprach, während die Mutter beiden gerecht zu werden suchte. Doch konnte sich die Mutter mit dem Pferdefleisch durchaus nicht befreunden; nicht gegen das Christentum, aber gegen jede gute Sitte schien es ihr zu verstoßen. Wir Kinder aber blieben beharrlich und wünschten uns nun ein Pferdebeefsteak zum Geburtstag; da wurde der Wunsch erfüllt. So ehrten wir die Rückkehr der Vorväter: der Vater braute Met, die Kinder aßen Pferdefleisch. Ob der Met große Befriedigung erregt hat, bezweifle ich; er war wohl ungeheuer stark, er »köpfte«, aber er »widerstand« einem durch seine scharfe Süße; jedenfalls hörten wir Derartiges von den neugierigen Schmeckern sagen. Aber bei der großen Gartenbauausstellung 1896 in Hamburg hatte der Vater für seinen Met die »Große bronzene Medaille« erhalten, für seine Birnen die »Kleine silberne«.

Der Bienenstock, dem sein Honig bis auf einen kleinen Rest genommen war, musste Ersatz haben, um den Winter zu überdauern, zumal die Heideblüte für uns ausfiel. An der Bienenfütterung nahmen wir von Anfang an gern teil. Zunächst wurde der grobe Kristallzucker aus den Säcken vom Boden geholt und in einem sauberen Topf mit Wasser auf dem Feuer »geklärt«, d. h. er schmolz. Die Gefäße mit dem geklärten Zucker durften wir vorsichtig mit ins Bienenhaus tragen. Dann holte der Vater flache Kästen mit einem darin liegenden Holzrost. Die Zuckerflüssigkeit wurde hineingegossen, das Holzgitterchen hob sich und schwamm obenauf. Die Futterkästchen wurden nun in die

Bienenkästen hineingeschoben; von der Fütterung konnten wir nichts sehen. Wenn im Sommer eine Zeit der Dürre war, bekamen die Bienen Wasser zum Trinken, auch in diesen Futterkästen. Oft fanden wir in solcher Zeit Bienen in einer vollen Gießkanne oder in einer Wassertonne, dem Ertrinken nahe. Wir retteten sie mit einem Hölzchen und freuten uns, wenn sie dann mit klitschnassen Flügeln mühsam daran emporkletterten, sich von dem Wasser säuberten und mit den Flügeln schwirrten, um den zarten Pelz ihres Leibes trocken zu bekommen. Der Vater wies uns an, alles etwa umherstehende Wasser mit einigen schwimmenden Hölzchen zu belegen, damit die Bienen sich an diesen kleinen Flößen retten könnten.

Im Sommer war überhaupt das meiste mit den Bienen zu erleben, zunächst, dass man an schwülen Tagen die giftigsten Bienenstiche bekam. Die nahmen wir allerdings ziemlich gleichgültig hin, als nun eben auch ein Erzeugnis des Gartens. Freilich schauderte uns aber doch ein wenig, als eine gichtleidende Pflegeschwester aus den Anstalten der Anscharhöhe nebenan sich einmal den ganzen Arm von Bienen zerstechen ließ, eine Heilmethode, die der Vater wohl aus seiner Bienenzeitung gelernt hatte und mit einem kleinen Behagen weiterempfahl, neugierig, ob die Patientin auch den Mut zu dieser schmerzhaften Kur aufbringen würde.

An »Schwarmtagen« wagte der Vater kaum, zu den Mahlzeiten ins Haus zu gehen, und gern übernahm eine von uns Kindern inzwischen die Pflicht, auf Schwärme zu achten. Schon stundenlang vorher war dieser oder jener Stock voller Unruhe. Aus angemessener Entfernung beobachteten wir, wie einzelne Bienen pfeilschnell aus dem Flugloch herausschossen, es schien, als würden feine Striche durch die Luft gezogen. Wenn man von draußen das Ohr an die Wand hielt, vernahm man einen besonderen Ton, der dem Imker das Anzeichen nahen Ausschwärmens ist; und plötzlich, wie aus der Pistole geschossen, durchschnitten Hunderte von Bienen die Luft, hoben sich in die Höhe und bildeten zwischen den Baumkronen ein förmliches Netz von hin und her schießenden feinen schwarzen Strichen unter beständigem aufgeregten Summen, das wie ein Glockenton in der Luft stand, ohne dass man die Richtung feststellen konnte. Nun galt es aufzupassen, wo der Schwarm sich setzen würde. Manchmal flog das Netz in der Luft, wie von einem plötzlichen Entschluss erfasst, über den Garten hinweg in die Weite, und so gut wir konnten, verfolgten wir mit den Augen die Richtung, um dann ins Haus zu laufen, von weitem schon rufend, was wir beobachtet hatten. Dann kam wohl nach einer Weile ein aufgeregter Junge oder eine bedächtige Schwester ans Haus und meldete, dass bei ihnen ein Schwarm im Baum hinge, der dann auch baldigst eingeholt wurde.

Meistens aber taten die Bienen uns den Gefallen, an einem der vielen nahen Obstbäume ihre braune Traube zu bilden. Zuerst war es offenbar die Königin, die den Platz wählte an dem waagerechten Ast eines Obstbaumes, manchmal auch – leider – dicht am Stamm. Schnell sammelten sich die Bienen um sie, eine an die andere sich klammernd, langsam sich beruhigend, bis die letzten in der Luft umherschießenden schwarzen Fäden verschwanden und das letzte tönende Summen verstummt war.

Nun ging es ans Einfangen. Der Vater stand schon bereit mit dem Fangkorb, einem tiefen, dichten Korbe mit einem seitlichen Henkel, und unserem silbernen Suppenlöffel, die Bienenhaube über dem Kopf und die Imkerhandschuhe über den sommerheißen Händen. Manchmal musste ein Stuhl oder eine Trittleiter angesetzt werden. Dann schüttelte der Vater, so schnell wie behutsam, die braune Traube mit einem Ruck in den Fangkorb und bedeckte ihn gut, nachdem die Bienen, um beruhigt zu werden, mit etwas kaltem Wasser bespritzt worden waren. Wenn der Schwarm zu dicht am Stamm saß, musste er mit unserm großen Suppenlöffel in den Fangkorb gelöffelt werden.

Eine Wohnung für das ausgewanderte Volk war schon bereit; abends wurde das junge Bienenvolk aus dem Fangkorb in den Kasten geschüttet, die Bienen nahmen Besitz von ihrem neuen Heim und fingen unverzüglich an zu arbeiten.

Im Anfang waren auch noch Bienenkörbe in Betrieb. Vor allem, wenn die Kästen nicht reichten, um einen Schwarm aufzunehmen, wurde ein leerer mit der Öffnung nach oben umgestülpt, der Fangkorb darauf, das Tuch gelüftet und der Schwarm einfach hineingeschüttet. Der zugedeckte Korb wurde dann an seinen Platz geschoben und nach einiger Zeit das verklebte Flugloch geöffnet. Den Honig aus den Körben später zu gewinnen, war jedoch sehr schwierig. Manchmal wurde unter gewaltiger Rauchentwicklung aus der Imkerpfeife ein Teil der Waben herausgeschnitten.

Ungefährlich für den Imker, aber grausam für die Bienen war das Schwefeln: In einer Erdgrube wurden Schwefelfäden entzündet, der Korb hineingesetzt, die Grube verdeckt, und nun mussten die armen Bienen eines elenden Todes sterben, damit wir in den Besitz des Honigs kamen, den sie in so unendlicher Mühe gesammelt hatten. Verständnislos und traurig blickten wir hinterher in die noch lange schweflig riechende Grube, an deren Boden eine braune Schicht unbeweglicher Bienen lag.

Diese Art der Honiggewinnung ist aber dann nicht nur von unserem Vater, auch von der ganzen Imkerschaft aufgegeben worden als unrationell und als unwürdig eines Bienenvaters.

Zwischen beiden Bienenschauern, auf dem mittleren Stück des Gartens, standen einzelne Bienenhäuschen, wie Schränke, frei, auf hohen Beinen, mit drei oder vier Stöcken darin. Hier konnte man die Bienen besonders gut beobachten, weil das volle Tageslicht auf die innere Glaswand fiel, sobald man die deckende Holzwand abhob. Diese Bienenschränke hatten oben ein spitzgiebeliges Dach mit einer eisernen Zierkante, die aussah wie eine Häkelspitze aus Blech. Sie hätten ganz lustig aussehen können, aber in den Maßverhältnissen waren sie unglücklich, so dass der Garten gerade an dieser Stelle, vor dem Beginn des eigentlichen Obstgartens, sie besser entbehrt hätte.

Die beiden Bienenschauer hingegen schmiegten sich wundervoll in den Garten ein mit ihrer Breite und Geschlossenheit, obgleich sie doch eigentlich nur eine Nutzform hatten. Ihr Anstrich war das satte Grün der Gartenmöbel. In der Witterung blich das Gelb heraus und es blieb ein duffes, fast mystisches Blaugrün, das besonders im Winter zwischen den schwarzen Zweigen und hinter den letzten grünen Kohlpflanzen in der umgeworfenen braunvioletten Erde mich Jahr für Jahr von neuem beglückte. Einmal habe ich das linke gemalt mit dem schrägen Boskop davor und dem bläulichen Dunst des Obstgartens, dessen Grenze nicht zu sehen ist, dahinter.

An der Rückseite dieses Bienenschauers war eine Regentonne eingelassen, die Ränder von hohem Gras überwuchert. Als wir ganz klein waren, wurde einmal ein ertrunkener Hase darin gefunden, und seitdem habe ich sie – und später die von ihr nachgebliebene kleine Grube – nie ohne ein leichtes Grauen ansehen können.

Ein bisschen geheimnisvoll war auch das Himbeergestrüpp, ebenfalls hinter dem Bienenschauer. Ich glaube, es waren zum Teil wilde Himbeeren, aber dazwischen waren weiße, eigentlich mattgelbe, wie die weißen Johannisbeeren.

An diesem Bienenschauer stand in früherer Zeit auch ein

Maulbeerbaum. Die brombeerähnlichen Früchte waren von einer uns unangenehmen faden Süße. Er ging bald ein, erfror vielleicht in einem zu harten Winter, obgleich Maulbeerbäume sonst recht alt werden können; im Garten des »Rauen Hauses« in Hamm steht ein Maulbeerbaum noch aus der Zeit Friedrichs des Großen; in Berlin-Steglitz habe ich auch einen so alten gesehen.

Das rechte Bienenschauer blickte mit seiner offenen Seite in einen kleinen Garten im Garten, der von einer hohen Hainbuchenhecke begrenzt war und nach Norden von einer schwarzen Planke. Hinter dieser Planke lag der eigentliche Obstgarten; nach Osten war die ebenso hohe Planke der Anscharhöhe.

Dieser geschlossene kleine Garten sollte den Bienen Windschutz geben.

Vor dem Bienenschauer stand ein Birnbaum, Zéphirin Grégoire, eine späte Sorte, die im Geschmack und im Fleisch am meisten der Herrenbirne ähnelt; noch edler, noch zarter ist das Fleisch, noch feiner der Geschmack. Sie fand dort wohl keinen günstigen Boden, denn jedes Jahr waren ihre hellgrünen, apfelförmigen Früchte von Fusikladium bedeckt. Als später eine Zéphirin freistehend im Obstgarten gezogen wurde, brachte diese in günstigen Jahren viermal so große Früchte mit glatter Haut hervor, im November–Dezember reifend, zart, süß und safttriefend.

In der Mitte dieses Gartens stand die gelbe Zwetsche, die als eine Seltenheit gerühmt wurde; es war keine Pflaume, davon gibt es ja viele gelbe, sondern eine Zwetsche mit langem zugespitzten Stein. Sie wurde zuerst zitronengelb, dann dunkler, mit feinen roten Spritzern an der Sonnenseite. Ihr Geschmack war süß und lieblich, ihr Fleisch zart und saftig.

Die Hainbuchenhecke war dicht und hoch; sie hatte eine Ausbuchtung, die war wie ein Zimmerchen. Das war die Hainbuchenlaube, in der wir unseren Vater oft vorfanden mit der Pfeife, auf einer kleinen Gartenbank sitzend und dem Flug seiner Bienen zuschauend. Hier war er glücklich, hier war das Ziel seiner Tage erreicht, man spürte es, wenn man durch die schmale verborgene Öffnung in der Hecke zu ihm eintrat.

Das rechte Bienenschauer ist früh verfallen, die schwarze Planke zerbrochen, oder abgebrochen für andere Zwecke, die Hainbuchenhecke ausgestorben. Und doch erscheint bis auf den heutigen Tag dieses abgeschlossene Fleckchen in unserem Garten immer wieder in meinen Träumen als Sitz der Gartengeister. Sie wohnen im Bienenschauer, sie kommen über die Planke herein, sie leben unter dem gelben Zwetschenbaum. Sie sind weder gut noch böse, niemals ängstigen sie das Kind. Manchmal teilen sie Vergangenes oder Zukünftiges mit, das man im Wachen wieder vergessen hat, sie fordern nichts, sie leben in einer Welt für sich. Zugehörig zu ihrem Reich ist noch ein bestimmtes Gebiet hinter der schwarzen Planke, also der erste Teil des Obstgartens rechts, manchmal wird auch der ganze rechte Streifen fast bis zum Ende des Obstgartens mit einbezogen, als der Boden, auf dem die Gartengeister geheimnisvoll gedeihen.

Die Stunde der Gartengeister ist nicht die schwarze Stunde der Mitternacht, sondern die fahle Stunde der Vordämmerung, wo alles lichtlos und dunkellos, ohne Tiefe, ohne Greifbarkeit daliegt wie Schemen. Nie war ich zu dieser Stunde wirklich im Garten, nie. Und doch geht das nun durch Jahrzehnte so durch meine Träume, und immer ist es dieses Gebiet des Gartens und kein anderes; das Urgebiet aber ist das rechte Bienenschauer, das lange, lange verfallen ist; kein Pfosten ist mehr zu sehen.

Ja, auch hinter der schwarzen Planke war noch geheimnisvoller Grund. Da standen zunächst die edlen Hagebutten mit den großen fleischigen Früchten, dann die Himbeerreihen und dahinter ein Quittengebüsch; das ist damals vom Mittelgarten hinterm Treibhaus hierher verpflanzt worden. Die Himbeerreihen waren wohlgezogen, wurden in jedem Herbst ausgelichtet, und die schlanken Triebe mit den ungefährlichen kleinen Stacheln wurden hochgebunden.

Wir Kinder durften beim Pflücken der Mutter helfen. Hier zwischen den Himbeeren war sie uns plötzlich ganz nahe, unsere Freundin, entspannt und glücklich mit uns bei der Ernte der duftenden Beeren, die sich so willig den leise zupfenden Fingern gaben. Man fühlte sich geborgen mit ihr zusammen im Versteck der hohen Ranken, zwischen denen es warm und windstill war. Ab und zu sagte die Mutter: »So, jetzt dürft ihr mal wieder eine Himbeere in den Mund stecken.« Das war gewiss die beste Art, um die Ernte zu bewahren und doch die Kinder nicht mit allzu großer Entsagung zu quälen. So ging es recht munter zu beim Himbeerpflücken. Hier waren wir auch immer mit der Mutter allein, und hier war sie immer heiter, wie ja überhaupt das Pflücken von Früchten den Menschen gehoben und zufrieden macht, ihn trägt in einem schönen Rhythmus voll Gleichmaß und Erfüllung. Auch mag es der Mutter eine besondere Beglückung gewesen sein, uns Kinder auch einmal am Tage für eine Stunde allein zu haben; denn sonst war es stets der Vater, der uns unterwies, uns belehrte, mit uns spazierte, dem wir bei der Arbeit so gern zuschauten, während die Mutter mit der Großmutter im Hause beschäftigt war und uns höchstens zu kleinen mechanischen Hilfeleistungen heranzog, die wir nie allzu gern erfüllten. Da fanden wir ja dann den Ausweg in unseren kleinen Lehmherden und dergleichen Dingen; aber bei all diesen Kindererfindungen war es immer der Vater, der Anregung und Mithilfe gab, manchmal in einer unmerklich leisen Opposition gegen die Frauen im Hause, so als wären wir nicht Mädchen, sondern Jungen. Während die Johannisbeeren durch die Weinbereitung uns als der besondere Bereich des Vaters erschienen, so waren die Himbeeren der der Mutter. Auch wusste sie die Himbeeren auf eine besondere köstliche Weise einzumachen, ehe es das Einwecken gab, und ich habe jetzt wieder versucht, es ihr nachzumachen; denn merkwürdig, die eingeweckten Himbeeren haben nicht dies Unwiderstehliche in Duft und Geschmack!

Immer erschienen mir die Himbeeren der Mutter verwandt, vielleicht, weil sie an den Granatschmuck erinnerten, den sie so gern trug und den wir als besonderes Vermächtnis von ihr noch heute bewahren.

Die Gartengeister zeigten mir nach dem Tode der Mutter sie einmal hoch aufragend aus den Himbeeren und Quitten, in schwarze Tücher gehüllt, und ich schrie nach ihr wie ein kleines Kind.

Fünftes Kapitel

Der Obstgarten – Frühling mit Narzissen und Obstblüte – die lieben Unkrautblumen – die Heuernte – von Ziegen im Allgemeinen und im Besonderen – die Obstdiebe und die tapferen Jungfrauen – Äpfel am Baum, Äpfel im Gras, Äpfel in der Küche – Birnenreichtum – das sparsame Schälmesser der Großmutter – Verschwendung des Städters, und was meint Frau Rebekka dazu – die Veranda und der runde Mahagonitisch – Fuchsien, Oleander und Kamelien

Wenn man den linken Weg des Mittelgartens hinaufging, der am Erzbischof Honz vorbeiführte, bis an die Bienenhäuser, wo man schon das Ende des Gartens wähnte – dann schweifte plötzlich der Blick weit hin über nahe und ferne Bäume, bis hinten im leichten Dämmer die Grenze nicht mehr zu erkennen war; die Hecke, das hohe Gras, die Akazien und die hin und her schwingenden Zweige der Obstbäume schufen einen Dämmer dahinten, Grün in Grün.

Alles war Rasen unter den Bäumen, nur hatte jeder Baum seine »Baumscheibe«, die zweimal im Jahr sorgfältig aufgelockert wurde. An ihrem Rand wuchsen Kräuter und Gräser üppiger.

Das Gefühl der Ruhe und Weite, der Geborgenheit und Freiheit zugleich überkam einen, sobald man den Obstgarten betrat.

Der Boden war Gras, nur Gras. Da war kurzes Gras mit feinen drahtartigen Halmen, da waren auch Büschel von einer Art Riedgras, sehr hart und scharf, oft schnitten wir uns die Finger daran blutig, wenn wir einen Halm abrissen, um unsere Blumensträuße zu binden. Dieses Gras bildete jedes Jahr dickere Klumpen, und dadurch wurde der Boden uneben.

Als die Bäume jung waren, erkannte man noch, dass sie in Reihen gepflanzt waren, die der einen Reihe immer in die Lücke der andern Reihe. Aber als sie größer wurden, als der eine in die Höhe, der andere in die Breite wuchs, als einige dazwischen ausgingen, neue gepflanzt wurden und einige wenige einen Riesenwuchs anlegten, da merkte man wenig mehr von den Reihen. Da sah man nur, dass jeder Baum sich nach seinem Luftraum und möglichst zur Sonne hin ausgebreitet hatte.

Als kleinere Kinder durften wir nicht allein in den Obstgarten, damit wir vom Hause aus sichtbar und erreichbar blieben.

Dort, wo die Bienenhäuser zu Ende waren und der Obstgarten begann, war auch in ganz früher Zeit, wie vor dem Mittelgarten, ein einfaches Drahtgitter. Ich erinnere mich noch daran, dass der Maschendraht, verrostet und schon zerbrochen, an seinen Enden aufgespießte Bienen trug, die der Würger sich dort aufbewahrt hatte, wie der Vater uns erklärte.

Man wusste nicht, zu welcher Jahreszeit der Obstgarten schöner war, im Frühling oder im Herbst. Wenn die grünen Halme steil aus dem dürren Wintergras sich erhoben, wenn die Knospen der Birnbäume sich lockerten und die weißen Köpfchen herausdrangen, die sich über Nacht zu schneeweißen Blüten mit rötlicher Mitte entwickelten – wenn ein Baum nach dem andern sich überzog mit dem festlichen Blütenglanz, als entzündete einer am andern sein reines Licht –, wenn zuletzt dann die Apfelbäume, mit schon kleinen filzigen Blättern an den schwarzen Zweigen, ihre rosa Knospen öffneten und den etwas strengen Duft der Birnenblüten mit ihrem süßen, frischen Rosenduft übertönten – dann war der Obstgarten ein wahrhaftiger Paradiesgarten, und man hätte auf alle Früchte verzichten können, nur um diesen betörenden Glanz zu erhalten, von dem die Seele fast schmerzte.

Eines Tages, als großes Schulmädchen, holte ich etwas von Gärtner Hopp an der Osterfeldstraße. Auf seinem Komposthaufen sah ich haufenweise Narzissenzwiebeln liegen. Immer erschienen mir Blumenzwiebeln als etwas ganz besonders Wertvolles. Ich fragte ihn, ob ich davon haben könnte. So viel ich wollte, war die Antwort; denn sie waren getrieben worden, die Blüten verkauft, und die nachbleibenden Zwiebeln, erschöpft, würden zwei Jahre brauchen, um wieder zu blühen. Dafür hatte der Gärtner keinen Platz. Er kaufte vorteilhafter neue Zwiebeln.

Ich trug in Korb und Schürze, was ich fassen konnte; und dann kamen wir mit der Schiebkarre und fuhren alles ab, was wir an Zwiebeln fanden. Das war eine Bereicherung für unseren Garten! Gelbe Narzissen – Osterglocken – hatten wir noch nie darin gehabt. Wir pflanzten sie an die Wegränder des Mittelgartens, an die Seite des Bleichplatzes und vor allen Dingen gruppenweise verstreut in die Grasflächen des Obstgartens und an die Baumscheiben. Natürlich mussten sie mindestens zehn Zentimeter tief gesetzt werden, um Winters den Frost zu überstehen.

Ich weiß nicht mehr, wie lange es gedauert hat, bis die ersten Blüten kamen. Aber den Narzissen war unser Boden offenbar gerade recht, denn sie gediehen und vermehrten sich Jahr für Jahr. Im Frühling, wenn die Märzbecher und Schneeglöckchen vergangen waren, meist noch vor der Obstblüte, entfalteten sich die langen nickenden Knospen an fleischigen Stängeln zwischen den steilen blaugrünen Blättern. Das gelbe Innere ließ das braune knittrige Pergament der Hülle zurück und wuchs zur goldgelben Glocke heran, um die ein Kreis hellerer Blätter stand. Noch war das dürre Gras erst leise durchstoßen von den jungen grünen Halmen, als schon, wohin man blickte, die gelben Glocken sich darüber erhoben. Jedes Jahr wurde die Pracht größer; wenn gar in einzelnen Jahren die Narzissenblüte mit der Obstblüte zusammenfiel, dann wurde man fast überwältigt vom starken Glanz des Frühlings in unserem Garten. Die Bienen summten von einer Glocke zur andern und trugen den Blütenstaub ein. Die Akazien waren noch kahl und ließen die Sonne durch, die Vögel waren ganz besessen von der Frühlingsluft.

Es wuchsen schließlich so viele Narzissen im Garten von vorn bis unter den hintersten Akazien, dass wir große Sträuße herauspflücken konnten, ohne das Bild zu stören. Mit jungen Birkenzweigen zusammen oder mit blühenden Forsythien – Gelb in Gelb – standen sie in den Zimmern oder kamen zu Freunden.

Waren die Obstbäume verblüht, so hörte doch das Duften im Obstgarten nicht auf. Bald ließen die Akazien ihre sahnefarbenen Blütentrauben zu Tausenden da oben schaukeln; ein Duft strömte von ihnen aus, der nicht mehr frisches Frühjahr, sondern betäubender Frühsommer war. Lag man dort hinten zwischen den Bäumen im Grase und sonnte sich, so schwebte bei Westwind mit jeder Luftwelle ein Überschwang des süßesten Duftes heran. Kam der Lufthauch aber von Osten – da standen keine Akazien, da war eine wuchernde Hecke der duftenden Wildrose, Sweet briar; die strömten von Kopf bis Fuß, an Stängeln, Blättern, Knospen und Blüten einen mädchenhaften, keuschen, leicht harzigen Duft aus, nach Rosen und Ambra, aber ganz zart und frisch.

Währenddes fing auch die Obstwiese selbst an zu blühen. Zwischen dem Grassamen waren damals wohl versehentlich Samen von Margeriten gewesen. Jedenfalls konnten die Erwachsenen es sich nicht anders erklären, dass der ganze Obstgarten, sobald der Sommer anfing, sich besternte mit den weißen Blüten, größer und schöner, als sie irgendwo in der ganzen Umgebung Hamburgs wild wuchsen. Mit dem rötlich dazwischen schießenden Sauerampfer wurden die Margeriten gern zu Sträußen gebunden. Aber dann musste man schon vorsichtig mit hohen langen Schritten von einer Grasvertiefung in die andere springen, denn das Gras durfte vor dem Mähen nicht niedergetreten werden.

Ich lag gern im Grase, an den flachen Stellen, die überzogen waren von den seidenhaarigen Rosetten der lieben Katzenpfötchen, die ihre bescheidenen hellgelben Blüten hochstreckten. Sie waren dem manchmal benachbarten hohen glatten Habichtskraut so sehr ähnlich, aber dieses liebte ich gar nicht. Es schien mir kalt und fremd mit seinen blanken Blättern, seinen hohlen Stängeln, die beim Brechen weißen Saft absonderten, und mit seinen dottergelben Blüten, die, so fand ich, dumm aussahen, dumm und seelenlos.

Mehr noch als die Katzenpfötchen liebte ich die Skabiosen; weniger die hohen, die rötlich-lila waren, als die mageren, lavendelblauen, deren kleine Blüten rundherum aufblühten, duftig und zart, ohne ein Kelchblatt sehen zu lassen.

Auf neu umgegrabenem Boden, auf dem mageren gelblichen, wuchs mein Lieblingskind, das süße Hungerblümchen. Die winzige Rosette mit den aufstrebenden fadendünnen Stängeln trug kleine weiße Sterne oben. Je magerer der Boden war, desto kleiner blieben die Pflanzen, bis zu ganz winzigen, deren Rosette kaum so groß war wie der Nagel eines kleinen Fingers.

An andern Stellen im Garten, an nahrhafteren, wuchs der sonnenhafte Löwenzahn, von uns Kindern Hundeblume genannt. Wir pflückten die hohlen Stängel und fügten sie zu Ringen zusammen, indem wir das obere engere in das untere weitere Ende steckten. Manchmal spalteten Streifen ab, und es kam auf die Geschicklichkeit der Flechterin an, dies zu verhindern. Mit solchen Ketten behängten wir uns dann, und unsere gute Wäscherin Frau Hettenhausen konnte sich nachher abquälen mit den vielen braunen Flecken in unsern Kleidern, die von der Milch der Stängel herrührten.

Und dann, eines Tages, entdeckte ich die Schönheit dieser Pflanze: wie die Blätter mit den Löwenzähnen am Rande sich von der Mitte aus ins Rund breiteten – immer wieder nachwachsend aus kleinen filzigen Röllchen, – wie sie sich so sorgfältig ausspreiteten, dass jedes Sonne genug bekam; wie in der Mitte die Stängel der Blüten aufstiegen, deren Knospen zuerst als graugrün befilzte Kügelchen im Schutz der inneren Blätter ruhten, wie sie dann sich hoben mit ihren Stielen, sich erschlossen und ihre kleinen Blütensonnen der großen Sonne entgegenstreckten.

So wie ich in früher Kindheit das milde traumhafte Violett in der Plüschdecke der Großmutter geliebt hatte, das ich in den bläulichen Skabiosen wiederfand, dies zarte und doch tiefe Lavendelblau, das als einzige Farbe sowohl Wärme wie Kühle enthält, – so überkam mich, als ich größer wurde, eines Sommers die Liebe zu diesem herrlichen Gelb, das ohne Vorbehalt, ohne Träumerei ausstrahlt und beglückt. Aber meine Liebe war nicht einfach genießend, sie war begehrend. Was ich liebte, wollte ich besitzen, und so ging ich daran, die schönsten Löwenzahnpflanzen mitten in der Blüte auf mein Beet zu setzen. Sorgfältig grub ich die lange Pfahlwurzel aus und wieder ein, begoss reichlich und war stolz auf mein Werk. Die Geschwister und Erwachsenen lachten, als sie meine neue Anpflanzung entdeckten: Habt ihr gesehen, Alma pflanzt Unkraut auf ihr Beet! Ich hielt nur umso stärker zu meiner verkannten Schönen.

Aber als ob die Missgunst recht behalten sollte: Am Nachmittag schon hatten die Blütensonnen sich müde geschlossen, die mutigen Stängel hingen schlaff, die Blätter der schönen Rosette krillten sich zusammen, obgleich ich so reichlich gegossen hatte. Ich sah es ein: Das Sonnenhafte, das man liebt, darf man nicht besitzen wollen; man muss ihm seinen ihm eigenen Platz gönnen, zu ihm hingehen und sich dort von seiner Schönheit beschenken lassen.

Eine Zeitlang wuchs im Schatten der Obstbäume, am Rande der Baumscheiben, ein seltsames Kraut, an dem alles in feine Federn aufgeteilt erschien, sowohl die hellen mandelgrünen Blätter als auch die zarten Blütenrispen. Diese Pflanzen nannte unser Vater Lerchenhecke, aber ich glaube, das war eine Verwechslung; später erfuhr ich den Namen: Erdrauch. Vielleicht hat »Rauch« mit »rau« zu tun, aber man möchte gern der Pflanze den geheimnisvollen Namen lassen, denn sie liegt tatsächlich wie ein Gespinst, wie ein Rauch, über der Erde.

Nach einigen Jahren war sie wieder aus unserem Garten verschwunden.

Auf den Baumscheiben, und nur dort, wuchs jedes Jahr das wilde Löwenmaul, manchmal in großen Büscheln, manchmal in bescheidenen Pflänzchen. Immer habe ich es geliebt, und ich liebe es noch heute. Der schlanke, zähe Stängel, unten fast holzig, teilt sich hier und da leuchterartig; lange schmale Blättchen umkreisen die Stängel spiralig bis an die Blütenstände, die sich steif darauf erheben wie die Kerzen der Kastanie. Jede der kleinen Blüten zeigt alle warmen Farben des Regenbogens, vom lichtesten Hellgelb über sattes Dottergelb bis zum Ziegelrot, und dies sitzt wie ein warmes Herzchen in der Mitte. Ein kurzer Stiel und ein winziges Fünfzack von Kelch hält jede Blüte wie einen winzigen Wandleuchter. Ein zarter leichter Duft entströmt dem kleinen Kerzenträger, man muss ihn erst heraussaugen mit der Nase, er drängt sich nicht auf wie der Duft des weißen Klees, dem er ähnlich ist.

Wenn das Gras höher wurde, wenn sich der rote Hauch des wilden Sauerampfers mit den staubigen Blüten der Gräser zu fleckiger duftiger Wirrnis vermischte, in der die klaren Sterne der Margeriten schwebten, dann durften wir Kinder und überhaupt niemand mehr in das Gras hineingehen. Dann verschwand alles kleine Geblüm in der hohen nahrhaften Wiese. Nur an bestimmten Stellen waren flache Plätze geblieben, vielleicht mit sandigem Untergrund, auf denen vor allem die Katzenpfötchen ihre Polster aneinanderdrängten. Zwischen ihnen wuchsen nur spärliche Halme eines feinen rotstängeligen Grases (Rasenschmiele), das wir Zittergras nannten und das wir gern zwischen unsere Sträuße von wildem Löwenmaul und Skabiosen steckten, zu denen manchmal dann noch das rote Köpfchen einer Kleeblüte hinzukam.

Und eines Tages war es so weit, dass der Vater die sorgfältig gehütete Sense aus seiner Werkstatt holte und uns immer wieder einschärfte, nicht in seine Nähe zu kommen, damit er uns nicht verletze. Die Geschichte vom kleinen Konrad, der den Mähern zu nahe gekommen war und dem beinahe – tröstlicherweise nur beinahe – der Fuß abgemäht worden war, tauchte jedes Jahr von neuem auf.

Wir standen also vorm Obstgarten bei den Bienenkästen und schauten von weitem dem Vater zu, wie er mit leichter Senkung des Oberkörpers ausholte und die Sense herumschwingen ließ und wie leise sirrend ein sichelförmiger Streifen des Grases umsank und den bleicheren Grund der Halme entblößte.

Längst waren die zarten Düfte der Blüten vergangen; nun durchzog der krautig erdige Duft des frischgemähten Grases den Garten. Je günstiger das Wetter war, umso schneller verwandelte sich dieser nahrhafte Geruch in den luftigeren, sonnengetränkten Duft des Heus. Die oftmals mit der Gabel umgewendeten Streifen des Gemähten wurden schmaler und schmaler, grauer und grauer, und endlich konnten sie zusammengeharkt werden zu runden Haufen mit runder Kuppe oben.

Zwar die blumendurchsetzte Wiese war vorübergehend dahin, aber diese Heuhaufen boten ganz andere Freuden; da konnte man hinaufklettern und von oben herunterrutschen, da konnte man sich balgen und sich mit Heubüscheln bewerfen, sich zudecken und wieder ausgraben, da konnte man sich, wie winters im Schnee, seitlich Höhlen machen und sich, wenigstens mit den Köpfen, hineinbetten. Da konnte man auch mit einem Buch stundenlang ungestört liegen, auf elastischem Lager, oder später, in schwärmerischen Zeiten, ein wenig träge seinen Gedanken nachhängen und mit den Augen die Abendsonne verfolgen, die langsam hinter der dunstigen Ferne des Westens verschwand.

Die wohlige Ausspannung, die das Heu gewährte, musste doch recht fühlbar bezahlt werden, wenn es ans Hineintragen ging. Da wurden alte Bettlaken neben den Heuhaufen ausgebreitet und mit Heu gefüllt, die Enden zusammengebunden, vollgestopft, so stramm es ging, ohne das mürbe Leinen zu zerreißen; dann steckte man den Arm durch die Verknotung, schwang das Bündel hoch und schleppte es auf dem Nacken dem Hause zu. Schwer war es nicht gerade, aber meistens geschah das Hineinbringen des Heus bei heraufkommendem Gewitter, und die Schwüle drückte. Der Weg bis ins Haus schien endlos lang, die Treppe zum Boden wurde nur stöhnend erklommen, und dann kam einem auf dem Boden selbst die glühende, brütende Hitze entgegen, die sich unter dem Dach gesammelt hatte.

Auf dem Boden war ein Verschlag von Leisten, hinter den das

Heu bis an die Decke gestapelt und festgestopft wurde. Ganz trocken musste es sein, ganz trocken, sonst könne es sich selbst entzünden, so erzählte das Mädchen vom Lande und auch die andern Erwachsenen. Und, schaudernd vor der Aussicht, dass unser Haus uns über dem Kopfe aufbrennen könnte, sorgten wir ängstlich, dass auch nicht ein feuchtes Hälmchen oder Kräutlein mit nach oben kam.

Für wen war nun das viele Heu, das der Obstgarten lieferte?

Für die Ziege war es, die ihren Stall unter der Veranda hatte. Sie war, abgesehen von einer kurzen Zeit der Hühnerzucht, das einzige Haustier in unserem Garten.

Die erste Ziege war angeschafft worden, als die Cholera in Hamburg wütete; das war Dete, die Gute; sie hatte viele Nachfolgerinnen, und unsere ganze Kinderzeit hindurch bekamen wir fast nur Ziegenmilch zu trinken. Kuhmilch war uns eine besondere Delikatesse von geradezu himmlischer Süße. Sie kostete damals glaube ich nur acht Pfennige, aber die Ziegenmilch war eben Gartenerzeugnis und kostete nichts – nichts als eine Menge Mühe von Morgen bis Abend, vom Frühling bis zum Winter. Denn Ziegen sind nicht wie Schafe mit ihrem dicken Pelz, die bei jedem Wetter draußen bleiben können, Ziegen sind empfindlich; bei dem ersten Regentropfen fangen sie an zu blähen und wollen hereingeholt werden, müssen es auch, denn sonst erkälten sie sich. Ziegen sind auch launisch, sie tun, was sie wollen, sie können ihre Milch zurückhalten, wenn ihnen die Berührung der Melkerin nicht passt; sie fressen nicht alles, was man ihnen vorsetzt, beileibe nicht, sie haben ihren eigenen, sehr eigenwilligen Geschmack, und davon lassen sie nicht.

Genau abgestuft waren die Lieblingsspeisen der Ziegen. Gras, das war so das tägliche Brot, aber Wegerich, Löwenzahn, Klee, das waren die bevorzugten Speisen; mehr noch Blätter und junge Zweige; zunächst vom Holunder, der ja, wie überall, auch in unserem Garten wild heraussprosste; Hainbuche war auch beliebt, aber das Schönste waren die jungen Akazientriebe mit noch zarten Stacheln, die an und neben den dicken Stämmen herausschossen; sie mussten wohl süß schmecken. So weit konnte man immerhin den Ziegengeschmack begreifen; aber unverständlich war die größte Leidenschaft der Ziegen, und zwar aller: die Zeitung. Nicht etwa zum geistigen Genuss, sondern regelrecht zum Erschnappen, Zerkauen und Verschlucken. Je frischer die Druckerschwärze war, desto besser. Manches Mal mussten wir die Abendzeitung, die auf den Stufen lag, dem Maul der Ziege wieder entreißen, wenn sie abends zum Stall geführt wurde und einer plötzlichen Eingebung folgend, wie Ziegen es gern tun, einen weiten Bogen in die Nähe der Haustür erzwang.

Die Ziege hatte ein ledernes Halsband und war mit einer ziemlich langen Kette an einem eisernen Pfahl befestigt, der von Zeit zu Zeit umgesetzt werden musste. Dann zerrte sie an der Kette, mit Mühe konnte man sie halten, obgleich sie doch genau wusste, dass sie das frische Stück Weide, das sie so ungestüm erstrebte, sowieso von uns bekommen sollte. War der Eisenpfahl wieder tief in die Erde gesteckt, den Ring der Kette festhaltend, so raste die Ziege erst gierig nach den besten Kräutern, am liebsten schnappte sie auch nach den Schösslingen der Obstbaumstämme, und wahre Dressurkünste verstand sie aufzuführen, um hohe Obstzweige, auf den Hinterfüßen balancierend, zu erreichen. Wehe, wenn sie aber einen Stamm zu fassen bekam, da wurde mit den kräftigen Zähnen des Unterkiefers die Rinde abgenagt, und der Baum musste schweren Schaden leiden.

In ihren Launen und Liebhabereien sind sich alle Ziegen gleich; verschieden sind sie im Gemüt. Da war die große gute Dete, die Stammmutter unserer ersten Ziegenserie, hörnerlos und ohne Bosheit, die unsere Kinderliebkosungen mit sanftem Schnauben erwiderte. Da war die magere Schwarze mit langzottigen Haaren an ihrem scharfen Rückgrat, nicht verwandt mit Dete, sondern in der Nachbarschaft gekauft; näherten wir uns ihr mit einem Leckerbissen, so riss sie ihn uns aus den Händen. Kamen wir aber mit nichts als mit unserem zärtlichen Kinderherzen, so stieß sie mit ihren Hörnern gemütlos nach uns hin. Es war ganz gut für uns, die wir ein bisschen lebensfremd aufwuchsen, dass wir unsere erste Menschenkenntnis aus den verschiedenen Charakteren unserer Ziegen erwarben.

Lange vor dem Weltkrieg hatte es schon aufgehört mit unserer Ziegenhaltung. Das war schade, denn gerade damals hätte uns ein Glas Ziegenmilch ab und zu recht gutgetan. Wir haben trotz des Gartens sehr gehungert im Weltkrieg; unser Vater war alt und krank durch die Entbehrungen, die Mutter auch geschwächt und wir Kinder alle im Beruf. Sonst hätte man vielleicht den Garten besser ausgenutzt, Ölfrüchte oder Getreide angebaut; Obst und Gemüse schien uns eher hungrig als satt zu machen. Und unsere Gartenerzeugnisse als Tauschmittel für rationierte Lebensmittel zu benutzen, das kam uns nicht in den Sinn. Unser Vater wäre eher an Entkräftung gestorben, was auch tatsächlich kurz vor Beendigung des Krieges geschah, als dass er in solch eine unpreußische Handlung eingewilligt hätte.

Nach dem Weltkrieg war Obst immer noch knapp und begehrt. Zuerst war es das abgefallene Obst, das von unbekannten Händen in der Dämmerung aufgesammelt wurde. Nun, mochten sie es holen, die Hungrigen. Wir gaben ja immer gern. Bald aber waren auch Bäume geleert von unreifem Obst, und da wir wohl annehmen mussten, dass dies nicht zur Reifung hingelegt, sondern unreif und unschmackhaft vertan wurde, so ging das ganz entschieden gegen unsere Gartenehre; wir fingen an, nach den nächtlichen Dieben zu fahnden.

Allmählich nahm die Obstdieberei solchen Umfang, dass man annehmen musste, es handele sich nicht mehr um eigenen Verzehr, um Mundraub, sondern um Diebstahl von größeren Mengen zum Verkauf. Wir beschlossen jetzt, nachts zu wachen, und zwar in einem Bretterverschlag der nachbarlichen Anstalten, der an unserem Obstgarten lag. Wir versahen uns mit Brot und Kaffee und mit einem kleinen Revolver, den ich mir kurz vorher angeschafft hatte, als ich mit einer der Schwestern wochenlang von Dorf zu Dorf gewandert war, um auf den Bauernhöfen Arbeitslose aus der Stadt unterzubringen; auf einsamen Strecken war es damals zu unsicher. Wir hatten ihn immer so geladen: zwei Platzpatronen, zwei Scharfschüsse. Glücklicherweise haben wir ihn unterwegs nie brauchen müssen. Er hatte mehr dazu gedient, uns ein Gefühl der Sicherheit zu geben.

Unsere Nachtwachen nützten nichts, gerade in jenen Nächten kamen keine Obstdiebe. Allerdings konnten wir ja nur einen Teil des Gartens übersehen und überwachen. Kaum hatten wir aber die Nächte durchschlafen, so ging die Räuberei von neuem an. Ja, man kann wohl sagen Räuberei, denn jetzt wurden einfach große Äste niedergebrochen und die Früchte abgerissen, sogar von unserem edlen Boskop lag eines Tages ein Ast am Boden, der völlig unreifen Früchte – es war Ende August – beraubt.

Das war zu viel.

Jetzt ging es um mehr als Gartenehre, jetzt wurde in das Leben unserer lebendigen Obstbäume eingegriffen; wir mussten sie verteidigen gegen kaltherzige Habsucht und Zerstörung. Wir flammten auf in Zorn gegen die unbekannten Übeltäter. Aber wir konnten und konnten sie nicht fassen.

Wir wandten uns nunmehr, wie jeder gute Deutsche es tut, an die Polizei. Wir versprachen einen halben Zentner Obst für die Feststellung des Diebes. Als es dunkel wurde, kam der Polizist, und flüsternd, falls der Dieb schon irgendwo lauern sollte, zeigten wir ihm die in Frage kommenden Plätze und Durchgänge; und nun trampfte allabendlich mit gewaltigen Schritten der Hüter des Gesetzes durch den Garten und um ihn herum.

Aber die Obstdiebstähle hielten an.

Inzwischen kam die Geschichte mit Heidrun.

Heidrun war unsere erste Ziege wieder, nach langer ziegenloser Zeit.

Wir hatten sie kennengelernt, auf der Kleewiese stehend, bei den Bauern, die uns im Sommer Unterkunft und Nahrung gegeben hatten. Wir hatten sie gekauft, und sie wurde mit der Bahn geschickt, in einem Verschlag. Eines Abends spät kam eine Nachricht vom Bahnhof, dass wir die Ziege dort sofort holen möchten, denn sie mähte so furchtbar, dass die Bahnbeamten es nicht aushalten könnten.

Keine Hilfskraft war mehr zu haben. So holten wir eine »schottische Karre« und zogen im strömenden Regen die eineinhalb Stunden Weg zum Bahnhof.

Ja, Heidrun war da. Mit Mühe schleiften wir den Verschlag mit dem schweren Tier an die Straße. Die Ziege mähte so eindringlich, weil sie gemolken werden wollte. Kurz entschlossen brachen wir eine Latte aus dem Verschlag heraus, und Anita die Tüchtige kroch zu Heidrun hinein und molk sie in ein Glas hinein, das wir zufällig bei uns hatten. Heidrun war sehr zufrieden, ihre Milch loszuwerden, und wir tranken uns alle nacheinander satt, und immer war die Milch noch nicht erschöpft. Inzwischen war Polizeistunde für die Gast- und Vergnügungsstätten, und die

Menschen strömten an uns vorbei, neugierig dies seltsame Geschehen am Hamburger Hauptbahnhof betrachtend.

Mit großer Mühe wurde der Verschlag mit der Ziege auf die Karre gehoben, und gegen Mitternacht traten wir, immer noch in strömendem Regen, den Rückweg an. Heidrun hatte eine Öffnung für ihr schlankes, hörnerloses Köpfchen gefunden und blickte mit gerecktem Hals oben aus dem Verschlag heraus, verfolgte mit ruhiger Aufmerksamkeit alles, was auf der Straße vor sich ging.

So kamen wir nachts um zwei Uhr mit ihr zu Hause an, führten sie in den Ziegenstall unter der Veranda, wo sie sich über ihre gutgefüllte Futterkrippe hermachte, so dass es uns war, als hätte sie schon immer dort gestanden.

Als wir völlig erschöpft die Treppe nach unserem Schlafzimmer oben hinaufstiegen, stutzten wir, als wir am offenen Nordfenster des Treppenabsatzes vorbeikamen.

War das da draußen nicht ein Geräusch wie Bäumeschütteln?

Wir horchten in die Dunkelheit, wahrhaftig, der mächtige Boskop am Anfang des Mittelgartens wurde geschüttelt, sechs Wochen vor seiner Pflückzeit! Endlich waren wir den Obstbaumschändern auf der Spur! Ohne Besinnen griff ich zu meinem Revolver und Anita zu einem alten schwerfälligen aus des Vaters Besitz, und wir rannten in den Garten. Da waren wahrhaftig zwei Burschen mit Säcken dabei, den Boskop zu leeren. Ein Ast lag schon unten. Sie dachten auch gar nicht daran, vor den heranstürmenden jungen Mädchen zu weichen. Nun galt es, ihnen einen gehörigen Schreck einzujagen, um sie möglichst für dauernd aus unserem Garten fernzuhalten.

Es war das lodernde Zorngefühl über die Baumschänder, das mich trieb, ohne Besinnen vorwärts zu gehen und auf den einen Burschen, der den Sack hielt, einen Schrotschuss abzugeben.

Er wich noch immer nicht. Ich ging noch näher und schoss zum zweiten Male. Nun hatte ich keinen Schuss mehr, glücklicherweise auch keine scharfen Patronen. Meine Schwester hielt den großen alten Revolver von sich gestreckt, schoss aber nicht; wie sie nachher berichtete, hatte sie mit aller Gewalt gedrückt, aber das alte Ding war nicht losgegangen. Jedenfalls war unser Abschreckungsmittel erschöpft, und nunmehr griff der Bursche in seine Tasche, wie um selber nach einem Verteidigungsinstrument zu suchen. Dass wir wichen, war undenkbar; fühlte er sich als Sieger, so waren unsere Bäume ein für alle Mal verloren. »Anita, schieß doch!«, schrie ich meine Schwester an, wieder kam kein Schuss. Doch endlich zog der Obsträuber es vor, in die Dunkelheit der Nacht zu verschwinden. Der andere war schon vorher davongelaufen. Wir wollten die beiden verfolgen, bis sie unser Grundstück wirklich verlassen hatten. Wir holten einen alten Flaubert aus der Werkstube unseres Vaters und durchsuchten den dunklen Garten bis in alle Ecken.

Im linken Bienenschauer glaubten wir ein Hüsteln zu hören, konnten aber nichts entdecken, knallten noch einmal in die Luft und gaben die Verfolgung auf.

Niemals hat wieder ein Obstdieb unseren Garten betreten.

Der erste Apfelbaum im Obstgarten und zugleich der erste Apfel im Jahr war der Augustapfel, der Rote Astrachan. (Es gibt auch einen weißen Astrachan, der ebenso köstlich ist.)

Kein Obstbaum ragt so aus der Erinnerung hervor wie dieser weiß-rote Apfel, der noch vor den frühen Birnen reift. Seine Schale, grünlich überhaucht, ist mit dichten weißlichen Punkten überzogen, die Sonnenseite ist leuchtend rot. Das Fleisch knackt, und der Saft springt, erfrischend süß und säuerlich ist der Geschmack. Er ist ein richtiger Sommerapfel.

In jedem Jahr von neuem war es eine Überraschung, so früh schon den ersten Apfel, im Grase leuchtend, zu finden. Zuerst fielen die wurmstichigen Äpfel ab, die aber an Geschmack genau so köstlich waren wie die späteren geschüttelten. Ja, dies war ein Schüttelapfel, denn er musste am besten noch unterm Baum verzehrt werden. Sowie er lagerte, wurde er mehlig und unfroh.

Alle guten Eigenschaften des Roten Astrachan hat in überhöhter Art der Gravensteiner, der so edel ist, dass er sich in unserer Welt der Marktgeltung für leibliche und geistige Nahrung nicht mehr halten will, seine Familie ist im Aussterben.

Wir hatten einen weißen und einen roten Gravensteiner, zwei große Bäume, der weiße ein Stück hinter dem linken Bienenschauer, bald arg bedrängt von den immer höher werdenden Akazien; der rote ebenso weit hinter dem rechten Bienenschauer mitten in dem Stück der Himbeer- und Quittenbüsche.

War das eine Lust, wenn der Gravensteiner geerntet wurde! Nicht geschüttelt, denn er hielt sich eine geraume Zeit. Allerdings, wer ihn in seiner größten Frische genießen wollte, der musste in die Äpfel beißen, die beim Pflücken herunterfielen und die sich, kross wie sie waren, unterwegs an den Ästen zerschlugen wie sprödes Porzellan. Von ihnen lief der Saft förmlich ins Gras. Schnell musste man die Zähne in die Bruchfläche schlagen und den Saft hochziehen, den duftenden, mit Frische und Frohsinn geladenen Saft.

Das Fleisch war wie beim Astrachan etwas grobporig, als wären die Zellen alle etwas groß, schwammartig und gespannt von der Fülle des schaumigen Saftes. Man konnte das Fruchtfleisch im Munde fast zusammendrücken und den Saft heraussaugen.

Der weiße Gravensteiner ist, auch wenn schon voll ausgewachsen, von zartem Hellgrün, das sich mit fortschreitender Reife in ein vornehmes wächsernes Gelb wandelt. Der rote Gravensteiner sieht mehr lustig als vornehm aus. Seine roten Backen leuchten auf gelbem Grund. Seine Schale enthält wohl die intensivsten Duftstoffe von der ganzen Apfelwelt. Ein Gravensteiner im Schlafzimmer kann mich nachts zum Aufwachen bringen, ja schon die Schale auf dem Teller. Wer einen Gravensteiner in seiner Mappe beim Frühstück liegen hat, kann damit alle dumpfen Aktengerüche eines Büros vertreiben.

Bewahrt man die getrockneten Schalen für Apfeltee in einem Blechgefäß auf, so kann noch nach Jahren beim Öffnen des Deckels eine Fülle von Duft herausstürzen, die beinahe betäubend ist.

Man hat vor einiger Zeit Versuche angestellt mit den Ausatmungen der Äpfel; denn der Apfel atmet wie ein Mensch Sauerstoff ein und Kohlensäure aus. Außer der Kohlensäure aber entwickelt der Apfel noch Duftstoffe, die von der Wissenschaft als »Apfelgas« bezeichnet worden sind. Mit diesem Apfelgas nun hat man allerlei Versuche gemacht, z. B. hat man es keimenden Pflanzen zugeführt und festgestellt, dass es in geringer Menge das Keimen fördert, in stärkerer Menge aber die Keimlinge schädigt.

Beim Gravensteiner muss die Apfelgasentwicklung ganz besonders stark sein. Man hat ja auch bei kaum einem anderen Apfel so sehr das Gefühl eines lebenden Wesens wie beim Gravensteiner. Er vereinigt die Intensität des Wildapfelduftes mit höchster Überkultur im Saftreichtum und Duft.

Diesen weiten Umfang seiner Eigenschaften hat er auch in Bezug auf die Reifezeit: Schon die halbgroßen Äpfel, die wurmstichig oder durch einen Sturm vom Baum kommen, sind zu gebrauchen für Apfelgelee oder für Apfelmus, das man ohne Zucker einmachen kann, entweder einwecken oder heiß in saubere Gläser füllen und mit salizylbestreutem Papier bedecken. Im Winter hat man dann eine wohlschmeckende Beigabe zu Bratkartoffeln, Grützen, Kartoffelpfannkuchen, Klößen oder Brot. Diese jungen Äpfel enthalten so viel Apfelpektin, dass das Mus fast steif wird. Die Rückstände kann man noch einmal auskochen und Apfelgrütze davon zubereiten.

Dann, wenn der Gravensteiner gepflückt wird, ist er sogleich zu essen. Sonst ist es immer so traurig, dass die Pflücker und Sammler das beim Pflücken zerschlagene Obst nicht gleich verspeisen können, weil es hart, unreif und geschmacklos ist; anders beim Gravensteiner, der gerade dann den größten Genuss gibt.

Die gepflückten Äpfel, sorgfältig vor Druckstellen bewahrt, halten ihre Frische längere Zeit hindurch, die Wachsschicht der Oberfläche hindert Fäulnis. Zwischen Pflaumen und frühen Birnen geben sie Obstschalen und Obstkörben zu Festen und Geburtstagen Leben und Farbe.

Nun hat der sparsame Obsthüter immer noch eine Schicht Gravensteiner zwischen Papier oder Wäschestücken aufbewahrt; langsam wird ihre Schale ein wenig welk, aber sie schmecken immer noch erfrischend.

Gegen Weihnachten riecht es dann irgendwo heraus überraschend nach Gravensteinern, und siehe da, es findet sich noch in einem Versteck ein vergessener, der trotz seiner Runzeln frühere Schönheit ahnen lässt und im Duft unverändert, unverkennbar ist. Freilich knackt er nicht mehr und schäumt nicht mehr, aber die langweilige Mehligkeit des Alters ist ihm ferngeblieben.

Ein anderer Apfel mit ebenfalls fürstlichen Eigenschaften ist der Prinzapfel. Ich will beschreiben, wo er stand: Der rechte Hauptweg des Mittelgartens, der an der Hainbuchenlaube und am rechten Bienenschauer vorbeiführte, setzte sich fort als schmaler Grasweg im Obstgarten, der dort Bogen machte, wo die Bäume in seiner Nähe sich ausbreiteten; je größer die niederhängenden Kronen wurden, desto größer wurde der Bogen. Gleich links von diesem Grasweg stand der Prinzapfelbaum, also fast in der Mitte zwischen den beiden Gravensteinern. Seine Früchte, die schon früh anfingen zu fallen, sind vor der Vollreife durchaus nicht prinzlich im Geschmack, sondern schmecken eher wie die namenlosen Äpfel, die an den Chausseen wachsen, in den Staub fallen und von Dorfjungen und Landstreichern aufgelesen und heruntergekaut werden. Der Prinzapfel hat Pflückreife und Essreife, wie die meisten Birnen; erst wenn er volle Reife hat, entwickelt sich sein prinzliches Geblüt, sein herrlicher Duft, der nur ihm eigen ist, und sein lockeres, aber nicht grobes Fleisch. Adelig ist seine Gestalt, langgestreckt und schmal; mit roten Längsstreifen ist er geschmückt. Eigenartig ist das weiträumige Kernhaus. So temperamentvoll wie der Gravensteiner ist er nicht, er gewährt eher stillen, beschaulichen Genuss, und über seine eigene Reifezeit hinaus aufbewahrt, wird er mürbe und der Liebling alter Leute. Ganz spät bekommt er manchmal nicht nur die Konsistenz, sondern auch das Aroma reifer Bananen. Auch mundet er noch zur Winterszeit, in der Pfanne mit etwas Butter und Zucker geschmort, besonders gut. Die Weihnachtsgans nahm gern geschnittene Prinzäpfel mit Rosinen in ihren geräumigen Bauch, wo sie mit dem süßlichen Fett durchzogen und dem benachbarten Fleisch von ihrer zarten Süßsäure abgaben und selber den Duft des edlen Bratvogels mit dem eigenen zu einer Harmonie vereinigten, die bei uns in Schleswig-Holstein vor allem geschätzt wurde.

Hinter dem Prinzapfel und hinter seinen Nachbarn, den beiden Bäumen Esperens Herrenbirne, stand ein Birnbaum von riesiger Höhe, dessen Stamm sich unten gabelte: Minister Dr. Lucius; ein verdienstvoller Mann, wenn er der Züchter war, ein beneidenswerter Mann, auch wenn die Züchtung nur ihm zu Ehren den Namen erhielt; denn was immer man von einer Birne erwarten kann, das erfüllt diese: Sie ist von mächtiger Größe, wulstig am Stängel, dick und stattlich, wie ein wohlgenährter Herr im Überzieher. Sie ist saftig, feinfleischig, süß, zugleich zart-säuerlich, von leichtem unaufdringlichen Aroma. Sie transportiert sich gut und ist einfach zu lagern. Ihre Reifung ist von jedem Laien daran zu erkennen, dass die bisher grünbraune Birne fast über Nacht goldgelb wird. Auf dem Tisch, in der Küche, in der Speisekammer, überall »steht sie ihren Mann«. Jedes Jahr trägt sie ihr reichliches Quantum, jedenfalls tat sie das bei uns. Drei oder vier Minister Dr. Lucius sind bereits ein Geschenk, das man darreichen kann; das gleiche Gewicht von Herrenbirnen oder Erzbischof, so wohlschmeckend sie auch sind, ist eben immer nur eine Tüte voll, nur ein Mitbringsel.

Weiter hinten im Obstgarten ist kaum noch der kleine Weg zu sehen, so wächst das Gras von beiden Seiten hinein. Da steht in der Mitte, wie eine Kuppel, die auf der Erde ruht, der riesige Beurrée-grise-Baum, Zuflucht für schattensuchende Menschen, Herberge der Vögel, Spenderin von Nahrung und Süßigkeit für Groß und Klein. Unscheinbar sind die Birnen, die der breite mütterliche Baum schon Anfang September herunterzuwerfen beginnt. Sie sind braun wie die Erde, rundlich wie Kartoffeln; rau und dickfellig ist ihre Schale, immer körnig das Fleisch um das Gehäuse weit herum, aber honigsüß; zärtlich ist ihr Geschmack, ein ganz schlichtes warmes Mutterherz glaubt man zu spüren. Dieser Baum bringt es nicht fertig, bei der Ernte die sammelnden und pflückenden Kinder durch Unreife zu enttäuschen. Immer zwischen den unreif gepflückten Birnen wirft er ihnen reife zu, die dem Pflücker bei der leisesten Berührung entgleiten, weil sie schon so lose sitzen und nur auf den Anstoß zum Fallen gewartet haben.

»Was fällt, darf gegessen werden«, heißt es beim Beurrée-grise-Pflücken. Eigentlich muss diese Birne bei voller Sonne gepflückt werden; denn sonnendurchwärmt aus dem Grase aufgehoben schmeckt sie am besten, während Birnen, wie Klapps Liebling, Williams Christ und andere Trinkbirnen, nicht kühl genug genossen werden können. Es gibt viele Menschen, die eine Beurrée grise fast jeder anderen Birne vorziehen, vielleicht, weil sie ihnen eine Kindheitserinnerung ist; denn die Beurrée grise war schon immer in jedem Obst- und Gemüseladen vertreten. Sie ist sozusagen die populärste Birne; ihr französischer Name, der »gebutterte Graue« heißt, wird mit der schöpferischen Kraft der niederdeutschen Sprache umgewandelt in »Beer de gris« oder »de Grieß« also die »grise (graue) Birne« oder die »Birne mit Grieß« wegen ihres stets körnigen Fleisches. So wie mit ihrem Namen, so lässt sie ja auch mit sich selbst alles machen, die Gute. Sie lässt sich transportieren bis in die Reifezeit hinein, sie lässt sich schaufeln wie Kartoffeln, lässt sich bergeweise in Schuten verfrachten, die dann vom Alten Land durch Elbe und Kanäle geschleust werden und beim Deichtormarkt – dem großen Hamburger Obst- und Gemüsemarkt, der die Einzelhändler versorgt – liegen und ausgeladen werden.

Mitte September häuft sich dann die Birnenernte bis in den Oktober hinein. Kaum war die Herrenbirne, nach den Frühbirnen, abgeerntet, so folgten alle schnell aufeinander: Kräuterbirne, Williams Christ, Beurrée grise, Kongress, Lucius und Amanlis Butterbirne; dieser große Baum stand rechts im Obstgarten hinter dem roten Gravensteiner; zwar sind seine Birnen wertvoller als die Beurrée grise, ohne Körnigkeit und butterzart, sehr groß und gut geformt, brauchbar zum Einmachen; und doch fehlt der Birne die letzte Wärme, ihr fehlt die Seele; vielleicht aber tue ich ihr Unrecht, vielleicht braucht sie nur mehr Sonne – wie wir alle.

In dieser Zeit der Septemberbirnen ging es rege zu im Garten und im Haus. Als wir Kinder noch klein und die Obstbäume auch noch klein waren, besorgte der Vater allein mit behutsamer Hand das Ernten und ließ seine Familie und seine Gäste das Obst kosten, das zum ersten Male trug, erwartungsvoll lächelnd.

Dann aber wuchsen die Kinder und die Bäume heran, und viele Hände waren nötig, um den Segen zu bergen. Kinderhände, früh angewiesen zur richtigen und schonenden Behandlung der Früchte, pflückten die unteren Zweige leer. Trittleitern aus dem Hause wurden von den Tanten der Familie bestiegen; sie wurden gerückt und gerüttelt, denn meistens sank eines der vier Beine in ein Maulwurfsloch, und die Leiter kippte. War kein fester Halt zu finden, so liefen die Kinder nach einem Brettchen, das untergeschoben wurde. So, nun stand sie fest.

Einen Korb nahm die Pflückerin mit hinauf und stellte ihn auf die oberste Stufe. Der Korb, gefüllt, wurde heruntergegeben in die ausgereckten Hände, die sorgfältig Birne für Birne auspackten in den großen Korb, der auf der Schiebkarre stand. Auf steilen Leitern oder im Baum selbst standen Helfer und pflückten in die Körbe, die an einem Seil im Baum hingen. Die technisch Begabten machten es so, dass sie ein langes Seil über einen Ast hängten; an jedem Ende war ein Korb befestigt. Der eine Korb stand in erreichbarer Nähe des Pflückers auf einer Astgabelung, er wurde gefüllt und dann hinuntergelassen zum Entleeren, indessen der andere leere hochkam und nun seinerseits wieder gefüllt wurde. Dies war wirklich die vorteilhafteste Art.

Später wurde von einem Tischler eine fünf Meter hohe Trittleiter angefertigt, die, steil aufgerichtet und von außen tief in die Bäume hineingeschoben, von jedermann ohne Gefahr bestiegen werden konnte und recht schön an die dicksten Nester von Birnen heranreichte. Als die Bäume immer noch höher wurden, benutzten wir oft die zwei einfachen Leitern, die an den Baum von außen herangestellt wurden und an seinen Ästen und Zweigen Gegendruck und Halt fanden. Daher schwankten sie beim Besteigen und wurden von Ängstlichen gemieden, besonders die höhere der beiden Leitern, die mehr als haushoch war; aber drei bis vier kräftige Männer waren nötig, um sie aufzurichten; da müssen zwei das untere Ende mit aller Kraft zu Boden drücken, während der dritte mit beiden hochgereckten Armen von unten her Sprosse für Sprosse weitergreift, bis sie steil steht; dann ist es leicht, dann trägt sie selbst ihr Gewicht. Endlich greifen alle Hände seitlich, alle Füße schieben sich vorsichtig vorwärts oder rückwärts, um die aufrecht stehende Leiter an ihren richtigen Platz zu bringen, möglichst tief in den Baum hinein.

Ist die eine Seite des Baumes leergepflückt, so wird die Leiter in steilem Zustand vorsichtig um den Baum herumgetragen und an anderer Stelle wieder hineingeschoben.

Von der hohen Leiter aus steigen kühne Kletterer fast bis in die Spitze des Baumes und holen Stück für Stück die größten, schönsten und saftigsten Birnen herunter, die viele Stunden Sonne mehr gehabt haben als die unten sitzenden. Claudine und Anita tun es noch heute mit Behändigkeit, Alma hat sich immer auf dem festen Erdboden am sichersten gefühlt.

War der große Korb auf der Schiebkarre gefüllt, so fand sich immer jemand, der gern den Weg zum Haus machte, mit beiden Händen die Holme ergriff und vorsichtig steuernd die recht schwere Last den schmalen Graspfad entlangfuhr, über den breiteren Weg des Mittelgartens durch die Zwetschenallee bis vor die Haustür. Die Mutter im Haus hörte schon von Weitem das nie versagende Jiib-jiib des Schiebkarrenrades näherkommen – nicht allzu gern, denn die immer neuen Lasten waren kaum noch zu bewältigen. Im Keller, in der Küche, in der Speisekammer, im Schuppen – in Kisten, Körben und Tonnen oder auf dem Boden gebergt häufte sich die Fülle. Die Sorten mussten auseinandergehalten werden – möglichst noch nach Größe –, Pflück- und Fallbirnen getrennt. Eine Dezimalwaage stand in der Speisekammer und wurde am anderen Morgen ununterbrochen in Bewegung gesetzt, wenn Käufer und Abholer die Fülle langsam verminderten. Täglich mussten die lagernden Birnen nach reifenden durchgesucht werden, und die reifen wurden geschält von den geschickten Händen der niemals ruhenden Großmutter, sie wurden eingekocht oder getrocknet, Geschenkkörbe wurden zusammengestellt und fortgebracht; ein Waschkorb voll früher Birnen kam jährlich zu den Kindern des »Kastanienhofs« auf der Anscharhöhe; Dutzende von alten Mütterchen kamen aus den Anstalten der Umgegend und kauften drei oder fünf Pfund Birnen, deren Preis von der Mutter mit einigen Pfennigen berechnet wurde. Dadurch wurden die Käufer mutiger und kamen wieder und wieder. Später setzte die Mutter fest, dass nicht unter zehn Pfund abgenommen werden durften. Wenige Pfunde wurden dann eben einfach verschenkt.

Immer standen die Obstschalen – noch schlichte Kristallschalen auf hohem Fuß – im Zimmer und in der Veranda, gefüllt mit ausgesuchten reifen Früchten, Birnen, Pflaumen und grüngelben Weintrauben. Jeder Besuch wurde mit Obst empfangen; und trotzdem war das, was im Hause roh verzehrt wurde, nur ein winziger Teil der Gesamternte.

Bei all dem Reichtum an Obst wurde bei uns doch streng darauf gehalten, dass nicht das Geringste verschwendet wurde. Keine Beere durfte unter den Strauch fallen, keine Birne am Baum vertrocknen, und wer unserer Großmutter beim Schälen zusah, dem konnte schwindlig werden, so schnell zuckelte das kleine scharfe Messer, das wir nie anrühren oder gar benutzen durften, um die Birne oder Kartoffel herum, förmlich nur die Haut fortnehmend, die sich in langen Schlangen in der Abfallschüssel ringelte. Wenn wir Kinderbesuch hatten, blickten wir manchmal mit offenem Munde hinterher, wie diese Kinder, die selber kein Obst im Garten hatten, achtlos eine halbgegessene Birne ins Gebüsch warfen. Man sieht es ja immer wieder, selbst in Zeiten äußerster Obstknappheit, dass Kinder auf der Straße Äpfel, die nur rundum abgegessen sind, fortwerfen, als sei das Fruchtfleisch um das Gehäuse herum nicht essbar. Was Wunder, wenn man zusieht, wie die Mütter dieser Kinder etwa das Gemüse putzen: Von der Sellerieknolle wird mit einem geraden Schnitt die obere Fläche, die das Blätterherz und das allerzarteste Selleriefleisch enthält, abgesäbelt und fliegt in den Abfall; vom Blumenkohl wird der zarte Strunk nicht etwa geschält, sondern abgeschnitten und fortgeworfen, und ebenso die jungen grünen Blätter dicht um den Kopf herum, die noch lieblicher schmecken als der weiße Kopf selbst. Das Erstaunlichste sah ich neulich: Während vor den Gemüseläden lange Schlangen von Hausfrauen standen, um etwas von dem raren Gemüse zu erhalten, fiel mein Auge auf einen offenen Ascheimer an der Straße. Abgestreifte Grünkohlpflanzen quollen in Mengen heraus, die Rippen der großen Blätter waren kahl, aber die ganze Mitte, alle die kleinen hellgrünen, in sich noch zusammengekrumpelten zarten Blätter waren in jeder Pflanze zurückgelassen und als Abfall fortgeworfen. Ich glaube, solche Hausfrauen sind eben Kinder des technischen Zeitalters und fassen auch eine Pflanze als etwas Hergestelltes auf, nicht als ein Lebewesen, das von innen nach außen wächst; nach außen stetig sich verfestigend, verhärtend, und von innen her immer neu und zart und saftig treibend. Solche Hausfrauen haben kein Empfinden für den Rhythmus im Leben der Natur, für das Dynamische, das noch in einer abgeschnittenen Pflanze wirkt. Ihnen ist nur dadurch zu helfen, dass sie einmal mit Bewusstsein Pflanzen selber ziehen und mitempfinden, wie das so von innen heraus aus dem zarten Mittelpunkt sich entwickelt und ausbreitet und in die Runde legt und fester und zäher wird, wie das dann wieder vergeht und abstirbt und zu Boden sinkt und wieder zur Erde wird. Man meint, die Hausfrauen zur Zeit von Matthias Claudius hätten dies Bewusstsein noch in ihren Herzen getragen. Ich glaube nicht, dass Frau Rebekka von ihrem Suppengemüse die zartesten Blätter in den Abfall warf; nein, ich glaube, dass sie sogar die Kartoffeln für ihre vielen Kinder sparsam schälte und sinnig mit einem spitzen Messer die »Augen« herausrundete, anstatt sie mit einem flachen Abschnitt zu beseitigen. Aber vielleicht irre ich mich. Sie war ja eine geliebte Frau. Und allzu tüchtige Frauen pflegen nicht zugleich sehr geliebte zu sein.

In der Zeit der Obsternte war reges Leben in Garten und Haus, und an jedem Sonntag fand sich ein Kreis von Gästen zusammen, geladen und ungeladen und immer willkommen geheißen mit den Erzeugnissen des Gartens.

Wenn es im Herbst oder bei Regenwetter in den Lauben zu kühl war, wurde die Kaffeetafel im Haus gedeckt. Da gingen an der Südseite drei Räume ineinander: das Wohnzimmer – in unserer Kinderzeit noch die »gute Stube« –, das Esszimmer und die Veranda.

Der große runde Mahagonitisch, der den Winter über in die

Wohnstube kam, war der Mittelpunkt des Hauses und der Familie. Recht behäbig stand er da in massivem Mahagoni mit seinen drei ausladenden Löwenfüßen unten an dem gewaltigen Mittelbein, das akanthusartig geschnitzt war. Er stammte aus dem Hausstand der Großeltern de l'Aigle, die auf der »Uhlenhorst« an der Außenalster gelebt hatten. Zu dem runden Tisch gehörten das breit hingelagerte Sofa im Wohnzimmer und der aufklappbare Spieltisch, die beide reiche Schnitzereien in Mahagoni trugen und etwa aus der Jahrhundertmitte stammten, während der glatte Eckschrank älter war.

In unserer Kindheit allerdings waren diese Möbel verstreut in Keller und Boden, denn damals wurde das Wohnzimmer beherrscht von der »Plüschgarnitur« in Nussbaum, die Ende der achtziger Jahre die große Mode gewesen war und zur Aussteuer unserer Mutter gehörte. Es fehlte nicht die »Etagère« mit den Nippsachen, die uns als kleine Kinder umso mehr interessierten, als wir sorgsam von ihnen ferngehalten wurden wegen ihrer Zerbrechlichkeit; später, als junge Mädchen, griffen wir sie an als Staubfänger und überflüssigen geschmacklosen Zierrat; das Wort Kitsch wurde erst später geboren, ich meine etwa 1908, und zwar sagte man damals in Berliner Kunstkreisen zunächst Klitsch, was von Klischee kam.

Damals fehlte nichts von allem, was zur Plüschgarnitur gehörte; das Tischchen mit der Blattpflanze, die gerafften Portieren, die kunstvoll aufgesteckten Gardinen mit Mustern von Blumen und Palmenzweigen, die etwas ältere Alabasterschale auf dem Tisch voll Visitenkarten, die Plüschtischdecke und die darüber gelegte bestickte Zierserviette, all die übrigen Deckchen auf Tischchen und Borden, auf den Seitenlehnen des Sofas und oben auf seiner Rückenlehne; diese hießen »Antimakassa«, und der seltsame Name wurde uns so erklärt: Eine Haarpomade mit Namen

Makassa sei früher viel gebraucht worden, und um die Rückenlehne des Sofas davor zu schützen, habe man diese Deckchen – die natürlich immer reich gestickt waren – zur Schonung des Sofas angebracht. So war dann ja wieder ein »Geschenkartikel« für die »fleißigen Frauenhände« erfunden worden und reihte sich all den Deckchen und Täschchen an, wie der bestickte Behälter für das Staubtuch, der neben der Tür hing, das bestickte Brettchen mit kleinen immer wieder lockeren Schraubhaken, an denen Schaufel und Bürste zum Krumenabfegen hingen, wie die mit dem Schornsteinfeger bestickten Anfasser für die Ofentür, und jedes Jahr kamen neue Schöpfungen einer regen Industrie zum Vorschein.

In einer schwachen Stunde hatte schließlich einmal unsere Mutter dem Drängen ihrer großen Töchter nachgegeben. Die schönen alten Möbel der Generation vorher wurden heraufgeholt und erschienen uns sofort viel vertrauter als die steifen Plüschmöbel, die nun in ein Seitenzimmer kamen und dann bald, in der Inflationszeit, aufs Land verkauft wurden. Der scheinbar hohe Preis tröstete unsere Mutter ein bisschen über die Kränkung, dass ihre Aussteuermöbel abgeschafft wurden, denn nun schien deren Wert immerhin bestätigt.

So ist es wohl damals in vielen Wohnungen gegangen: Die Tradition der ererbten, organisch sich auseinander entwickelnden Formen brach etwa in den achtziger Jahren ab und wurde wieder aufgenommen nach der Jahrhundertwende; am liebsten aber wurde noch weiter zurückgegriffen auf das reine Biedermeier; nicht schlicht genug konnte es zuerst sein. Erst zwanzig Jahre später, als man das Barock in seiner ganzen Schönheit wieder begriff, fand man auch Gefallen an den barockartigen Schöpfungen der Nach-Biedermeierzeit, an die ja eigentlich hätte angeknüpft werden müssen.

Jetzt, zwischen den alten Möbeln, nahm sich auch die große dunkelrote Tuchdecke auf dem riesigen Mahagonitisch ganz anders aus. Die Großmutter hatte sie in den sechziger oder siebziger Jahren für diesen Tisch sticken lassen, so erzählte der Vater, und wir bewunderten gern die reiche Blumenkante, in unverblichener, dicker Seide gestickt. Da waren viele schlanke Fuchsien, blaue Winden und Blätter und Ranken in herrlichem Blaugrün und Gelbgrün, da waren Wunderblumen, wie es sie gar nicht in Wirklichkeit gab, in reichen Farben. Alles drückte so recht die selbstverständliche Fülle jener Zeit aus. Eine solche Decke liegt auf einem ähnlichen Mahagonitisch im Jenisch-Haus an der Elbe bei Hamburg, einem der schönen Herrensitze dort inmitten eines großen Parks von weit hingestreckten Rasen und uralten Bäumen.

Das Esszimmer, das mit dem Wohnzimmer durch Flügeltüren verbunden war, blieb im Wesentlichen unverändert.

Da war die gemütliche und unermüdliche Kuckucksuhr an der Wand zwischen den beiden Fenstern, da waren die steiflehnigen Rohrstühle, bei denen doch so leicht Türmchen und Eckchen abbrachen, da war gleich neben der Tür der »Stumme Diener«, ein Möbel jener Zeit, das aus einem tischartigen Tablett bestand und vier Beinen, die aber gekreuzt waren wie bei einer Krippe; gedacht war der »Stumme Diener« zum Absetzen der Speisen, die aus der Kellerküche heraufgetragen wurden, außerdem aber diente er zur Aufbewahrung von Tassen und kleinen Tellern, die dann leicht bei der Hand waren.

Uns Kindern war der »Stumme Diener« ein besonders beliebtes Möbel, denn wir konnten, als wir klein waren, darunterkriechen und saßen dann, wie in einer Hütte versteckt, hinter der gestärkten Decke, die nach unten tief herunterhing und mit einem gestickten Stillleben geziert war, in dem Ananas und andere köstliche und phantastische Früchte zu sehen waren.

Da war auch das wuchtige Buffet aus hellbraunem Eichenholz, auf dem sich ein reich verzierter und gekrönter Aufbau erhob, der in der Mitte einen Gläser- und Tassenschrank trug und an den Seiten mehrere kleine Eckborde, auf denen Bierkrüge mit Spruchbändern und auch schöne alte Gläser mit tiefem Schliff, rubinrot, milchweiß und gelb standen. Sie waren aus Überfangglas, bei dem zwei Farbschichten aufeinanderliegen; dann wird durch das tiefe Herausschleifen die untere sichtbar. Allmählich kamen allerdings auch die bösartigen Kristallgefäße mit ihrem unruhigen Blitzen dazu, geehrt von der alten, geschmäht von der jüngeren Generation. Daneben aber wurden die schlichten alten Gläser aus Bleiglas in Ehren gehalten, Weingläser mit dem sparsamen Schliff, und die dicken Wassergläser, die, völlig gerade von oben bis unten, durch die gleichmäßigen, handgeschliffenen Streifen ihre Form erhielten.

Vom Esszimmer aus ging eine schmale Tür in die Veranda, die groß wie ein Zimmer war. Drei Seiten waren aus Glas, nach Norden, Osten und Süden, die Reben des Frühen Leipziger schwankten vor den Südfenstern.

Hier in der Veranda stand nun den ganzen Sommer und Herbst über der große runde Tisch, der Platz für viele Gäste bot. Zur festlichen Kaffeetafel erschien eine Obsttorte nach der anderen, von der Mutter Hand bereitet.

Die Ehrengäste, die auf dem Sofa an der Wand saßen, hatten über sich einen riesigen gipsernen Apollon kitharoedon; zu seinen beiden Seiten standen auf Sockeln zwei viel kleinere, ebenfalls gipserne Siegesgöttinnen, die schneeweiß sich von der Wand in pompejianischem Rot abhoben.

Manche Diskussionen am runden Tisch zogen sich von einem Sonntag zum andern; so zwischen unserem Vater, dem »Freigeist«, und einem jungen Theologen, der noch, oder schon wieder, von einer tiefen, über die Zeitströmungen hinwegreichenden Religiosität erfüllt war; so eine politische Debatte mit einem »Agrarier«, einem guten Freund des Hauses; sein Vater war noch ein echter Bauer in Lokstedt gewesen, der nun in seinem strohgedeckten »Altenteil« lebte, der Sohn hatte daneben eine säulengeschmückte Villa errichtet, nachdem er durch Grundstücksverkäufe am sogenannten wirtschaftlichen Aufstieg teilgehabt hatte. Trotzdem trat er für die Konservativen ein, während unser Vater sich für die Liberalen einsetzte. Konservativ war unser Vater in Bezug auf alles, was die Familie anging, so war er ein Feind des Frauenstudiums, und unser Wunsch zu studieren wurde strikt abgelehnt, als sei es etwas geradezu Unsittliches. Ebenso war ihm alles verhasst, was irgendwie nach Boheme aussah.

Wahrhaft ritterlich aber war unser Vater gegen unsere Freundinnen. In unserer Jungmädchenzeit belebten sie Haus und Garten, und trotz der damals noch langen Röcke verstanden wir es recht gut, auf Wegen und Rasen zu toben. Mehrere unserer Freundinnen haben unseren Garten so in sich hineingeliebt, dass sie gar nicht anders konnten, als später, verheiratet oder unverheiratet, selber einen anzulegen, groß und weit wie der, der ihnen, den gartenlosen Städtern, in ihrer Jugend zweite Heimat geworden war.

So wurden nicht nur ernsthafte Gespräche am runden Tisch geführt, sondern es herrschte auch lebhaftes und fröhliches Geplauder, gemütvolles und zartes Teilnehmen am Erleben des andern. Allerdings – was die Herzen sprachen, wagte sich nur hervor im traulichen Beisammensein von Freundin zu Freundin oben in den kleinen Zimmern unterm Dach oder hinten im stillen Obstgarten, wo man im Dämmern Arm in Arm schlenderte, auf und ab und wieder auf und ab. An der Kaffeetafel in der Veranda aber blieb das Innerste verschlossen, über manches Weh wurde hinweggelacht und hinweggeplaudert; dazu war der seelische Abstand zwischen den Generationen damals zu groß.

Trat man in die Veranda ein, wenn sie leer von Menschen war, so erschien sie doch voller Leben: da blühte und rankte und sprosste es in überwältigender Üppigkeit, auf den drei Fensterbänken und auch auf dem damals unvermeidlichen Blumenständer aus »Naturästen«, der so über und über begrünt und berankt war, dass man ihn selbst und seine aufgenagelten Holzteller für die Blumentöpfe kaum noch sah. Damals hatten die geschmacklosen Dinge wenigstens noch Gemüt; die später überall so beliebte »Blumenkrippe« war nur noch Dekoration; sie hat niemals Eingang bei uns gefunden.

Besonders gut gedieh im Blumenständer der Schlangenkaktus, ein unheimlicher Geselle mit seinen wurmartigen Ranken. Nicht berühren durfte man ihn, sonst schmerzten bald darauf alle Fingerspitzen von den tückischen kleinen Stacheln.

Immer neue junge Stachelschlangen trieb dieser Kaktus hervor aus dem zottigen weißlichen Pelz seines Innern; waren sie ausgewachsen, so entwickelten sich frischrote Blüten, die allerorts aus den grau-grünen Schlangen hervorbrachen.

Selbst der Vater entschloss sich schwer, diesen Kaktus umzupflanzen, und oftmals entstand nach dem Begießen in der Veranda jener unangenehme Geruch nach saurer Erde, scharf und faulig, wie ein gärender Morast; fast immer war der Schlangenkaktus die Ursache.

Zwischen den Kakteen, ein wenig im Schatten der Weinranken des Frühen Leipziger draußen, stand, ihr Drahtgestell vielfach durchschlingend, die Wachsblume, die Hoya cornosa, die aus der Erbschaft einer alten Dame stammte. »Asklepia« sagten wir. Mit ihren dicken speckigen Blättern und den weißen Doldenblüten erinnerte sie an die Wachsblumen in Totenkränzen, die man damals noch viel verwandte und die mir bis auf den heutigen Tag irgendwie anheimelnd und wertvoll erscheinen. Merkwürdig, die Asklepia erschien immer ohne fortschreitendes Leben zu sein, schien erstarrt, wie ihre Geschwister aus den Totenkränzen, und doch trieb sie still und emsig ihre Ranken weiter, bis sie fast zu schwer wurden für das Drahtgestell, das in der grün und weißlich bekrusteten alten Erde stak.

Viel mehr Lebensfreude hatten die Fuchsien mit ihren locker schaukelnden weiß und rosa Blüten, die in der Blumenzucht unseres Vaters einen besonders bevorzugten Platz einnahmen. Unsere Schulfreundinnen behaupteten, Fuchsien seien Totenblumen, aber das ließ der Vater nicht auf seinen Lieblingen sitzen, und wir widersprachen deshalb eifrig. Sie hatten ja auch wirklich nichts Trauriges an sich, schon die Stecklinge trieben so schnell ihre Blätterpaare, rötlich glänzend, und aus den Blattwinkeln ihre Knospenzwillinge, nicht lange nach dem Wurzeltreiben, dass sie eher ein Sinnbild der Lebensfreude und des Lebenstriebes waren als des Todes.

Besonders stolz war der Vater auf seine hochstämmigen Fuchsien, die sehr alt waren und einen fingerdicken holzigen Stamm hatten; der trug als Krone die ebenfalls holzigen Zweige, abwärts schwingend; nach unten liefen die Zweige zart aus und waren besetzt mit den wohlgeformten, feingezähnten Blättern, unter ihnen hingen an fadendünnen Stielen die Ampeln der Blüten; ein langer weißer Kelch von zartem Blütenfleisch streckte sich abwärts und spreizte sich auseinander in fünf abstehende Blätter. Das eigentlich Fuchsienhafte war mir immer die Knospe, bei der diese fünf Kelchzacken nach unten noch zusammengebogen und zu einer Spitze vereinigt waren. Langsam drängten die in ihnen ruhenden roten Blütenblätter sie auseinander, bis sie schließlich nur noch, mit ihren letzten Spitzen darüber weggreifend, zusammenhingen. Ich meinte immer, es müsste mit einem kleinen Knall geschehen, dass sie dann schließlich doch ganz auseinandergingen und sich hoben und wie ein weißer Stern über den roten Blütenblättern standen. Ein langgestielter Stempel hing nach unten und vervollständigte das Bild des Schwebenden, Schlanken, Lockeren. Die Sorte, von der die hochstämmigen Fuchsien gezogen wurden, hatte besonders große und schlanke Blüten; daneben wimmelte es auf der Fensterbank von der uns gewöhnlicher erscheinenden Sorte mit dickeren Blüten von kaltem Rotweiß, die schnell wucherten.

Zwischen den Fuchsientöpfen standen in jedem Jahr die großen und kleinen Kugeln der Lobelien, hellblau oder dunkelblau bis ins Rötliche, mit einem weißen Stern in der Mitte. Lobelien sind, wie es doch schon im Klang ihres Namens liegt, Kinderblumen, zärtliche, ganz auf die pflegende Hand der Menschen angewiesen; eine vergessene Lobelie, schlaff und welk, schien mir vorwurfsvoller und rührender als irgendeine andere durstende Pflanze.

In der Südostecke der Veranda, hinter einem Tischchen verborgen, stand der große Kübel des Oleander, aus dem der schlanke feste Stamm sich erhob, der die Krone trug.

Der Oleanderbaum war stolz, ja hoffärtig mit seinen schmalen harten Blättern und seinen kühlrosa Blüten ohne Duft. Nach dem Abblühen durften die Blüten nicht abgeschnitten werden, denn sonderbarerweise entwickelten sich die neuen an der Stelle der alten.

Es war uns strengstens verboten, irgendetwas vom Oleander zu berühren. Er sei giftig. Er sei so giftig, dass einmal, als Pferde aus einem See tranken, an dessen Ufer Oleander standen, sie von dem giftigen Wasser gestorben seien. Immer gehörte deshalb bei mir zum Oleander das Bild schlanker, edler Pferdehälse, die sich auf eine Wasserfläche niedersenkten. So betrachteten wir den Oleander in der Ecke immer mit Zurückhaltung, und immer blieb er uns ein Fremdling, bis ich viel später ihn im Freien wachsend kennenlernte; in Locarno beim »Hotel Sonne am See« lagen wir bei Sommerhitze im Garten, im aufgelockerten Schatten der Oleandergebüsche, die voll von weißen und rosa Blüten fröhlich und keusch und gar nicht hoffärtig ihre leichten Zweige über uns schwangen.

Ein anderer Sonderling bevölkerte die Veranda, der Papyros, eine schilfartige Pflanze mit hochstrebenden halmartigen Stängeln, an deren Ende schirmartig ausgebreitet das Blatt saß, das auch aus harten, saftlosen Rippen bestand. Die hohen und die niedrigen, die harten und die zarten Blätter ergaben ein amüsantes Gespinst von Kreuz- und Querstrahlen.

Die regungslose Wachsblume am Südfenster hatte am Nordfenster, dem scharfen Licht entrückt, aber dennoch ihm zugewandt, ihr Gegenbild in einer Rankpflanze mit Namen Maurandia. Sie wurde stets an einem breiten Drahtgestell mit mehreren Querverbindungen gezogen und erinnerte am ehesten an dies kleine Rankgewächs, das man in Süddeutschland überall in den Ritzen alter Mauern und Burgen findet, nur sind bei diesen die Glöckchen winzig und farblos, während unsere an ihren zarten, niemals holzigen Ranken, zwischen den zierlich gelappten Blättern größere veilchenblaue Blütenglocken trug, in die man hineinschaute wie in unergründliche Augen. Dieses liebliche Gewächs hat nur in unserer Kindheit gelebt. Es ist dann vergangen, und nie und nirgends habe ich eine solche Blume wiedergesehen. In der Nordwestecke, also schräg gegenüber dem Oleander, stand ein anderer Fremdling auf hohem holzigen Stamm, die Aralie, die so regelmäßig, dass es fast langweilig war, ein Blatt nach dem andern trieb und unten ebenso regelmäßig eins nach dem andern abwarf, wobei die Haftstelle als Narbe dem Stamm unverlöschlich eingeprägt blieb. Die jungen Blätter waren wie kleine Fäuste zusammengedrückt. Die Aralie stand in der Ecke des Nordfensters an der Wand, weil sie so hoch war; daneben Begonien, große dauernde, mit labberigen rosa Blüten, fleischig und weich, die wie Knöpfchen und Tröpfchen an fadendünnen Stielen baumelten und später plötzlich da hingen als harte, grün gewordende Früchte. Auch bei den Blättern, die ganz und gar mit einem flimmernden Härchenpelz bedeckt waren, spielte Rot und Grün ineinander. Die Begonien waren warme Pflanzen, wohlbehaglich, aber etwas langweilig.

Kühl dagegen, nur Dekoration, ohne Gemüt, waren die Kordelinen mit ihren steifen weißen und grünen Blättern, die keine Sonnenkinder waren und von der Mutter gern auf Ziertischchen oder auf Schrankecken angebracht wurden. Sie wucherten unentwegt und förmlich seelenlos so in den Tag hinein. Spröde wie Glas waren ihre gebogenen Blätter. Die Blüten, die gelegentlich erschienen, waren klein, weiß und belanglos, sie schienen Nebensache im Leben dieser Pflanze; sie vermehrte sich auf eine andere, höchst praktische Art: Zwischen den Blättern trieb sie Stängel, an denen junge Pflänzchen sich bildeten, die fast so groß wie die Mutterpflanze werden konnten; »vivipara« hieß sie darum, die Lebendgebärende. Vielleicht erschien sie mir darum ohne Seele, weil das große Erlebnis jedes Pflanzenlebens, das Entwickeln der Blüte, die Schauer der Befruchtung, das Quellen und Reifen des Samens für sie nicht Mittelpunkt war, sondern stattdessen diese leidenschaftslose Hervorbringung neuer Pflänzchen am laufenden Band.

Eine andere Welt waren dagegen die Kamelien auf dem nördlichen Fensterbrett der Veranda. Es waren alte Stöcke; sie waren schon immer da gewesen. Niemand durfte sie anrühren oder verschieben. Das ist sonderbar bei den Kamelien, dass sie wie mit tausend Augen sich an ihrer Umgebung, an ihrer Aussicht festsaugen und Schaden nehmen, wenn diese sich ändert. Fest, lederartig, widerstandsfähig und eigentlich teilnahmslos scheinen ihre blanken dunkelgrünen, leicht gebogenen Blätter, und doch müssen sie wohl weit empfindlicher sein als irgendeine scheinbar zartere, leicht dahinwuchernde Sommerpflanze, die, wenn sie gedreht wird, sich in vierundzwanzig Stunden wieder zurechtwächst und ihre Blätter dem Lichte zukehrt. Die Kamelie ist darin unbeholfen, schildkrötenhaft in ihren Bewegungen und trotzdem so ungeheuer empfindlich. Jeder, der Kamelien zieht, hat Beispiele dafür. Der Vater wusste es auch, und es war nicht einmal erlaubt, die Unterschüsseln der Kamelien hochzuheben, um die Fensterbank zu reinigen.

Für diese Achtung ihrer Eigenart waren die Kamelien aber auch dankbar; in jedem Frühjahr quollen zwischen den dunkelgrünen Blättern die Knospen langsam heran, bewundernd sahen wir ihre Spitzen sich verbreitern und die sanfte Glut der Blütenblätter sich herauszwängen. Kaum atmen durfte man jetzt in ihrer Nähe, denn immer bestand noch die Gefahr des Knospenfalls. Die kleine Blumenspritze, der Zerstäuber, hüllte täglich die Pflanze in ein sanftes Gehusche von Feuchtigkeit und täuschte ihnen die milde feuchte Luft ihrer Mittelmeerheimat vor. Die hellen oder dunkelroten Blütenblätter, steif wie Brokat und mattglänzend wie Seide, fingen nun an, sich nach außen herauszubiegen, sich ins Rund zu legen, wie bei einer Rose. Zitternd verharrt die Blüte Tag um Tag im aufgeblühten Zustand, als wäre sie aus Wachs. Scharfe Sonnenstrahlen liebt sie nicht, aber das helle Licht. Die Rose lebt nach Stunden, die Kamelie nach Tagen, so wie ihr ganzes Lebenstempo sozusagen Zeitlupentempo ist, auch noch im Vergleich zu der andern Pflanzenwelt.

Endlich aber beginnt der Rand ihrer äußeren Blätter leise, kaum merklich, zu welken und zu bräunen. Lange wehrt sich die Blüte gegen den Tod. Sie hat ein starkes Herz, ihr lebensvolles Inneres hält sich trotzend und möchte so lange wie möglich dem Licht leben. Aber plötzlich, noch in scheinbarer Lebensfrische, versagt die Saftzufuhr vom Stängel her, und die Blüte fällt ab auf ihr schönes Angesicht, und die Kinder finden sie am Morgen und tragen sie in der Hand und möchten sie noch am Leben erhalten, denn sie ist auch im Tode noch bezaubernd. Die Kinder meinen, der Welkenden fehlt nur die Nahrung, wie den jungen Vögeln, die aber doch schon sterbend aus dem Nest gefallen sind; sie betten die Schöne auf eine Untertasse mit Wasser, und dankbar hält sie sich noch ein wenig. An anderer Stelle aber ist für sie schon eine neue Blüte zur Entfaltung bereit – und immer wieder eine neue.

Viele Jahre später, zehn Jahre nach dem Tode des Vaters, lebte keine seiner Kamelien mehr.

Da kam cinmal cinc weiße Kamelie in unser Haus, durch Liebe herbeigezogen.

Damals war ich schon in Italien selbst zwischen den Kamelienbüschen umhergegangen; auch unsere Mutter hatte, in hohem Alter, aber in voller unverbrauchter Frische, das Land des milden Südens besucht und lieben gelernt, nach dem jeder Deutsche einmal eine Sehnsucht empfindet und das mancher leise als zweite Heimat im Herzen trägt.

So erschien uns die weiße Kamelie wie ein Bote des fernen Landes, das weit fort von der Sonne mehr geliebt wird als wir in unserm kalten Norden.

Die weiße Kamelie erschloss uns eine Blüte nach der andern. Sie waren wie die Vollendung der roten Kamelienblüten damals in der Veranda; kein Makel war an ihnen, und sie schienen wie aus einem inneren eigenen Licht zu leuchten. Wenn die Blüte matt wurde und niederfiel, konnten wir uns immer noch nicht von ihr trennen; wie damals als Kinder betteten wir sie auf eine flache Schale, und da sank sie in sich zusammen, ohne Widerstreben gegen ihr Schicksal, wie der sterbende Schwan, den die Pawlowa damals so wunderbar tanzte.

Als die weiße Kamelie ausgeblüht hatte, kam sie in den Garten, um neue Blätter und Knospen im Halbschatten der Büsche zu treiben. Als unsere Mutter sterbenskrank wurde und ihr Herz matt geworden war, trugen wir ihr viele Blumen aus dem Garten ans Bett, ihre geliebten Sommerblumen und Rittersporn und rote Rosen. Und auch die weiße Kamelie, die draußen stand, brachte ich ihr einmal, und sie betrachtete sinnend die edlen blanken Blätter und die gerundeten Knospen und dachte an das ferne Land, in dem sie so glücklich gewesen war.

Und eines Tages kam der Tod und nahm sie sanft hinweg. Ich durfte bei ihr sein und meine Hände unter ihre Schultern schieben, die noch warm waren von ihrer großen Wärme.

Da sah ich über ihrem Haupte weiße Blüten lodern, das waren die Blüten der weißen Kamelie, die waren zu Blütenflammen geworden.

Sechstes Kapitel

Die Spätbirnen: Gute Louise, Hofratsbirne, Poire de Tongres, Köstliche von Charneux, Diels Butterbirne – das Geheimnis, Birnen bis Ostern zu halten – Old mild – Jonathans Sämling – Weihnachtsäpfel und Weihnachtsmarzipan – Schöner von Boskop, der König der Äpfel – die letzten Birnen: Bergamotte Poiteau und Baronsbirne

Nach der überwältigenden Arbeit bei den Septemberbirnen meinte man, es ginge nun ruhiger voran mit der Ernte. Aber dafür wurden die Tage kürzer; mit Herbstanfang begann schon die abendliche Kühle sich an den pflückenden Fingern bemerkbar zu machen.

Und so viel, so viel wartete noch auf Einbringung.

Da war zunächst die Gute Louise von Avranches. Wie zwei gewaltige Schwestern standen die beiden Bäume Gute Louise am Ende des Mittelgartens, noch vor den einzelnen Bienenhäuschen, genau in Ost-West-Richtung; die östliche begann früher mit ihrer Reife; Anfang Oktober war ihre Pflückzeit, die westliche kam acht bis vierzehn Tage später. Die Bäume wuchsen in die Höhe und Breite, unaufhaltsam bis auf den heutigen Tag. Jedes Jahr wurde das Pflücken schwieriger. Die östliche trug natürlich ihre schönsten Früchte oben an der Südseite, grüne mit dunkelroter Wange, die westliche blieb meistens ganz grün. Die gute Louise von Avranches ist eine Frau »von Format«, die ihre Werte in sich trägt. Sie ist wie eine Landedelfrau, die Wärme und Festigkeit, Hoheit und Milde vereinigt, die ein großes warmes Herz, eine farbenreiche Seele in einer biederen widerstandsfähigen und manchmal rauen Schale trägt. Ja, so ist die Gute Louise. Die Zuverlässigkeit in Person: jedes Jahr trägt sie mit Selbstverständlichkeit ihr Maß, nicht zu viel, nicht zu wenig, gut gewachsene Birnen von anständiger Größe, manchmal haben sie braune Baumstellen, einige gekrümmte sind auch dazwischen; aber gefeit scheinen sie gegen die böse Hautkrankheit der Birnen, das Fusikladium, das immer die Sorten von leicht verletzlicher Haut befällt; auch der Monilia hält sie meistens stand, denn ihre Schale ist lederartig; man kann sie so abschälen, dass wirklich nur diese dicke grüne Haut abfällt und keine auch noch so dünne Schicht des Fruchtfleisches. Nicht zu verhindern ist es aber, dass die Finger tropfen von Saft, denn das Fleisch ist bei aller Stabilität immer voll Saft, jedes Jahr. Man muss schon sehr nachlässig mit der edlen Frau umgehen, sie ganz vergessen und viel zu spät pflücken, dann allerdings wird das Fleisch trocken, grobporig, ja brüchig, während es sonst etwas von der feinen Zähigkeit kandierter Früchte hat, bis ins Innerste, ohne ein Körnchen auch nur um das Kernhaus herum, das ganz schmal ist, manchmal fast ohne Kerne; ein Zeichen hochgezüchteter Sorten.

Die volle Süßigkeit der Guten Louise hat keinerlei Parfüm, weder das der Bergamotten noch das des Muskats. Die Dame von Avranches hat nur echtes, reines Eau de Cologne: in der Tat, der feine Zitronenduft des Kölnischen Wassers ist das Aroma dieser Birne. Darum kann man sie sich auch niemals zuwider essen, darum ist sie immer von neuem köstlich und erfrischend, ohne eine »Trinkbirne« zu sein, die dem Gaumen doch immer eine gewisse Leere hinterlässt. Der Genuss einer jeden Guten Louise weckt das Gemüt, macht dankbar.

Die Landfrau Louise ist eine gute Freundin jeder Hausfrau. Überall springt sie ein. Während sie auf den Obstschalen die Tafel ziert mit ihrer edlen Gestalt und ihrer kräftigen ländlichen Farbe, ist sie zugleich in der Küche dabei, mit Klößen und Speck zusammen das nahrhafte, duftende Holsteiner Gericht Birnen und Teig abzugeben; oder sie lässt sich als warme Birnenunterlage für einen leichten Hefeteig benutzen, der als Auflauf im Bratofen gebacken wird, oben mit sparsam dünnen Scheiben durchwachsenen Specks belegt, dessen Fett ausbrät und die ganze obere Kruste durchzieht. Selbstverständlich ist sie besonders gut zum Einmachen zu gebrauchen, geschält und halbiert, als Essigbirne oder auch eingeweckt. Damit die Essigbirnen sich halten, auch mit einem geringen Zusatz von Weinessig, habe ich zuweilen eine fingerdicke Schicht von Kronsbeeren darüber gelegt, die später dann abgehoben und für sich verbraucht wurden; die Kronsbeeren enthalten natürliche Benzoesäure und können weder faulen noch schimmeln.

Am allerbesten aber ist die Gute Louise zum Trocknen zu gebrauchen; man schält sie, schneidet sie in Hälften oder besser Viertel und legt diese einzeln auf die Trockenplatte. Man kann es auch noch anders machen. Gerade die Gute Louise mit ihrem fest zusammenhaltenden Fleisch lässt sich auf Fäden ziehen und im Zimmer, vorm Ofen, um die Heizung herum, langsam trocknen. Man kann auch die Früchte ganz lassen und um den Stängel je einen Knoten des Aufhängefadens schlingen. Dann brauchen sie zwar sehr lange, bis sie auch im Innern gar getrocknet sind, aber es lohnt sich. Wer zu Weihnachten mit einem Schächtelchen dieser köstlichen goldbraunen Konfitüre bedacht wird, ist des Lobes voll. Früher hatten wir weidengeflochtene Hürden zum Obsttrocknen, die in den Bratofen des Kohlenherdes, des mächtigen, in der Küche hineingeschoben wurden, oder, auf Füßen, die Nachwärme der Herdplatte ausnutzten. Sie waren belegt mit Zwetschen, Apfelscheiben und Birnen, große Beutel voll wurden getrocknet; aber es war Backobst für den täglichen Gebrauch; keine Leckerei; denn es wurde alles Fallobst, vor allem auch unreifes, verwendet.

Das richtig leckere Backobst, das goldbraune, zuckerglänzende, zähe haben wir erst später zu machen gelernt, und zwar im elektrischen Backofen. Die Birnen müssen, um sich in solches Konfekt zu verwandeln, vorher sozusagen im Backofen durchkochen, und das lässt sich nicht auf der Hürde machen, denn dann läuft der süße Saft in das Weidengeflecht; es lässt sich auch nicht auf dem eisernen Backblech machen, selbst wenn man es dick mit Papier belegt; die Fruchtsäure bewirkt, dass das Eisen des Backbleches die Früchte schwarz anfärbt, und der Saft verliert auf dem Backblech seine Güte. Geeignet ist also nur eine Platte, die vertieft ist, um den Saft zu halten, und emailliert, um ihn nicht zu verändern. Das ist die Bratpfanne im elektrischen Ofen. Man legt die Birnenhälften oder Viertel in Reih und Glied auf die Emaille, stellt den Ofen zunächst auf größte Ober- und Unterhitze, dass die Birnen nur so brodeln und dampfen und viel Saft abgeben.

Um den Ofen auszunutzen, kann man oberhalb der Bratpfanne noch einen Rost mit Birnen belegen, mit großen Stücken, die dann nach unten in die Pfanne tropfen. Man muss von Zeit zu Zeit den Bratofen ganz öffnen, die Pfanne herausziehen und einen Augenblick den Dampf abziehen lassen, dann aber wieder bis auf eine winzige Öffnung geschlossen halten, sonst fangen die Birnen an zu trocknen, ohne gar zu sein. Nach einer Stunde stellt man oben und unten auf kleinste Wärme. Nun lässt man die Klappe des Ofens einen Spalt offen durch ein dazwischengestecktes Hölzchen. Nach einiger Zeit sind die Birnen oben angetrocknet, unten bleiben sie mit ihrer hell gebliebenen Fläche im ständig weiter sich eindickenden Saft. Nun nimmt man die Platte heraus und dreht jedes Birnenstück um. Die helle Fläche, die nun nach oben kommt, zeichnet sich auch später noch ab und gibt jedem Stück ein besonders leckeres Aussehen, die andere trocknere Seite saugt sich voll Saft, überhaupt wird der ganze Saft mit der Zeit von den Birnenstücken wieder aufgesogen, und dadurch werden sie fast wie kandiert.

Nach einigen weiteren Stunden sind sie fertig und werden schnell abgehoben, damit sie nicht festtrocknen, und in Schüsseln oder möglichst luftabgeschlossenen Tüten oder Schachteln in einem sehr trockenen Raum aufbewahrt. Man muss sie von Zeit zu Zeit durchsehen, Stücke, die etwas ungar geblieben sind, schimmeln leicht. Diese sucht man heraus, reibt oder wäscht den Schimmel ab und verbraucht sie zum Kochen ohne irgendwelche Nachteile für den Geschmack. Sie brauchen auch beim Kochen gar keinen Zucker. Die dünne, nunmehr hart gewordene Zuckersaftschicht, die noch auf der Pfanne geblieben ist, wird von den nächsten frischen Birnen und ihrem Saft sofort aufgelöst und mit aufgesogen.

Manchmal heizt der Backofen an einigen Stellen, etwa an den vier Ecken, zu stark, so dass die Früchte dort verbrennen. Dann legt man an diese Stellen besonders dicke Stücke aus dem Innern. Die Birnen auf dem Rost darüber werden zwar auch gut, aber niemals so blank und lecker wie die in ihrem eigenen Saft gebackenen.

Einen ebenbürtigen Verwandten hat die Gute Louise: die Hofratsbirne, die erst Mitte Oktober pflückreif wird und alle Vorzüge der Guten Louise vereinigt, allerdings nur nach einem warmen Sommer. Im Äußeren ist die Hofrat bedeutend derber: Die Form ist wuchtiger, die dicke Schale, grün und braun, wirkt wie ein kurzgeschorener Pelz. Der Wulst um den Stiel, den die schlanke Louise niemals hat, erhöht den Eindruck der Wohlgenährtheit, aber wenn man das raue Äußere entfernt hat, so strömt das Innere fast noch mehr von Saft als bei der Guten Louise, und dieselbe parfümlose Süße, dasselbe zarte, frische Zitronenaroma beglückt den Genießer.

In der Küche und als Backobst ist die Hofratsbirne genau so vielseitig zu verwenden wie die Gute Louise, beim Trocknen bleibt sie auffallend hell, besonders in noch halbreifem Zustand. Sie gehört zu den wenigen, die in reifem Zustand, kühl gelagert, sich lange Zeit halten. Sie mulscht schließlich nicht vom Kernhaus aus, sondern gibt einem taktvoll ihre Überreife zu verstehen durch ein leises Schrumpfen am Stängel, ein leises Weich- und Bräunlichwerden der obersten Spitze, ohne dass noch die ganze übrige Masse der Frucht gelitten hat.

Und nun will ich noch die Dritte im Bunde nennen, auch eine Oktoberbirne, vom gleichen Adel des Geschmacks: die Poire de Tongres. Ich weiß noch, wie eines Sonntags im Herbst – ich mag acht oder zehn Jahre alt gewesen sein – der Vater mit einer schlanken, bräunlichen Birne ins Zimmer trat. Sein Gesicht strahlte vor Gartenstolz. Er teilte die Birne, auch wir Kinder bekamen einen Schnitz. »Schmeckt sie nicht nach Zitrone?«, rief er aus. Noch heute erinnere ich mich des Augenblicks, da dieser schmale duftende Birnenschnitz auf meiner Zunge zerschmolz. Alle waren des Lobes voll über die Poire de Tongres, die in diesem Jahre zum ersten Male getragen hatte.

Sie unterscheidet sich von den beiden andern Edlen dadurch, dass sie nicht nur die liebliche Säure des Zitronensaftes, sondern auch den Duft der Zitronenschale enthält. Ihr Fleisch ist vor der Reife brüchig, knackt beim Hineinbeißen und schmeckt dann besonders gut. Aber nein, nichts übertrifft die Erfrischung, die sie gibt bei voller Reife. Sie ist eine ausgesprochene Trinkbirne und somit auch nicht einfügsam in Küche und Haushalt. Zwar gibt sie ein angenehmes Kompott, aber beim Trocknen verflüchtigt sie sich wie die Herrenbirne, sie will keine Dauerware für den Winter werden. Ihre Gestalt wechselt, je nach Boden, Lage und Wildling. Sie liefert an der Südseite große Birnen, etwa von der vollschlanken Gestalt der Guten Louise. An einem andern Baum nimmt sie fast kokette Form an, übermäßig schlank das Stielende und ausladend wie ein Reifrock das Untere. Manchmal erlaubt sie sich Kapriolen. Vermutlich sind es die Früchte aus einer zweiten Blüte, der Johannistriebblüte, die winzig bleiben, als wären sie für Puppen bestimmt, und die wunderlichsten Formen und Verrenkungen annehmen, so dass man fast an Bleifiguren aus der Silvesternacht denken könnte. An den Mittelpunkten ihrer Krümmungen haben sie innerlich holzige Stellen, im Übrigen aber sind sie vollsaftig.

Die Haut der Poire de Tongres ist goldbraun wie die einer Inderin, nur wenige färben ein Ziegelrot in das Braune hinein. In vielen Dingen ähnelt sie der Kaiserkrone, die wir nicht im Garten hatten.

Der Vater pflanzte die Tongres an verschiedene Stellen des Gartens: gleich vorn im Mittelgarten, neben die jämmerlich kleine Diels Birne auf meinem Beet; weiter hinten, wo früher die Erdbeerbeete waren, denen sie bald die Sonne nahm; dann vorn und schließlich ganz hinten im Obstgarten. Diese war mehr grünlich als goldfarben und herber im Geschmack, manchmal gerbsäurehaltig. Die Sonne fehlte ihr da hinten, und Sonne braucht dies braune Kind, nicht nur um ihre äußere Farbe, sondern auch um die Lieblichkeit ihrer Seele zu entwickeln.

Eine derbere Birne, zu allem brauchbar, war Jules de Liron d'Ayrolle, von uns der Einfachheit halber »die Jules« genannt. Klein, schlank-rundlich, dickschalig, manchmal körnig, aber mit einem köstlichen Weinaroma, das besonders beim Einmachen in Essig und Zucker herauskam. Sie kochte sich rot, was früher als Vorzug galt. Eigenartig war ihr weiträumiges Kernhaus mit großen schwarz polierten Kernen, die wir beim Einkochen drinließen, sie schmeckten nachher wie kleine Nüsse.

Ganz anspruchslos war Soldat laboureur, für eine Revolutionsbirne, die sie doch sicher war, recht unschuldig in ihrem Wesen. Unscheinbar gelblich, über und über braun besprenkelt war ihre Haut, rau und glanzlos; körnig war ihr Fleisch in jedem Jahr, nichts Adliges hatte ihr Aroma. Beim Kochen wurde sie fade, zum Einmachen war sie überhaupt nicht zu gebrauchen. Und doch war sie mir immer eine der liebsten. Sie knackte leise, wenn man hineinbiss; sie erfrischte, als wenn ein Strom von Lebendigkeit aus ihrem Saft strömte, der doch nur einfach süß schmeckte wie Zuckerwasser. Eine Birne ohne eine einzige hervorragende Eigenschaft, aber von der Lieblichkeit eines ganz jungen Mädchens, das noch sprühende Lebenslust der Kindheit hat, in der schon leise die Lust des Lebens schwingt. Ein Weinkenner nannte die Soldat laboureur »spritzig«.

Schräg hinter dem Augustapfel, also in der ersten Reihe des Obstgartens, stand die Köstliche von Charneux, bei Städtern als Bürgermeisterbirne bekannt. In ihrer ganzen Art hat sie auch so etwas bürgermeisterlich Wohlhabendes, etwas Sesshaftes und Reelles, und dabei so eine gewisse fade Süße der Konvention. Sie wird jedem gerecht; dem Pflücker, denn sie bringt große gleichmäßige Früchte hervor, die den Korb schnell füllen; und dem Obstzüchter, denn sie trägt regelmäßig und reichlich, ist nicht allzu schwierig in der Feststellung ihrer Pflückreife; der Hausfrau, denn sie braucht am wenigsten Durchsicht und Pflege von allen Birnen; dem Händler, denn sie lässt sich gut transportieren und ist auch in ausgereiftem Zustand noch längere Zeit hindurch mit tadellosem Aussehen zu verkaufen; dem Obstesser, der Saft liebt, und dem Obstesser, der Süßigkeit liebt, ja, manche Obstkenner lieben selbst ihre eigenartig fade Honigsüße und loben mit Recht ihr zartes und doch festes Fleisch, das etwas Schmalzartiges in seiner Konsistenz hat. Am wertvollsten wurde uns die Charneux im November und Dezember, wenn es kaum Birnen zum Verschenken gab. Wir haben schließlich herausgefunden, wie man sie aufbewahren kann, um ihre Reife recht lange hinauszuziehen. Sie muss luftig aufbewahrt werden, ganz im Freien, ein Raum mit offenem Fenster genügt nicht, der Wind muss rundherumstreichen. So setzten wir sie vom Bodenfenster aus aufs Verandadach, oder wir hängten die Körbe aus dem Fenster heraus; auch im offenen Bienenschauer standen sie luftig genug und dabei doch frostgeschützt. Nur muss man sie überall vor anderen Liebhabern zudecken und schützen, nicht nur vor menschlichen Obstdieben; die wilden Kaninchen machen sich an die Birnen, wenn die Körbe auf der Erde stehen, auch die Feldmäuse; hängen sie aber höher, so kommen die Vögel, Krähen, Drosseln, Finken und Meisen, und ihre Schnabelhiebe verderben einem die besten Stücke.

Nur einmal hat die Charneux uns betrogen: Ein trockener Sommer ließ die Früchte klein bleiben, der Herbst brachte übermäßig viel Regen und nun, als sie eigentlich gepflückt werden mussten, nahmen sie immer noch an Größe zu, so dass man das Pflücken zu lange hinausschob. Und dann kam ein warmer, ja schwüler Spätherbst; schon im November waren alle aufgesparten Charneux plötzlich überreif, hatten ein braunes Kernhaus und konnten nur noch zu Mus verkocht werden.

Noch länger als die Charneux lässt sich Diels Butterbirne aufbewahren; allerdings müssen Birnen, die lange halten sollen, frühzeitig gepflückt werden. Wie harte grüne Klötze liegen die

Dielsbirnen in den Körben; vor Frost und Schnee muss man sie schließlich schützen; aber im Januar, Februar, März kann man nach Belieben eine Portion hereinnehmen in die Wärme; in wenigen Tagen werden sie gelb und duftend, süß und saftig. In einem Jahr habe ich sie bis Ostern gehalten. Einige Grade Frost können sie in gedecktem Zustande ganz gut vertragen.

Neue Birnensorten hat der Vater nicht gezüchtet; aber drei neue Äpfel. Vom Glasapfel erzählte ich schon. Im Obstgarten stand ein zweiter, der aus Samen gezogen war, Old mild hatte der Vater ihn getauft, weil er so ein mürber, milder Apfel war von einem sanften gütigen Aroma. Er war verwandt dem Ahlandt-Apfel, der in seiner Nähe stand und der eigentlich als verwässerte Auflage des Prinzapfels angesehen werden konnte. Der Old mild hatte bei all seiner Sanftheit doch etwas mehr Urkraft in seinem Duft, der ein wenig an Wildrosen erinnerte. Beide Äpfel hatten eine auffallend starke Wachsschicht über ihrer Haut, fast klebrig war der Old mild zuweilen.

Der Dritte im Bunde der Sämlingsäpfel stammte von jenseits des Ozeans. Von einem besonders schönen kalifornischen Apfel, dem Jonathan, hatte der Vater die Samen genommen, und es war in raschem Wuchs ein stattlicher Baum entstanden, »Jonathans Sämling« nannten wir ihn, und Claudine gab ihm den Beinamen »der Säurelose«. Er hatte nämlich wirklich gar keine Säure, sondern nur eine beinahe pappige Süßigkeit und einen faden blütigen Duft, so dünn, dass er nur noch mit der Nase, nicht mit dem Geschmack wahrgenommen wurde. Wir schätzten ihn nicht sehr, nur einige Menschen, die empfindlich gegen Obstsäure waren, zogen ihn anderen Äpfeln vor. Erst in der zuckerarmen Zeit wurde er uns wertvoll, denn wenn er ohne Zucker in wenig Wasser geschmort wurde, konnte er geradezu als Zuckerersatz dienen.

Mitten im Obstgarten leuchteten schon vom September her die knallroten Früchte des Kantapfels, und Unkundige waren leicht versucht, sie als reif zu kosten; aber wenn man sie genau ansah, musste man merken, dass ihr Rot zur Blüte hin in ein geradezu warnendes Grün überging, es war ganz deutlich, dass die fünf Erhebungen um die Blüte herum überhaupt noch nicht ausgewachsen waren; wenn man den Apfel jetzt aß, schmeckte er dumpf und herb und nach Gras, das gemäht ist und dann lange im Regen liegt. Ein ganz klein wenig von diesem Missgeschmack behält der Apfel auch noch bei der Reife, besonders nach verregnetem Sommer. Wenn er aber voll ausgewachsen und zugleich vollsüß geraten ist, dann kann dieses leicht krautige Aroma sogar ein Reiz sein.

Sein großer Vorzug liegt im Aussehen. Kein anderer Apfel ist von diesem leuchtenden Karminrot so ganz und gar überzogen; selbst bis ins Fleisch hinein scheint es oft abgefärbt zu haben. Er hat ein außerordentlich mürbes lockeres Fleisch, ja so mürbe, dass man sich schon beim Pflücken vorsehen muss, etwa die Pflückschürze gegen die Sprossen der Leiter zu drücken; dann bekommen alle Äpfel Druckstellen, obgleich sie noch unreif sind. Der Danziger Kantapfel ist ein Apfel für Kinderhände. »Schenk mir noch mal einen Weihnachtsapfel«, betteln die Kleinen, und die Größeren versprechen, ihn bis Weihnachten aufzuheben, um ihn in den Baum zu hängen zum Beschweren der Zweige.

Ich weiß nicht, ob in unserer Kindheit der Kantapfel vor der Weihnachtszeit reifte, oder ob er jener Zeit, die vor starken Farben ängstlich war, zu grell leuchtete; jedenfalls war er bei uns nicht der Weihnachtsapfel.

Das war die Goldparmäne.

Davon standen zwei Bäume tief hinten im Obstgarten. Sie machten immer einen kranken Eindruck, sie hatten Krebs, sie hatten Frostschaden, sie warfen dürre Zweige ab, und doch lebten sie immer weiter und trugen treu und regelmäßig ihre runden glatten gelb und roten Früchte, deren Blüte so merkwürdig offen ist, wie ein großes rundes Auge.

Goldparmänen lagen neben den Pastorenbirnen an jedem Weihnachtsabend auf unseren Tellern zwischen Mandeln, Nüssen, Datteln, Feigen und Marzipankugeln, wie es so Weihnachtsbrauch war. Auch in den Baum wurden sie vereinzelt gehängt. Wirklich, ich kann mir kein Obst denken, das so gut zu Weihnachten passte wie die Goldparmäne. Hatte man sich an Datteln und Feigen die Süßigkeit übergessen, so erfrischte eine Goldparmäne, deren leicht brüchiges Fleisch beim Hineinbeißen krachte. Oder man stellte sich gleich eine kleine Mahlzeit zusammen aus Mandeln, Nüssen, Marzipan und Goldparmänen. Besonders beliebt waren dazu Feigen, deren Inneres auseinandergedrückt und mit Walnusskernen gefüllt wurde.

Jedes Weihnachten bekam die Mutter von einer der Tanten, die auch zu Weihnachten vollzählig dabei waren, ein großes Marzipanbrot. Davon wurde uns täglich ein Scheibchen abgeschnitten, und das musste unbedingt mit Walnüssen und Goldparmänen zusammen genossen werden. Der mandelartige Geschmack der Goldparmänen paarte sich mit dem der wirklichen Mandeln im Marzipan. Diese Zusammenstellung war für uns untrennbar mit Weihnachten verbunden.

Unvereinbar scheinen die Eigenarten der beiden Weihnachtsäpfel Danziger Kant und Goldparmäne, der eine hat krautigen, der andere mandelartigen Geschmack, und doch sind beide vereinigt in einem anderen Apfel: dem Pigeon. Warum er wohl Taubenapfel heißt? Ich denke, weil seine hell ziegelrote Färbung ein Taubenblau enthält, wie ein Hauch. Er wird nie groß, hat die längliche Form eines Hasenkopfes, seidenpapierdünne Schale und das feinste Fleisch, das ich je bei einem Apfel gefunden habe; ich glaube auch, er ist völlig unübertroffen in der Zartheit des Fleisches. Der Mandelgeschmack nimmt zum Kernhaus hin zu, und merkwürdig, wie Farbe und Geschmack miteinander korrespondieren, der Mandelgeschmack des Pigeon ist irgendwie kälter, giftiger, bläulicher gegen den der Goldparmäne, der wärmer, süßer, milder ist, ihrer goldwarmen Hautfarbe entsprechend. Der Pigeon stand bei uns vorn links im Mittelgarten, und seinetwegen wurden mehrere Akazien gefällt, die ihn beschatteten; aber trotzdem sind seine Früchte im Laufe der Jahre immer kleiner und unansehnlicher geworden, weil seine Rinde in den harten Frostwintern Schaden gelitten hat. Nur an einzelnen tadellosen Ausnahmen wird einem das distinguierte Wesen dieses Apfels bewusst.

Der Apfel ist der König des Obstes, die Krone aber ist der Schöne von Boskop, dauerhaft und doch saftig, kraftvoll und doch milde, sättigend und doch erfrischend, voll Säure und voll Süße – die Reihe seiner Vorzüge findet kein Ende. Der wuchtige, breite Apfel hat eine feste grüne und braune und rote Schale, die ihm Saft und Kraft zusammenhält und kaum Duft durchlässt. Manche Boskops sind mehr gelbbraun und gelbrot und haben trockneres gelbes Fleisch. Diese stark besonnten hätten meistens vor den andern, grüneren gepflückt werden müssen, um nicht grobporig, fast trocken zu werden. Jedenfalls, wenn man die Wahl hat, soll man lieber die grünlichen nehmen, allerdings die kleinen von ihnen vermeiden, die sind oft nicht ausgewachsen und schmecken unreif. Einen Boskop muss man eigentlich auseinanderbrechen, mit dem Krach des Berstens strömt der wundervoll kräftige, ja weinartige Duft hervor, der genau dem Geschmack entspricht. Ein recht männlicher Apfel ist der Boskop, wuchtig in Gestalt wie im Geschmack.

Wer Statistiken und Analysen zur Unterstützung eines unmittelbaren Sinnenurteils braucht, möge erfahren, dass der Boskop am meisten Vitamin C von allen Äpfeln enthält.

Wir hatten leider immer nur zwei Boskopbäume, einen vorn im Mittelgarten, wo er anstelle des Paradiesapfels erstand, der andere vor dem linken Bienenschauer. Die Boskopernte wurde so lange hinausgeschoben, wie irgend der Oktoberfrost es erlaubte, und ging dann mit feierlicher Gewissenhaftigkeit vor sich. Oben im Baum saß der Pflücker, und unten stand ein anderer mit aufgehaltener Pflückschürze. Früh setzte schon die Dämmerung ein, und man musste von oben gut zielen, um die Schürze, die mehr und mehr schattenhaft wurde, nicht zu verfehlen. Nur ein Apfel kam jedes Mal hinein, der zweite hätte ja darauffallen können und Druckstellen geben, und dazu waren diese Apfel zu kostbar.

Der Untenstehende sah schließlich den Baum und den Pflücker nur noch als Silhouette gegen den fahlen Himmel, aber die letzten Boskop mussten herein, denn die Nachtfröste waren unterwegs. Der Korb unten füllte sich, und schließlich konnte die edle Last ins Haus getragen werden. Dort breitete man in einem kühlen, trockenen, frostfreien Raum die Äpfel Stück für Stück auf dem Boden aus. Äpfel müssen frei atmen können. Die beschädigten wurden an einem Platz für sich zur Beobachtung aufbewahrt. Manche von ihnen überdauerten trotz ihrer Fallstellen noch die Weihnachtszeit, die anderen wurden rechtzeitig verbraucht.

Warum diese übergroße Sorgfalt mit den Boskop? Das haben sie ihrer Treue zu verdanken. Es wird Februar und März, und immer noch wird aus dem Vorrat der Boskop ein tadelloser Apfel nach dem andern entnommen. Immer noch ist er saftig und im Geschmack kräftig. Die frische Säure ist milder geworden, das Fleisch mürber, der Geschmack weinig.

Wer es versteht, kann noch Ostern, ja fast bis Pfingsten Boskop essen. Zuletzt werden sie ganz schrumpelig. Das Fleisch wird breiartig, ohne eine Spur von Fäulnis, ähnlich einem Bratapfel, und schmeckt nach Südwein. Meist liegt es weniger an den Boskop, als an den Boskopessern, dass sie sich nicht so lange halten, denn wie gierig ist man in der früchte- und sonnenlosen Zeit nach solch köstlicher Labe.

Dank schulden wir ihm, dem Schönen, dem Edlen, dem Treuen.

Immer in gleicher zurückhaltender graugrüner Farbe vom Sommer bis in den späten Herbst hängen die Pastorenbirnen im Baum, der, von Anfang an bis heute, rechts vom linken Bienenschauer stand. Langgestreckt von Gestalt, hager, ja asketisch, sind die Pastorenbirnen, herb in Farbe und Geschmack. Ende Oktober wurden sie manchmal erst geerntet, und genau zur Weihnachtszeit waren sie reif. Immer lagen einige auf unserem Weihnachtsteller, und wir aßen sie ganz gern als Erfrischung zwischen Süßem, obgleich ihre reichliche Gerbsäure unserem kindlichen Gaumen nicht besonders behagte. Auch war das Fleisch rau und körnig.

Später fanden wir, dass die Pastorenbirnen früher gepflückt werden müssen, gegen Mitte Oktober, um zartes Fleisch zu bekommen. Einmal, nach einem heißen Frühsommer, waren sie gar nicht wiederzuerkennen. Sie hatten sogar verstohlen rötliche Bäckchen sich zugelegt und schmeckten bei ihrer Reife gegen Weihnachten wunderbar süß und zart und nach Zitrone, die reinen Trinkbirnen waren sie geworden. Wie doch ein bisschen Sommersonne ihr norddeutsch-herbes Wesen verändert hatte!

Der Gegensatz zur Pastorenbirne war die Bergamotte Poiteau. Ganz hinten im Obstgarten links stand der Baum, mit den Jahren arg bedrängt von den Akazien und dennoch jedes Jahr voller Früchte. Rund und fest, wie kleine freundliche Äpfel, sitzen die grünen und roten Birnen am Baum. Ob das Jahr sonnig oder regnerisch, stürmisch oder still war, ob man sie ein paar Tage zu früh oder ein paar Tage zu spät erntete, immer war die Bergamotte Poiteau gutartig, saftreich das feste Fleisch, voll wunderbarer Süße, rund in der Form, rund im Geschmack, lächelnd und herzenswarm, jeder musste sie liebhaben. Dieser freundlichen Birne glich unsere Tante Ida, deren sprühende Natürlichkeit und unbeirrbare Herzenswärme in unsere Jugendzeit oftmals hineinstrahlte. Sie gehörte zu den Menschen, die überall, wohin sie kommen, gleich beheimatet sind und selber für alle Menschen, denen sie begegnen, Heimat sein können.

Vielen Menschen, die unseren Garten erlebt haben und lieben, auch unserem Vater, ist die Bergamotte Poiteau die liebste von allen Birnen und untrennbar verbunden mit dem Geist unseres Gartens.

Die letzte – sie kommt noch nach den späten Äpfeln – ist die Baronsbirne, die erst im März reif werden soll.

Ihre schön geformten Früchte leuchteten schon lange vom Baum und täuschten Reife vor, aber sie waren steinhart und blieben steinhart und waren auch zu Weihnachten noch steinhart; ganz leicht schrumpelte ihre Haut, wenn sie zu luftig lagen. Meistens waren sie auch im März noch immer unreif; aber dann machte man kurzen Prozess mit ihnen, sie wurden gekocht und gaben ein frisches, wohlschmeckendes Kompott. Nur in einem Jahr, als der Sommer frühe starke Hitze gebracht hatte und der Spätsommer viel Regen, wuchsen sie zu unwahrscheinlicher Größe aus und erreichten so etwas wie eine Reife. Erst lange nach dem Tode des Vaters erkannten wir seinen Obstgartenplan: Der früheste Baum des Jahres, der Augustapfel, stand gleich vorn links, und so ging es weiter nach hinten ungefähr in der Reihenfolge der Reifezeit, bis als Letzte rechts ganz hinten die Baronsbirne kam.

Sie stand vor dem Hügel, der aufgehäuft war aus den Feldsteinen, die der Vater beim Graben des Ackers herausgeholt hatte. Nun war er begrast, und auf und an ihm wuchsen, ehe die Narzissen unseren Garten belebten, früh im Frühling lauter kleine Bülten des Milchstern, mit so tief sitzenden Zwiebelchen, dass wir sie niemals aus der festen Decke des Grases herausbekamen, wenn wir die Sternchen, milchweiß und grün gestreift, als erste Frühlingsboten auf unsere Beete pflanzen wollten.

Den Hügel benannten wir in der Zeit unserer Pferdefleischwünsche den Wodanshügel, und so nennen wir ihn bis auf den heutigen Tag.

Siebentes Kapitel

Spätherbst im Garten – stumme Vögel und krächzende Krähen – Bratäpfel im Kachelofen – Wachskerzengießen – der Garten heute – städtische Veränderungen – Spuren des Krieges – Gemüsegrube und Gartenbunker

Wenn die Baronsbirne und die letzten Äpfel, Baumanns und Kassler Reinetten, geerntet waren, brausten schon spätherbstliche Winde durch den Garten. Das Gras, das seit der letzten Mahd wieder gewachsen war, wurde tagsüber nicht mehr trocken im Obstgarten. Die Blätter der Birnbäume raschelten leise zu Boden, manche färbten sich gelb und rot. Jetzt noch lagen manchmal im nassen Grase nasse Birnen, die aus den höchsten Spitzen kamen, weil sie beim Pflücken nicht erreicht werden konnten. Endlich hatte der Wind sie niedergeworfen; aber sie waren trotz ihrer leuchtenden Farbe immer hart und geschmacklos. Nur die Äpfel, die der Herbstwind erntete, waren noch zu gebrauchen.

Oben im Poiteau schaukelten noch recht viele Birnen, klein, so glitt der Wind an ihnen vorbei. Aber dafür kamen eines Tages die Krähen, mit großen Flügeln schlagend, gierig krächzend, und ließen sich flatternd auf dem Baum nieder, immer nicht recht wissend, wie sie die Schwere ihres Körpers auf den dünnen Obstzweigen unterbringen sollten. Noch unsicher flatternd, hackten sie mit ihren gewaltigen Schnäbeln in die Birnen hinein, die dann heftig baumelnd zu Boden fielen; dann wurde eine neue angehackt. Die andern Vögel waren stumm geworden; selbst die

Drosseln huschten nur noch wie Mäuse zwischen dem raschelnden Laub. Das grobe Geschrei der Krähen, das immer nach Hunger und Einsamkeit klingt, beherrschte das herbstliche Land. Die Leitern wurden hereingeholt, die Gartenstühle und Tische aus den Lauben in das Bienenschauer gebracht, die Bienen waren eingewintert, die Gartengeräte standen wohlgereinigt und geölt in der Geschirrkammer. Die Kinder wurden von der Mutter angehalten, das Laub im Vordergarten zusammenzuharken, damit Lauberde daraus wurde.

Drinnen wurde nun der weiße Kachelofen geheizt, dicke Holzklötze knackten behaglich und sprühten Funken, wenn man die große mittlere Ofentür aufmachte. Gar zu gern hockten wir Kinder davor und beobachteten, wie die kleinen Flammen erschraken über den hineingeworfenen dunklen Klotz, wie sie dann sachte wiederkamen und erst vorsichtig an seinen Rändern leckten, wie die Rinde erglühte und plötzlich auflohte, und wie langsam die Glut an dem Stamm sich weiterfraß. Einen alten Blasebalg hatten sie aufgetrieben. Er lag immer in dem grün-blechernen Torfbehälter neben dem Ofen, der spätes Empire war und auf seinem Deckel ein metallgetriebenes Fruchtstück trug. Alles war mit harter, kaum zerstörbarer Ölfarbe in dem schönen Mandelgrün der Goethezeit gestrichen.

In der »Ofenkasse«, die mit weißen Kacheln ausgelegt war, zischten und schmurgelten Bratäpfel. Oftmals wurde die strahlend blanke Messingtür geöffnet, um die Äpfel zu begutachten. Zuerst war es, als wehrten sie sich gegen die Verwandlung ihres frischen Zustandes in den gebratenen; sie sahen förmlich krank aus. Die grüne Haut wurde gedunsen und braunfleckig, feucht bezogen; danach wurden sie von unten her stumpf und gleichmäßig hellbraun. Wer sich etwa verleiten ließ, einen solchen halbgaren

Apfel zu verzehren, der war bitter enttäuscht über das wärmliche, fast faulig schmeckende Zeug.

Wenn die Äpfel zischten, war es fast schon zu spät zum Umdrehen; denn auf den glühenden Kacheln waren sie schon geplatzt. Die Gärung auf der Oberseite der Frucht musste gründlich sein, da das Fleisch dort fester und trocken zu sein pflegte. Aus den Rissen der gebräunten Haut sickerte der Saft und zischte hoch, sobald er die heiße Kachel erreichte, und verwandelte sich in einen Strom von unvergleichlichem Duft, der bald das ganze Zimmer erfüllte und die Erwartung steigerte. Der Vater oder die Großmutter entschieden über das Fertig, und manches »Au« und Zurückzucken der Fingerspitzen und heftiges Pusten gingen dem Genuss voran.

Dem Vater lebte wohl manche Knabenerinnerung auf, wenn er immer von neuem Anregungen wusste für die Sommer- und für die Winterbeschäftigung der Kinder. Es war schön, mit ihm etwas vorzuhaben, etwas zu unternehmen. So ein Vorhaben war dann auch im Winter, so gegen Weihnachten, das Lichtergießen. Zunächst ging man mit dem Vater hinunter durch die ungeheizte Studierstube, wo man schnell einen Blick nach dem lebenden Bild vom Schiff auf hoher See warf, und von da in die Werkstatt und Weinstube, wo es säuerlich nach Gärung und süß nach Bienen roch. Von einer großen flachen handhohen Form von trübgelbem Wachs wurden Stücke abgeschlagen und diese in ein Töpfchen getan. Außerdem versah man sich mit festem Schreibpapier und mit Streichhölzern, und die Großmutter gab Fäden ihrer dicksten ungebleichten Baumwolle her. Während das Wachs im Ofen langsam schmolz und zauberischen Duft verbreitete, wurde das feste Schreibpapier zu Rollen geformt, von der Dicke einer Kerze. Oben und unten legte man ein Streichholz quer über die Öffnung, und zwischen beiden wurde der Baumwollfaden gespannt. Vorsichtig musste nun ein Kind diese Hülle auf einem Teller festhalten, das andere goss zuerst ein wenig von dem flüssigen Wachs hinein; das lief unten heraus, auch wenn das Hölzchen fest in das Papier hineingedrückt war. Dieser Fuß musste erst erkalten. Dann wurde weiter gegossen bis oben hin. Heiß wurden die Finger, aber nun konnte man loslassen. Bald war das Wachs fest, und nun galt es, die Hülle zu entfernen. Dazu wurden die Kerzen in eine Schüssel mit Wasser gesteckt und niedergehalten. Das Papier weichte auf, man konnte es abziehen und abreiben; die Hölzchen wurden entfernt, der Knoten um das obere dabei sorgfältig gelöst, damit ein Docht stehen blieb.

Die Kerzen waren fertig.

Beim Brennen knisterten und spuckten sie, das gehörte dazu. Viel später, als handgemachte Bienenwachskerzen Mode waren, habe ich es auch an denen manchmal bemerkt. Wir glaubten immer, es seien Luftbläschen beim Gießen hineingekommen, die sich dann mit Wasser gefüllt hätten; aber jetzt glaube ich, dass der Docht selbst Wasser hochgezogen hat beim Aufweichen des Papiers. Eine besondere Freude war es, die Kerzen für den Weihnachtsbaum aus Bienenwachs selbst zu gießen, so dass der Jahresring der Gartenerzeugnisse sich schloss. Ihr feiner Duft mischte sich weihnachtlich mit dem harzigen der Tanne und wehte die Erinnerung an den Sommer in das Zimmer, an Blüten und Bienen, an Süße und Reife.

Ja, der alte Obstgarten lebt noch heute. Die Bäume sind jedes Jahr größer und mächtiger geworden. Ein Teil des Gemüselandes im Mittelgarten ist unter dem Schatten der Bäume zu Grasland geworden. Gras wächst, wo das rechte Bienenschauer stand, das nur noch in der Erinnerung und in Träumen lebt. Das linke

Bienenschauer hält sich noch mühsam, man meint, es müsse eines Tages in sich zusammenfallen. Jährlich wird es geflickt und gestützt, denn es ist unentbehrlich zur Aufbewahrung der Leitern und neuerdings auch für allerlei Sachen, die sonst auf dem Hausboden ihren Platz hatten. Andere Räume des Hauses wurden Familien zur Verfügung gestellt, die bei der Hamburger Katastrophe ihr Heim verloren hatten. Die Werkstatt des Vaters, seine Sachen zur Weinbereitung, seine Raritäten, alles ist herausgeräumt. Eine abgeschlossene Wohnung ist in den Kellerräumen entstanden.

Wenn man nach Süden aus dem Hause heraussieht, blickt man nicht mehr auf die große Ulme; sie ist, wie so viele ihresgleichen, der Ulmenkrankheit zum Opfer gefallen. Aber auch das Kornfeld dahinter ist lange verschwunden; die Rückseiten von billig gebauten Etagenhäusern blicken herüber. Zwischen ihnen und unserem Grundstück erstreckt sich ein schmaler Garten, in dem die ausgebrannte Ruine eines großen Hauses liegt. Schutt wird daneben abgeladen und häuft sich stinkend. Kinder spielen gegenüber im verwahrlosten Garten, toben in der Ruine, bauen sich Höhlen und Zelte und reißen die Zweige von den Bäumen, die durch das Feuer hindurch noch Leben bewahrt hatten.

Nach Westen wird die blaue Ferne senkrecht durchschnitten von den hohen Schornsteinen einiger Fabriken. Eine Fischräucherei gibt ihre Düfte dem Westwind mit; eine Gerüstbaugesellschaft hat ihren Lagerplatz dort mit viel weiß gekalktem toten technischen Holz, eine Kaffeerösterei brennt Rüben und Schalen zu Ersatzkaffee. Unmittelbar hinter der Dornenhecke aber ist seit Jahren ein Tiefbunker im Bau und wird nie fertig. Die Betondecke ist zwar geschüttet; das Holzgerüst darüber steht noch; aber die Erdmassen, die herausgeholt worden sind, liegen als kleines Gebirge weiter hinten, reingelb und ohne jeden Pflanzenwuchs. Kinder toben allabendlich darauf herum und werfen gern von oben Steine über die Hecke in den armen Garten, auf das Gemüseland, das immer noch an der linken Seite des Mittelgartens liegt. Um wenigstens dies Gemüseland schattenfrei zu machen, ist schon vor Jahren ein langes Stück aus der Akazienreihe herausgenommen worden.

Auch sonst ist ab und zu eine Akazie gestorben oder gefällt. Die erste besonders dicke neben der Gartenpforte musste auch herunter; das gewaltige Stammende liegt noch da, die Rinde ist abgefault und von Kindern zum Spielen abgezupft. In einer Mulde des Holzes steht Wasser, und die Vögel kommen und trinken daraus.

Mit Genugtuung sieht man diese Holzmasse an, gibt sie doch vielleicht im nächsten Winter, wenn gar keine Feuerung mehr geliefert werden kann, noch manchen Tag ein warmes Zimmer und eine warme Suppe aus den Gewächsen des Gartens, so dass wir zwangsweise zurückkehren zu dem Grundsatz, der in unserer Kindheit galt, dass möglichst alles aus dem Garten bezogen werden soll. Schon in diesen Kriegsjahren liefert der Garten reichliches Holz zum Anheizen. Da geht man und sammelt wie ein Weiblein im Walde alle im Gras verstreut liegenden dürren Äste und Zweige der Akazien, die der Westwind abschlägt und in den Garten wirft. Auch Wildlinge, die erstaunlich schnell zu dicken Bäumen wurden, mussten abgesägt werden und dorren, bis sie auf den Sägebock kommen. Leider liegt bei ihnen auch der Hauptstamm des großen Boskopapfels vor dem linken Bienenschauer; am Grunde der Krone war er schon lange hohl. Dann hat ihm die Luftmine einen Stoß versetzt, und endlich hat ein Wirbelwind den Hauptteil des Baumes, besetzt mit wachsenden Äpfeln, abgedreht und auf das Dach des Bienenschauers geschmettert, das fast darunter zusammenbrach.

Das Gartenrotschwänzchen, das im letzten Jahr seine Wohnung in der Höhle des Stammes hatte, teilt nun im nächsten Jahre das Schicksal von Millionen Menschen: sein Heim verloren zu haben.

Nach Osten liegen immer noch die Anstaltsgebäude, aber schwer beschädigt oder zerstört durch eine Luftmine, die 1944 dreißig Meter von unserem Garten entfernt herunterkam. Sie zerriss die schwarze Planke, warf Bretter, Steine und Kacheln auf unseren Boden und jagte Splitter durch das alte Bienenschauer. Dem roten Gravensteiner wurden Blätter, Früchte und Zweige abgefegt, dem Klapps Liebling und dem jetzt daneben stehenden Klarapfel rechts im Garten die Früchte abgeworfen, dem Jules die obere Hälfte des Stammes gefällt; aber er wuchs sowieso zu gewaltig in den Himmel und war bereits unzugänglich im oberen Teil. Sonst hat kein Baum an seinem Leben Schaden genommen.

Auch das Haus ist stehengeblieben, nur sind Fenster und Türen verbogen, das Glas zum großen Teil in Scherben. Bei der Veranda ist die östliche Holzwand herausgesogen, und die Tür an der Südwand hat einen handbreiten Spalt. Die hohen Scheiben sind natürlich fast alle zerschlagen, Regen und Wind und Schnee fegen durch den Raum, der ehemals um den runden Tisch Familie und Freunde versammelte. Nur die Vögel kommen herein und suchen hungrig nach vergessenen, vermulschten Birnen.

Die große Laube in der vorderen Ecke des Gartens hat als Zeugen nur noch eine einzige Hainbuche, einen dicken Stamm, der mühsam unter einer riesigen Kastanie und einem gewaltigen Ahorn heraus einige Zweige zum Licht streckt.

Ja, der »Wald« hat auch noch Bäume; einige dicke, unter denen es kahl ist. Reste von Schneebeerbüschen, die, wie eilende Wanderer, sich schräg aus dem Schatten der Bäume strecken, sie zeigen, wo ehemals das üppige Boskett mit Flieder, Kirschlorbeer,

Schneebällen, Felsenkirsche, Spirea, Mahonien und japanischen Quitten stand. Der kleine Rotdorn, der Schützling der Mutter, lebt immer noch und blüht spärlich jedes Jahr im Schatten des Kräuterbirnbaums.

Ein einziger Weißdorn aus dem Knick, der die Ostseite des Grundstücks bildete, steht noch im Walde, dickstämmig und trotzig, er will nicht weichen. Er war schon, als die ganze Gegend noch Acker war, als das flache Land nur durchzogen wurde von den holsteinischen Knicks. Er will der letzte Zeuge bleiben für den Knick, unter dem der Großvater des Bauern Sottorf in der Franzosenzeit seinen Schatz vergraben hatte, der bis heute noch nicht gefunden ist.

Die Pumpe hinterm Haus ist lange verschwunden. Seitdem der »neuzeitliche Komfort« in das ehemals einsame Gartenhaus eingezogen ist, fristet auch das Häuschen mit der »Goldgrube« nur noch ein vergessenes Dasein, und oft und dringend wird bei jeder passenden Gelegenheit aufgefordert, es zu besuchen, zum Nutzen der Obstbäume.

Die italienischen Zwetschen, die rechts und links vom Weg bis in den Mittelgarten hinein standen, sind nicht mehr als Allee erkennbar. Tapfer haben sie sich in unserer nördlich-rauen Witterung gehalten, doch die beiden grimmigen Winter 1940 und 1941 haben den schon altersschwachen Bäumen fast den Rest gegeben. Aber dann sind Büschel von neuen Zweigen an den halbgestorbenen Bäumen hervorgesprossen und haben schon angefangen, ein paar Hände voll ihrer köstlichen Früchte zu tragen.

Auch das Haus Heimerdinger, das sie früher so gern kaufte, ist ein Opfer der Bomben geworden. Eine bescheidene Verkaufsstelle ist in den Trümmern wieder erstanden, aber noch in diesem Jahre wieder fragte der jetzige Inhaber nach den italienischen Zwetschen; er war schon in unserer Kinderzeit als »junger Mann« im Geschäft gewesen und hatte unsere Früchte nicht vergessen.

Das alte Treibhaus ist zwischen den beiden Kriegen an Altersschwäche gestorben, wie man im Frieden zu sterben pflegte, langsam und still. Wir haben es wehmütig mit angesehen, wie eine Scheibe nach der andern durch diese oder jene Ursache herausfiel, wie erst die zarte Adam und dann die lässig stolze Maréchal Niel eines Winters ohne den Schutz des Glases erfrieren musste, wie die Pfosten am Grunde verrotteten, die Wände ohne Halt nach außen sanken, die Tür schief dahing und dann am Boden lag, wie das ganze Gebäude allmählich in sich zusammenfiel, altersschwach und ohne Klage. Es hatte seine Zeit gelebt in Sonne und Regen und Frost, und die witterten nun an ihm und machten es sachte der Erde gleich, der es gedient hatte.

Einzig die beiden Weinstöcke, die edlen, mit den großen blauen Trauben haben alles überdauert und stehen noch jetzt zwischen Phlox und Helenium, und manchmal trifft man dort im hohen Staudengewirr unerwartet auf eine von ihren langen kräftigen Reben.

In jedem Herbst hängen sie voll von Trauben, die an unserer sparsamen Sonne eifrig versuchen, Farbe zu gewinnen, aber nie kommt es über ein helles Rotblau hinaus.

Später vielleicht, wenn der Krieg vorbei ist, werden wir ein neues Treibhaus bauen, um die beiden alten Weinstöcke herum – vielleicht.

Keine Laube ist mehr da, die einlädt zur behaglichen Kaffeerunde oder nur zum besinnlichen Lesen. Rastlosigkeit hat alle Menschen ergriffen.

Weiter geht man durch den Garten und begrüßt, einen nach

dem andern, die alten Bekannten zu Seiten des Weges, die zum Teil groß und übermächtig geworden sind, zum Teil knorrig und krüppelig oder halb abgestorben und doch noch zähe das letzte Leben festhalten. Ach, da leuchtet der Glasapfel weiß und rot; wulstig und rissig ist sein Stamm. Der Erzbischof schwingt seine Zweige weit über den Weg und lässt jeden sich bücken, der an ihm vorübergeht. Der Stuttgarter Geißhirtle tut's ihm nach, aber die Guten Louisen, beide mächtig dastehend in unverbrauchter Kraft, streben nur in die Höhe. Der Augustapfel neben dem bläulichen Bienenschauer ist auch noch da. Die Bürgermeisterbirne dahinter ist in ihren höchsten Spitzen unerreichbar geworden. Die Beerensträucher sind an den Anfang des Obstgartens gewandert und hier fast verwildert im schnell sie durchwuchernden Gras. Ein großes Stück vom Grasgarten dahinter ist von Mitbewohnern des Hauses umriegelt und als Gemüseland nutzbar gemacht.

Die Dornenhecke an der West- und Nordseite ist gewuchert wie eine Dornröschenhecke; keine Arbeitskraft war im Krieg aufzutreiben; endlich haben Kriegsgefangene sie mit den beiden großen Heckenscheren beschnitten, nachdem sie die Stämme mit der Säge in gleicher Höhe abgesägt hatten.

Die Akazien sind gewaltig hoch geworden. Ihre Stämme sind von dem starken Westwind leicht zum Garten hin gebogen, und jedes Jahr lassen sie wieder die Duftschwaden ihrer gelblichen Blütentrauben über den Garten wehen. Aber die Bienen, für die der Vater sie gepflanzt hatte, sind ausgestorben bis auf einen einzigen Stock.

Die Beurrée grise wölbt ihr gewaltiges Dach rundherum bis auf die Erde und hat schon Generationen unter sich geborgen und mit ihrer Süße erfreut.

Die beiden Goldparmänen, die ja die Weihnachtsäpfel seit unserer Kindheit lieferten, sind zwar seit Jahrzehnten vom Krebs befallen und recken traurig abgestorbene Aststümpfe gen Himmel. Aber immer noch halten sie sich und tragen ihre Früchte, die nach Mandeln schmecken und uns alljährlich an das weihnachtliche Marzipanbrot der Mutter erinnern.

Ja, und die Poiteau, bedrängt von den Akazien, lebt und weicht noch lange nicht. Fast scheint es uns, dass ihre Früchte immer süßer werden mit dem zunehmenden Alter des Baumes.

Auch der Wodanshügel ist noch da, vergrast und vergessen in der rechten hinteren Ecke neben den ganz hoch und unwegsam gewordenen Sweet-briar-Büschen.

In der linken hinteren Ecke des Obstgartens ist ein kleinerer Hügel entstanden, ein flacher, im Schatten der Dornenhecke und der Akazien, da ist das Grab der Eltern, da ist nach dem Wunsche des Vaters seine Asche beigesetzt, und die der Mutter folgte zehn Jahre später. So schattig ist dieser Platz, dass nur Farnkräuter und Immergrün darauf gedeihen, im Frühling aber, wenn die Bäume noch ohne Laub sind, kommen Büschel von Märzbechern aus den dürren Blättern hervor, jedes Jahr wieder und immer früher, als man gehofft hatte.

Steht man nun am Ende des Obstgartens und sieht über die magere Hecke nach Norden, so blickt man nicht mehr über die Wiesen, auf denen ehemals die Kühe weideten und von deren Gräben wir Vergißmeinnicht und Kaulquappen heimbrachten. Nun geht das Auge zunächst über die von Bombentrichtern zerwühlte Gärtnerei der Anstalten, und dahinter schon ist der Ausblick versperrt durch die Böschung der neuen Güterumgehungsbahn. Nur die riesige Rüstungsfabrik aus Stahl und Glas ragt darüber hinweg nach Börstel zu und war schon oft das Ziel feindlicher Bomben.

Ein Jahr ums andere ist durch den Garten gezogen. Die Menschen und ihre Schicksale haben sich gewandelt. Menschenwerk ist vernichtet, der Bau der Welt scheint aus den Fugen zu sein. Die Gesetze des Himmels und der Erde scheinen zerrüttet. Aber unablässig Jahr für Jahr treibt der alte Garten wieder seine Blüten und bringt seine Früchte, den Ewigen Ordnungen eingefügt.

Ein halbes Jahrhundert ist hinweggegangen, seit das Kind in der Gemüsegrube der Kröte mit den goldenen Augen gegenübersaß und stumme Zwiesprache mit ihr hielt. Erwachsen sind nun, die heute unter der Erle hocken auf einer Bank, die schmal ist; ihre Stirn drücken sie gegen Balken, die die Decke abstützen. Der Boden ist Holz, die Wände sind Holz, die Decke ist über den Brettern mit schweren Stämmen gedeckt, darüber eine Erdschicht, wieder Stämme, dann Eisenplatten, und oben ist der kleine Bunker gedeckt mit Grassoden. Stufen führen hinunter, die oberste ist seitlich mit einem Stück phosphoreszierender Pappe gekennzeichnet. Gegenüber dem Eingang ist eine schmale, gut gedeckte Fensteröffnung.

Geduckt sitzen die Menschen, schweigend und horchend. Nicht in sich hinein, nicht in die feste, trauliche Höhle hinein – nach draußen horchen sie, in die Himmelsweite voller Gefahren, voller Tod, Verderben, Schrecken und lähmender Angst. Sie kennen jeden Ton da draußen in der Weite – das leise Summen des einzeln nahenden Flugzeuges –, den weichen Donner der fernen Flak, das wütende Lospreschen der nahen Flakgeschütze – das Wum-Wum der hoch über ihnen krepierenden Geschosse – das Rollen entfernt niedergehender Bombenteppiche – und dazwischen das unaufhaltsame Rauschen der über ihnen ziehenden Motoren.

Sie horchen angestrengt, ob irgendwo, näher oder ferner, höher oder tiefer, im Luftraum der Ton entsteht, vor dem sie zittern, der Ton der erst gleitenden und fauchenden, dann rauschenden und endlich alle Lufträume durchpolternden Bombe. Wie oft setzt es da oben an zu diesem in jeder Sekunde angstvoll erwarteten Ton. Jedes Mal beugen sie den Rücken und pressen die Luft aus, damit die Mine ihnen nicht die Luft aus den Lungen und das Leben aus dem Leibe reißt. Wenn es dann doch nur ein plötzlich tiefgehendes, dem Flakbeschuss entweichendes Flugzeug gewesen ist, oder wenn der Aufschlag weit hinten erfolgt, ehe das Luftpoltern des sich nähernden Einschlags entstand, dann recken sie sich für einen Augenblick hoch und wagen wieder zu atmen und warten auf den nächsten Einschlag.

Einen Kamin hatten die Männer eingebaut, sie dachten, man könnte ein Feuerchen zum Wärmen und zur heimlichen Leuchte da drinnen entzünden. Aber das durfte nicht sein, wie leicht könnte der Luftdruck die Funken auseinandersprühen und die Insassen in Gefahr bringen. Nun stand im Kamin eine weiße Kerze, erspart vom Weihnachtsbaum. Der Tannenbaum der Kinderzeit, der wundersame Mittelpunkt des Familienfriedens, in dem der Zauber der Romantik, die ruhevolle Bürgerlichkeit des neunzehnten Jahrhunderts und die ewigen Strahlen des Christentums zueinanderfanden, hat in dieser Zeit einen Namensbruder erhalten, in dem er zur teuflischen Fratze, zum grausigen Spuk der Hölle entstellt ist: im »Tannenbaum« als Markierungszeichen für die Bombenteppiche. Diese Menschen, die da unten im Gartenbunker sitzen, haben es erst kürzlich erlebt, wie das stille Weihnachtslicht in ihrem Erdkamin überschienen wurde von einem fahlgelben Licht da draußen, einem »Tannenbaum«, der über ihnen stand und einen Teppich von Luftminen in die nächste Umgebung auslöste.

Ein Verband nach dem andern ist, hoch über ihnen, hinweggerollt. Diesmal blieben sie verschont.

Der letzte Abschuss der nahen Flak ist verhallt. Leise sirren noch Splitter durch die Luft. Hier und da in der Ferne jagen noch vereinzelte Schüsse hinter feindlichen Nachzüglern her.

Die kleine Kerze ist schon lange gelöscht, um noch oftmals in Gefahrenminuten als Trost zu dienen.

Die Sirene meldet das Ende des Angriffs, eilig tasten Hände im Dunkeln nach Decken und Taschen, und zum vielhundertsten Male treten die Menschen den Rückweg über die Erdstufen an.

Und plötzlich fährt ein Erinnern hoch: War es nicht hier, genau an dieser Stelle, wo das Kind in die – seit Jahrzehnten verschwundene – Gemüsegrube hineinkroch, um in die kleine Welt der Ruhe und Besinnlichkeit einzutauchen?

Ja, hier war es gewesen! Genau an dieser Stelle war die Höhlung, genau an dieser Stelle auch die Treppe!

So hat eine Welt die andere abgelöst.

Die Hände finden beim Erklimmen der Stufen Halt an dem grasigen Rand, und nun streckt sich der geduckte Körper, der Kopf legt sich in den Nacken, die Augen richten sich empor zur Kuppel des unendlichen Himmels, wo die Sterne ihre ewige Bahn ziehen, gehorsam und unbeirrt.

Kleines Sachregister für den Gartenfreund

»Zum allerursprünglichsten Geschehen müsste unser Geist zurückkehren … zum Wachstum einer Pflanze«

Winter 1944. Bei Eiseskälte läuft Alma de l'Aigle auf und ab in einem Zimmer ohne Fensterglas und Heizung; den wachhaltenden Kaffee haushälterisch dosierend, diktiert sie »wie in Besessenheit« der in Federbetten verpackten Schreibkraft, einer ehemaligen Schülerin, das fünfhundert Seiten umfassende Buch *Die ewigen Ordnungen in der Erziehung*. Gegen die Erziehungsgrundsätze der Nationalsozialisten, denen die Kinder immer stärker preisgegeben sind, schreibt sie für die in diesen Kriegszeiten häufig allein verantwortlichen Mütter und appelliert an deren Einfühlungsvermögen. Und daneben »zur Entspannung« das Buch *Ein Garten*, »das so daher plaudert, als wenn die Verfasserin es in den heitersten Umständen geschrieben hätte«. Das 1945 abgeschlossene Manuskript erscheint 1948 bei Claassen & Goverts in Hamburg und löst begeisterte Besprechungen und private Reaktionen in aller Welt aus.

Gärten und Kinder waren die Lebensthemen der Reformpädagogin. Wie eng sie miteinander verbunden sind, zeigt ein Zitat aus ihrem großen Rosenbuch von 1957, in dem sie die Entsprechung der Aufgabe des Gärtners und der des Erziehers erläutert: »Anstatt daß man einen ausgedachten Plan durchführt, läßt man sich von der Natur leiten, um sie dann wiederum zu leiten und dem Bilde zuzuführen, das in ihr liegt und das sie allein nicht erreichen kann. Geleitete Natur, das ist heute die Parole für die Erziehung des Menschen und für die Gestaltung der Gärten.«

Der Garten als tiefste Grundlage ihres Lebensgefühls war

Alma de l'Aigle so gegenwärtig, dass es ihr mühelos gelang, innere Bilder herbeizurufen und sie in Sprache, in Literatur zu verwandeln. Sie beschreibt keine Gemütsstimmungen und poetisiert nicht im Nachhinein, sondern stellt die ursprünglich gegebene Erlebniswirklichkeit und ihre eigentümliche Beglückung wieder her. Da alles Sinnliche in ein seelisches Fluidum getaucht ist, gibt sie den Dingen ihren Bedeutungsgehalt zurück. Dabei bleibt die Beziehung zum großen Ganzen der Natur immer spürbar, so dass das Buch an keiner Stelle zu idyllischer Kleinmalerei gerät. Es vermittelt eine Fülle vergessenen Gärtnerwissens, vor allem aber öffnet es die Sinne für das Reich der Natur. Ein sanftes Lehrbuch also, die Ergänzung zum Erziehungsbuch, in dem Natur und Garten fast nicht vorkommen.

Ihrer Erlebnisweise entsprechend, schreibt Alma de l'Aigle das Gartenbuch aus der Ewigkeitsperspektive heraus. Mit nur zwei kleinen Szenen veranschaulicht sie das Ganze des Kosmos und die Entwicklungsgeschichte der Menschheit, die nach ihrer Überzeugung jeder einzelne Mensch noch einmal durchlebt. Sie spannt einen Bogen von dem kleinen Mädchen in der Höhle, die im Krieg zum schützenden Bunker wird, über die Helligkeit der tätigen Welt der Gestaltung und Eingliederung in die menschliche Gesellschaft im Garten, bis zum Sternenhimmel, der die erwachsene Alma nach einem Bombenangriff der ewigen Ordnungen versichert. Es sind die Ordnungen der Natur, in die der Mensch eingebettet ist und an deren normative und sinnstiftende Kräfte sich der Mensch binden muss, wenn er nicht seine eigenen Lebensbedingungen zerstören will. Sie geben ihm Stabilität im Religiösen, Sozialen und Politischen. Gegenüber dem Christen und Freund Theodor Haubach spricht Alma de l'Aigle 1924 von »kosmischen-seelischen Gesetzmäßigkeiten, vom Willen zur kosmischen Ureinheit«. Durch den Einfluss des Freundes und die

Erfahrungen des Zweiten Weltkriegs wendet sie sich später mehr dem Christentum zu.

Das Buch beschreibt den Kreislauf eines Jahres, organisch verwoben mit der Entwicklung der Kinder des Gartens zu jungen Mädchen, die schließlich den Garten verlassen, um ihre Vorstellungen und Überzeugungen in der Gesellschaft zu verwirklichen, ganz anders als der deutsche Bildungsroman, in dem ein junger Mann durch die Mechanik sozialer Formen zum angepassten Mitglied der Gesellschaft erzogen wird. Alma dagegen nennt sich »Sozialistin und konservative Revolutionärin«. Das Buch beginnt im Vorfrühling, mit dem Erwachen der Natur, und endet mit dem Gießen der Bienenwachskerzen für den Weihnachtsbaum. Später wurde das Schmücken des eigenen Weihnachtsbaums für ihre Schülerinnen zu einem Ereignis, das sich keine entgehen ließ.

In dem autobiografischen Text sind die Protagonisten weniger die Menschen als der Garten, seine Pflanzen und Bäume, seine Blüten und Früchte, seine Tiere – die ewige Ordnung, die sich nach eigenen, ihr innewohnenden Gesetzen entfaltet und in die die Menschen sich tätig einfügen. In dieser Welt, lange noch ohne fließendes Wasser und elektrisches Licht, regiert nicht die mit Kalender und Uhr unterteilte lineare Zeit der industriellen Arbeits- und Lebenswelt, die sich in der Informationsgesellschaft zur Herrschaft der digital gemessenen Sekunde entwickelt hat. Der Garten ist aber auch nicht Erholungsraum mit kompensatorischer Funktion zur Regeneration der Arbeitskraft.

Das arbeitsreiche Leben ist geprägt vom Rhythmus der Natur, von der Wiederkehr der Jahreszeiten, den Zufälligkeiten des Wetters, von Tag und Nacht in ihrer wechselnden Länge, von den langen Zyklen von Saat und Ernte und den wiederkehrenden Festen. Die organische Wiederholung, die auch die seelische Wirklichkeit einschließt und sich damit von der Stereotypie identischer Wiederholung grundlegend unterscheidet, ist ein wesentliches Merkmal menschlichen Lebens. »Rhythmus«, schreibt Alma de l'Aigle, »ist mehr als Ordnung, Rhythmus enthält den Sinn des Lebendigen. Rhythmus ist Ordnung aus dem Ewigen heraus. Die ordentlichste Hausfrau kann gänzlich ohne Rhythmus in ihrer Arbeit und ihrem Wesen sein.«

Neben einer Erfahrung der Zeit, die nicht dem Sozial-, sondern dem Naturwesen Mensch entspricht, bietet der Garten eine natürliche Erfahrung des Raums. Der Körper korrespondiert mit dem organisch gewachsenen Gelände und erfährt sich in Relation zu ihm. Die Maßeinheit ist die der Ausdehnung von Boden und Pflanzen und des eigenen Körpers, der eigenen Bewegung, des Schritts, der erlaubt, die Welt unmittelbar in einem unserem Gehirn angemessenen Tempo wahrzunehmen. Anders als die niedrige eckige und glatte Zimmerdecke hält der den Garten überwölbende Himmel mit seinen Wolken und Sternen eine Erlebnisfülle bereit, aus der belebende seelische Erfahrungen erwachsen.

Nicht an Geld und Gewinn, sondern am Leben orientiert, war es ein äußerlich bescheidenes, aber innerlich reiches Leben schöpferischen Erlebens und Gestaltens, das die Familie führte. Im stillen Garten lernte das Kind das stille Beobachten. In den naiven klaren Beobachtungsgrundlagen, die in der Kindheit gewonnen wurden, erkennt Alma de l'Aigle die Wurzeln für ein Wissen um die Dinge, das anders als das Wissen von den Dingen die wahre Bildung ausmacht. Die Fantasie des Kindes wurde von dem schöpferischen Leben der Natur, dem Wandel von Formen, Farben und Düften im Hausgarten ebenso angeregt wie durch das wilde Wäldchen. Im Zusammenleben lernte das Kind Pflanzen und Tiere als selbstständige, beseelte Wesen zu erkennen, zu achten und zu lieben, aber auch Verantwortung zu übernehmen.

Auch ein Generationen übergreifender Gemeinsinn vermittelt sich im Garten als gemeinsamem Lebens-, Arbeits- und Erfahrungsraum leicht und selbstverständlich. Der eigentliche Erzieher war der Vater, er verwirklichte zwei wesentliche Grundsätze, die seine Tochter später in ihrem Erziehungsbuch benennen sollte: Kinder brauchen Impulse! Und: Das Aus-sich-heraus-Tun, das Gestalten und Handeln, ist für Kinder ebenso wichtig wie das Empfangen und Aufnehmen. Auch in dieser Hinsicht kann man sich für Kinder kaum einen geeigneteren Ort als den Garten und die Natur denken.

An die Spiele, die der Vater anregte, wird sich die erwachsene Alma erinnern, als sie Zerstörungswut bei Jugendlichen beobachtet und von Selbstmorden in der Zeitung liest. Im *Hamburger Elternblatt* fordert die »Schriftstellerin wider Willen«, die immer nur dann zur Feder greift, wenn es ihr notwendig erscheint, Bauspielplätze: »Es fehlt dem Einzelnen ein Platz in der Welt, wo er sich nicht nur geduldet, sondern beheimatet fühlt, und dazu ein Betätigungsfeld, wo er rechtmäßig hingehört und nicht dauernd das Gefühl hat, gegen die Ordnung der Gesellschaft zu verstoßen. … Es geht ja um mehr als den Heranwachsenden Unterhaltung und Beschäftigung zu geben. Es geht darum, ob ihr Betätigungsdrang planlos abirrt und die erschreckend vielen sinnlosen, brutalen zerstörerischen Handlungen Jugendlicher hervorruft, oder ob dieser gesunde Drang sich positiv betätigen kann und die Grundlage schafft zu späteren Leistungen, zu einem fest in sich ruhenden Charakter, zu einer fruchtbaren Teilnahme an den Aufgaben der Gemeinschaft.«

Das Gartenbuch legt wunderbares Zeugnis ab von einer voll ausgelebten Kindheit in einem Garten, der den Charakter des Kindes für den Beruf und die Verantwortung formte, die Alma de l'Aigle in einer schwierigen Zeit übernahm.

Von 1905 bis 1909 absolvierte sie eine Ausbildung zur Lehrerin für mittlere und höhere Mädchenschulen, konnte sich aber zunächst nicht entschließen, sich in den engen Lehrbetrieb mit seiner autoritären Wissensvermittlung einzwängen zu lassen. Sie lernte kochen und schneidern, arbeitete als Erzieherin, gab Privatstunden und übernahm Vertretungen an Hilfs- und Normalschulen, um 1912 dann doch in den öffentlichen Schuldienst einzutreten und an einer Hilfsschule zu unterrichten. Zu diesem Schritt konnte sie sich offenbar wegen des gelockerten Pensums und der Werkarbeit an diesem Schultyp entschließen. Es erscheint wie ein symbolischer Akt, wenn sie in der ersten Stunde den Rohrstock im Ofen verbrennt.

Sie begann, sich für Kinderpsychologie zu interessieren, und belegte an der Staatlichen Kunstgewerbeschule Kurse in Tischlern, Holzbildhauerei und Malerei. Das Leben des stillen Gartenkindes wurde reich an Freundschaften. Während die Freunde sie für prüde hielten und »Alma der Igel, Alma das Ekel« neckten, befand Hans W. Fischer über seine Mitarbeiterin bei der *Neuen Hamburger Zeitung* »Schwarzer Marmor mit Wein in den Adern«. Die spanische oder maurische mütterliche Linie kam hier wohl zum Ausdruck.

Mit Ausbruch des Krieges organisierte die junge Lehrerin unter Aufbietung ihrer Freizeit und eines Teils ihres Gehalts den »Kriegsmittagstisch Lichtwark-Gedächtnis«. Anders als in den Kriegsküchen gab es bei ihr weiß gedeckte, blumengeschmückte Tische, selbst gekochte Nachtische, Kaffee und Bücher für die, die bleiben wollten oder mussten.

Mit dem Zusammenbruch der Monarchie und der Einführung des Frauenwahlrechts 1918 erwachte Alma de l'Aigle zu politischem Bewusstsein. Sie suchte Anschluss an die um 1900 entstandene Jugendbewegung, in die sich junge Menschen zunächst ohne politische Absichten vor der Autorität von Elternhaus und Schule mit ihrer toten Wissensvermittlung sowie der zunehmenden Verstädterung gerettet hatten. »Jeder erfülle den Sinn seiner selbst; jeder gehorche dem Gesetz seiner selbst«, lautete das Motto. Gemeinsames Wandern, Landschulheim, Lagerfeuer, hin zur Natur, zu einer natürlichen Ethik junger Gemeinschaften standen im Mittelpunkt. Während viele unpolitisch blieben und, von einem romantischen Naturgefühl erfüllt, später leicht für die Zwecke der Nationalsozialisten zu gewinnen waren, begannen andere, politisch zu denken. Schnell nahm Alma de l'Aigle eine maßgebende Rolle bei den Jungsozialisten ein.

Eine Fülle von Reden, Aufsätzen, Briefen und Flugblättern entstand, in denen die Juristentochter mit großer Klarheit über Staatsrecht nachdenkt, um zur Meinungsbildung der politischen Jugendbewegung beizutragen. Sie warnt vor der Inanspruchnahme der Masseninstinkte und fordert eine Politik lebendiger Sachlichkeit. Ausführlich diskutiert sie politische Konzeptionen und erwägt deren psychologische Wirkungen. Auf der Tagung der Jungsozialisten in Hofgeismar 1923 hält sie einen großen Vortrag über Volk und Staat. Aus der Perspektive einer lebendig erfahrenen Unendlichkeit, wo Liebe und Freiheit sich verbinden, entwickelt sie ihr politisch-weltanschauliches Bekenntnis: »Die Gestaltwerdung der Idee des Volkes im Volk und durch das Volk vermittels seiner Funktion Staat, das heisst uns Demokratie.« Das harmonische Ganze eines Volkes beruhe nicht auf Gleichheit, sondern auf sich ergänzender Vielfalt, Biodiversität also, darauf, dass der Einzelne seine besonderen Kräfte in den Dienst der Gemeinschaft stelle. Weder Selektion noch Hybridzüchtung noch Stutzung.

Auch in der Privatsphäre vertritt sie einen gemäßigten, natürlichen Begriff von Individualität und zieht die Liebesgemeinschaft einer kleinen Gruppe sich ergänzender Persönlichkeiten einer Zweierbeziehung vor. Durch die Liebe trage jeder das Wesen der anderen in sich, so dass in jedem Einzelnen das Ganze sei. Dem, was sie Inklusion nennt, schreibt sie einen besonderen Wert zu, da sie nicht der Fortpflanzung diene, sondern Eros an sich sei und somit die Zusammenhänge im Kosmos abbilde. Mikrokosmos und Makrokosmos.

Im Bereich der Wirtschaft folgte die Jungsozialistin Wichard von Moellendorf, dem Vater der Deutschen Gemeinwirtschaft, der an den verpflichtenden Charakter von Eigentum erinnerte. Statt einer Wirtschaft durchsetzungsfähiger Einzelner, die durch Erzeugung von Bedürfnissen ein hypertrophes Wachstum anstreben, forderte er eine Vermögensverteilung an die Arbeiter und eine Bedarfswirtschaft, in der die notwendigen Güter möglichst schnell produziert werden und zusätzlich gesellschaftliche Dienstarbeit gegen Bezahlung geleistet werden muss. Der Lohn sollte sich dabei nicht nach der Arbeitsleistung, sondern nach dem Bedarf richten. Neben der Reproduktionsverpflichtung sollte jeder sein Leben nach eigenen Vorstellungen gestalten können, ohne sich jedoch bezahlter Mitarbeiter zu bedienen. Einen Teil der Schriften dieses konservativen Sozialisten gab Alma de l'Aigle unter enormem Kraftaufwand und größten menschlichen Schwierigkeiten auf Moellendorfs Bitte heraus.

Alma de l'Aigles politische und soziale Überzeugungen gründen in einem unerschütterlichen Glauben an Erziehung und Aufklärung, der diese charismatische Lehrerin nie verlassen hat.

Um die Jahrhundertwende hatte mit der Entwicklungspsychologie eine intensive Beschäftigung mit dem Wesen des Kindes eingesetzt, die Pädagogen unter Einbeziehung ihrer Ahnherren Rousseau, Pestalozzi und Fröbel aufgriffen. Die Forderung nach einer grundsätzlichen Schulreform erhob sich in der Hamburger Lehrerschaft lauter als anderswo. Als 1924 die vierte Versuchsschule gegründet wurde, ließ Alma de l'Aigle sich dorthin versetzen. Die Schule verstand sich als »Lebensstätte der Jugend«, zu der auch die Eltern gehörten. Die Betonung lag auf ganzheitlichem Lernen von Kopf, Herz und Hand.

1926/27 ließ Alma de l'Aigle sich beurlauben, um eine Zusatzausbildung zur technischen Lehrerin zu machen, und wechselte anschließend an eine Volksschule im Arbeiterstadtteil Hammerbrook, in der sie eine Werkstatt für Nadelarbeit einrichtete und auch Mütter- und Lehrerinnenkurse leitete. »Kultur ist die Beseelung der Dinge«, hatte die Jungsozialistin formuliert. Und so zeichnete, stickte und nähte sie mit ihren kleinen und großen Schülerinnen, um den ins bürgerlich Kitschige oder rein Nützliche abgeglittenen Handarbeiten neues Leben einzuhauchen. Ihre erste Veröffentlichung aus dem Jahre 1920 trägt den Titel *Beschaffenheitsmarken für alle Waren, als Grundlage für die freiwillige Rückkehr zur Qualitätsware.*

Als Alma de l'Aigle eine eigene Klasse bekam, waren die Nationalsozialisten längst an der Macht. Der Widerstand der Lehrerin war beharrlich und täglich zu leisten: »Die Kinder in ihrer Echtheit zu bewahren, das war mein stärkstes Anliegen … Immer mehr nahm der totale Krieg auch das Schulleben in Anspruch. Und trotzdem, oft wie auf einer Insel, erlebten wir ewige Werte, die trotz Hitler Bestand hatten.« Vor allem durch ihre eigene Haltung vermittelte sie Respekt vor dem Menschen und den menschlichen Werten. Mit Hingabe und Achtung vor den Kleinen übte sie ihren Beruf bis an die Grenzen ihrer Kräfte aus.

Der Oberschulrat, der 1944 durch ihre Versetzung auf eine halbe Stelle in der Bücherei des pädagogischen Instituts das Erziehungsbuch ermöglichte, regte gleichzeitig ein Buch über ihre Klasse an: 42 kleine Mädchen, die 1936 eingeschult wurden und die die Lehrerin nach der 4. Klasse gegen ihren und der Eltern Willen ohne Begründung abgeben musste, in den Kriegswirren aber in einer Klasse aus zunächst 70, dann 40 Schülerinnen z. T. wieder traf und zum Abschluss führte. Das unveröffentlichte Manuskript *Eine Schulklasse erlebt Zeit und Ewigkeit* legt Zeugnis davon ab, wie die Lehrerin dem Unterricht eine natürliche Atmosphäre einhauchte und den Kindern aus der ärmsten Bevölkerungsschicht so viel Freude verschaffte, wie irgend möglich. Wenn die Sonne in das dunkle Schulzimmer schien, klappten die Mädchen geschwind ihre Tischplatten hoch und begrüßten die Sonne mit dem schönen »O«. Bald gehörte es zum Lernstoff, sich untereinander Briefe zu schreiben. Man wurde mit klassischer Literatur vertraut und las Lessings *Nathan der Weise,* als es offiziell verboten war. Um den Großstadtkindern naturkundliches Wissen zu vermitteln, vor allen Dingen aber, um ihre Sinne für alles Lebendige um sie herum zu öffnen, bekam jedes Kind am Samstag eine Sonntagsblume. Und abends suchte es an den Fenstern der Mietskaserne die Sterne, die die Lehrerin gezeigt hatte. Alma de l'Aigle nahm es auf sich, 42 kleine Mädchen regelmäßig durch die verkehrsreichen Straßen in einen öffentlichen Park zu führen, um den Kreislauf des Jahres zu erleben. Unterwegs schloss man Baumfreundschaften, sammelte Blätter und presste sie als Lesezeichen. In Blumengeschäften bewunderte man kostenlos die schönen Blumen. Um in den Kindern früh ein Geschichtsbewusstsein zu erwecken und sie in das Kulturleben ihrer Heimatstadt einzuführen, besuchte die Klasse Kirchen, Museen und kleine Konzerte. Auf dem Friedhof verstanden die Kinder, dass es ein anderes Leben vor ihnen gegeben hatte und ein anderes nach ihnen geben würde. Vor Weihnachten bastelten die Armen für die Ärmsten und erfuhren so die Freude des Schenkens. Die jährliche Klassenfahrt ans Meer oder ins Gebirge mit selbst genähtem Wimpel mit eingesticktem Pentagramm zur Abwehr böser Geister und mit selbst gedichtetem Klassenlied öffnete den Kindern die Augen für Fremdes und stärkte das Gemeinschaftsgefühl. Der Rhythmus des Tages vom Aufstehen und Waschen über gesunde, schmackhafte Mahlzeiten, Entdecken und Lernen, bis zu freiem Spiel und abendlichem Singen war sorgfältig vorbereitet: »Manchmal kam ich mir vor wie eine große Glucke, die ihre Küchlein im stillen Frieden ihrer Flügel zusammenhält, aber selber mit scharfem Auge den Raubvogel beobachtet, der am Himmel immer engere Kreise über ihr zieht.« Tiere und Pflanzen waren für Alma de l'Aigles Schulkinder kein abfragbarer abstrakter Lernstoff oder eine Ware, die man fertig kauft und wegwirft oder weitergibt, wenn sie verblüht ist oder unbequem wird. Sie waren erlebtes Wissen.

Nach der Operation Gomorrah, den verheerenden Bombenangriffen in Hamburg im Juli 1943, die den Stadtteil der Kinder besonders verwüsteten, suchte die Lehrerin tagelang ihre Schülerinnen zusammen. Das zunächst ausgesprochene Unterrichtsverbot unterlief sie, indem sie mit ihren Schülerinnen mit verteilten Rollen *Wallenstein* und andere Werke der Klassik las. Als die Schule nur zögerlich wieder begann, unterrichtete sie zusätzlich zu Hause. Schließlich blieben sieben Wochen, um bei regulärem Schulalltag ihre Mädchen auf den so wichtigen Abschluss vorzubereiten. Gemeinsam leisteten sie Unglaubliches. Allein im Deutschunterricht behandelten sie das Mittelalter, Hölderlin und Goethe; zwar konnte alles nur angetippt werden, aber doch so, dass die jungen Mädchen später daran würden anknüpfen können. Den Abschluss feierte man mit einem großen Fest in einem von der Lehrerin gemieteten Saal und gedachte dabei auch der toten Kameradinnen. Der persönliche Kontakt endete für die meisten erst mit Alma de l'Aigles Tod im Jahre 1959.

Ihre Schülerin Ruth erzählte: »In meinen Gedanken ist sie sehr, sehr viel gewesen. Sie hat uns Selbstachtung und Menschenliebe beigebracht. Durch sie und meine Mutter hatte ich immer das Bedürfnis, anderen Menschen zu helfen.« Und Ida: »Man zehrt das ganze Leben davon.«

Neben dem stillen Widerstand in der Schule nahm Alma de l'Aigle regelmäßig an illegalen Versammlungen eines Erzieherkreises teil und sammelte für politische Gefangene. Ein dreistündiges Verhör vor der Gestapo endete 1938 mit Freilassung. Am gefährlichsten war ihre vielleicht innigste Freundschaft zu einem Kameraden aus der Jugendbewegung. Theodor Haubach wurde 1945 als Mitglied des Kreisauer Kreises hingerichtet. Mit dem Buch *Meine Briefe von Theo Haubach* setzte sie ihm ein Denkmal, wobei sie sehr private Briefe veröffentlichte. Sie wollte dazu beitragen, dass die Männer des 20. Juli nicht zu Helden erstarren, sondern in ihren Ängsten und Nöten verstanden werden. Diese Veröffentlichung gehörte lange Zeit zu den wenigen Dokumenten des deutschen Widerstandes, an den die Bundesrepublik sich lange nicht erinnern wollte.

Am Ende des Krieges war Alma de l'Aigle 56 Jahre alt und nicht mehr gesund. Kein Hinderungsgrund, sich in vielfältiger Weise aktiv am Aufbau der Bundesrepublik zu beteiligen. Da sie ihre Verfassungsideen von 1923 immer noch für aktuell hielt, schickte sie einen knappen Entwurf an den verfassungsgebenden Rat und zahlreiche einflussreiche Einzelpersonen. Bei der Aufgabe, die pädagogische Bücherei zu entnazifizieren und Entnazifizierungskurse für Lehrer zu halten, bemühte sie sich um ein differenziertes Urteil. Sie war in der Friedensbewegung aktiv, war Gründungsmitglied des Deutschen Kinderschutzbundes und ließ sich in eine Kommission gegen jugendgefährdende Schriften wählen. Sie kämpfte um den Erhalt alter Bäume. »Man könnte sie die erste Grüne nennen«, sagte der Rosengärtner Klaus Jürgen Strobel aus Pinneberg.

Anlass für ihr Buch *Begegnungen mit Rosen* waren die neuesten Rosenzüchtungen, die Alma de l'Aigle als eine von der Technik und nicht mehr vom Menschlichen bestimmte Entwicklung erschienen. Flatterig wie sie waren, fehlte ihnen die Mitte und duftlos die Seele. Sich an die Rosen ihrer allerfrühesten Kindheit erinnernd, besuchte sie die großen Rosenzüchter, und in unendlicher Mühe ging sie an heißen Tagen von Strauch zu Strauch, nahm Form und Farbe der Rosen in sich auf und prüfte den Duft jeder einzelnen Blüte, häufig mehrmals, weil er sich durch äußere Bedingungen verändert. So wie die Lehrerin jedes einzelne Kind ihrer Klasse als eigenständige Persönlichkeit wahrnahm, so sah sie auch jede Rose in ihrer Besonderheit und als Teil einer Gemeinschaft. Im Zentrum des Buches stellt sie die 700 schönsten Rosen ihrer Zeit vor und entwickelt ein einzigartiges Duftvokabular. »Der sprachliche Ausdruck kam mit dem Duft zu mir, und darum, glaube ich, ist er treffend und nicht literatenhaft.« So ist auch dieses Buch eine Schule der Sinne, insbesondere des Geruchssinns, der am engsten mit dem Inneren des Menschen verbunden ist. Alma de l'Aigles Überzeugung, die Macht gewaltloser Schönheit, in deren Reich auch die Rose gehört, werde den Weltfrieden garantieren, stellt eine unendliche Aufgabe an den Leser, dessen ästhetisches Vermögen sie mit ihren Büchern bildet.

Es war der englische Philosoph und Aufklärer Shaftesbury, der einen dynamischen Begriff des Schönen als produktive Energie gebrauchte und seine Ethik aus der Naturästhetik begründete. Die Schönheit der Welt erkennt er in dem Gesamtbegriff kontrastierender Gegensätze, die erst zusammen eine allgemeine Harmonie bilden. Nicht das Fertige, sondern ein lebendig Werdendes ist dem Menschen aufgegeben. Um sich und die Welt zur Schönheit zu erheben, muss der Mensch sich erziehen und bilden.

Mit dem Tod der jüngsten Schwester Anita begann ein neues Kapitel des Gartenromans. Über den letzten Willen des Vaters, der Garten solle nach dem Ableben der Töchter den Hamburgern vermacht werden, hatte Anita sich hinweggesetzt und ihn privater Hand überlassen. Der Erbe bemühte sich um eine Unterschutzstellung der Gesamtanlage beim Amt für Denkmalschutz, da auch für ihn das Vermächtnis an die Verpflichtung geknüpft war, den Garten im »Familiensinn« zu erhalten. Die Behörde lehnte seine Anfrage ab mit der Begründung, die Strukturen des Gartens seien nicht mehr zu erkennen. Daraufhin verkaufte der Erbe das inzwischen in einem teuren Stadtteil gelegene Grundstück an eine Investmentfirma. Die Umweltbehörde erhob Einspruch und argumentierte, der Garten sei schützenswert als das seltene Dokument eines Privatgartens, der alle Merkmale eines Naturgartens aufgewiesen hatte, wie ihn die Lebensreformbewegung mit Leberecht Migge erst 20 Jahre nach Alexander de l'Aigle propagierte. Es kam zu einem Kompromiss: Der neue Eigentümer trat ein Viertel des Grundstücks an den Nachbarn, die Stiftung Anscharhöhe, ab, die es als Naturdenkmal und Reminiszenz an die Familiengeschichte für die Öffentlichkeit zugänglich hält. Die Stiftung Denkmalpflege Hamburg übernahm den Unterhalt und die Pflege. Happy End? Ein Garten ist kein Haus, das irgendwann fertig ist, sein Wesen ist Bewegung und Wandel, und so wirkt das konservierte, mithilfe des Gartenbuches rekonstruierte Paradies von Jahr zu Jahr trauriger. Lebendig ist der Garten durch Alma de l'Aigles Buch geblieben.

BRITA REIMERS

Bibliografie

»Konservativ-revolutionär«, in: *Jungdeutsche Stimmen*, 40–41, 1919, S. 301–302.

Beschaffenheitsmarken für alle Waren, als Grundlage für die freiwillige Rückkehr zur Qualitätsware. Schriftenreihe Deutsche Gemeinwirtschaft, Bd. 18. Jena 1920.

Das sexuelle Problem in der Erziehung. Lauenburg 1920.

»Der Eid der Beamten auf die Verfassung«, in: *Pädagogische Reform* v. 17. 3. 1920.

»Hofgeismar«, in: *Jungdeutsche Stimmen*, 23–24, 1920, S. 464–467.

»Deutsches Erbrecht«, a. a. O., 2, 1921, S. 38–44.

»Bedeutung und Aufgabe des Gesetzes als formgewordener Staatswille«, a. a. O., 8, 1921, S. 239–244«.

»Wirtschaft und Staat«, a. a. O., 9, 1921, S. 261–269.

»Politik und Weltanschauung«, a. a. O., 12, 1921, S. 370–375.

»Ueber die Judenfrage« (zus. m. Frank Glatzel), a. a. O., 3, 1921, S. 81–86.

»Der Staat als Erzieher«, in: *Politischer Rundbrief*, Nr. 4, 1925, S. 16–19.

»Staat und Versuchsschule«, in: *Hamburger Lehrerzeitung*, Nr. 24 v. 15. 6. 1929.

»Um die staatliche Schule des deutschen Volkes. Zu Wilhelm Paulsens Schrift: Das neue Schul- und Bildungsprogramm«, in: *Neue Blätter* 1930, S. 302–308.

Häsi und andres geliebtes Getier. Stuttgart [1930].

Starentagebuch. Stuttgart 1939.

Meine Briefe von Theo Haubach (1925–1944). Hamburg 1947.

Die ewigen Ordnungen in der Erziehung. Gespräche mit Müttern. Hamburg 1948; bearb. u. erw.

Auflage unter dem Obertitel *Elternfibel.* Hamburg 1950, 4. Aufl. 1959.

Ein Garten. Hamburg 1948. Dass., hrsg. von Anke Kuhbier, Martina Nath-Esser, Brita Reimers. Hamburg 1996, 2. Aufl. 2002.

Tirschenreuther Krippenspiel. Kassel 1948.

Scherben, Silber und Zement. Kindererlebnisse aus unsren Tagen. Hamburg-Wohldorf 1949.

Du und deine Kinder. 54 kleine Abschnitte über Erziehungsfragen des Alltags (zus. M. Helga Prollius). Delmenhorst 1949.

Ganz kleine Geschichten. Zum Vorlesen – zum Selbstlesen für Knaben und Mädchen von 4–8 Jahren. Hamburg 1951.

»Was heißt sittliche Gefährdung der Jugend?« in: *Die Sammlung.* September 1954.

»Das Schulreifeproblem in der Schulpolitik«, *Material- und Nachrichten-Dienst (MUND) der Arbeitsgemeinschaft Deutscher Lehrerverbände,* Nr. 55/5, Jg. Juni 1954.

»Die Sprache der Kinder und der Erwachsenen«, in: *Der Schriftsteller. Zeitschrift des Schutzverbandes Deutscher Autoren,* 4.3.1954.

Alles wird wieder gut. Freiburg 1955.

Begegnung mit Rosen. Hamburg 1957. Dass. Stuttgart 1958. Dass., ergänzt um Farbfotografien. Moos am Bodensee 1977. Dass., mit einem Beitrag von Horst Günther. Hamburg 2002.

Matthes & Seitz Berlin · Paperback · 063

Erste Auflage dieser Ausgabe 2024

Großbeerenstr. 57A, 10965 Berlin
info@matthes-seitz-berlin.de

Umschlaggestaltung: Pauline Altmann, Palingen
Frontispiz © Martina Oldengott
Satz: Pauline Altmann, Palingen
Druck und Bindung: GGP Media GmbH, Pößneck
ISBN 978-3-7518-4514-4
www.matthes-seitz-berlin.de

Rudolf Borchardt

Der leidenschaftliche Gärtner

334 Seiten, Broschur
ISBN 978-3-95757-908-9

Seit 1933 im italienischen Exil lebend, bewohnte Rudolf Borchardt verschiedene Villen, in deren Gärten er zum leidenschaftlichen Gärtner wurde. 1938 begann er, seine Überlegungen zur Praxis, Geschichte und Philosophie des Gartens niederzuschreiben. So entstanden neben Auseinandersetzungen mit der Idee des Gartens, dem Unterschied von wilder und gezähmter Natur, dem Zusammenhang von Tod und Garten eine Sammlung von entlegen Wissenswertem und ganz konkreten praktischen Tipps zum Gärtnern und zur Blumenzucht, die im *Leidenschaftlichen Gärtner* zu einem sprachmächtigen Buch zusammengefasst sind. Das geplante große Gartenbuch erschien nicht mehr zu seinen Lebzeiten, es wurde posthum 1951 herausgegeben und avancierte schnell zum Kultbuch.

»Der jüdische Gelehrte, Lyriker und Schriftsteller (1877–1945) hat nicht weniger als eine poetische Kulturgeschichte der Humanitas anhand der Pflanzenwelten verfasst.«
– *BERLINER ZEITUNG*

Rudolf Borchardt, Judith Schalansky (Hg.)

Der Deutsche in der Landschaft

552 Seiten, Softcover Leinenband
ISBN 978-3-95757-529-6

Kaleidoskopartig entfalten sich in den Texten dieser erstmals 1925 in der Bremer Presse veröffentlichten Sammlung deutscher Reisebeschreibungen Wege, Täler, Berge und Ebenen aller Erdteile. Zumeist heute unbekanntere Geografen, Naturforscher, Kulturhistoriker und Dichter aus zwei Jahrhunderten kommen darin zu Wort. Sie alle zogen aus, die klingende Weisung, die der Herausgeber Rudolf Borchardt seiner Auswahl zuschreibt, zu verbreiten. Der Deutsche in der Landschaft ist Beobachter, Wanderer der Geschichte, Gast auf Erden: »Die Welt geht in ihn ein, indes er in der Welt«. Somit ist Borchardts Sammlung neben detaillierter Landschaftsbeschreibung immer auch kulturelles Psychogramm, Selbstreflexion über die eigene Herkunft, Versuch der Ordnung und des Erkenntnisgewinns.

»Hier muß durchaus genügen, auszusprechen, wie sich gewisse Stellen des Werkes untereinander wieder zu geistigen Landschaften zusammenschließen, ja wie das Ganze eine platonische Landschaft, ein topos hyperouranios ist, in dem anschaulich und als Urbilder Städte, Provinzen und vergessene Erdwinkel liegen.«
– *Walter Benjamin*

Matthes & Seitz Berlin

Hanns Cibulka, Judith Schalansky (Hg.)

Sanddornzeit

Tagebuchblätter von Hiddensee

86 Seiten, Softcover Leinenband
ISBN 978-3-95757-864-8

Als Hanns Cibulka Anfang der 60er-Jahre zum ersten Mal Hiddensee bereist, bleibt ihm die Insel fremd. Ihm, der in einer mährischen Kleinstadt im Altvatergebirge aufgewachsen war und als Kriegsgefangener auf Sizilien den geschichtsträchtigen, sonnengrellen Süden kennengelernt hatte, erscheint die spröde norddeutsche Landschaft zunächst sperrig und stumm. Doch schon bald kann er sich dem Sog dieses Stücks Erde nicht mehr entziehen und fängt an, dessen eigenwillige Natur in seinen dichten Tagebuchaufzeichnungen in Text zu übersetzen. In der poetischen Landvermessung eines Sommers an der See finden neben der Geologie und Physik auch Windsbräute und Nebeltöchter ihren Platz, die steten Lichtwechsel und die Monochromie der Farben werden ebenso dokumentiert wie Lektüre- und Hörerlebnisse, Reflexionen über Naturtreue und Kunstwahrheit, Zivilisations- und Technikkritik. Hiddensee erscheint in diesen Tagebuchblättern als ebenso gegenwärtige wie mythische Landschaft, und nicht zuletzt als Symbol dessen, was Schutz erfordert und Bewahrung verdient.

»Miniaturen von großer Schönheit und Eindringlichkeit, die einen der vordersten Ränge in deutschsprachiger Landschaftsprosa seit Goethe und Stifter beanspruchen.«
– *Jan Röhnert, SWR2* LESENSWERT

Matthes & Seitz Berlin

Annie Dillard, Judith Schalansky (Hg.)

Einen Stein zum Sprechen bringen

180 Seiten, Softcover Leinenband
Aus dem Englischen von Karen Nölle
ISBN 978-3-7518-0222-2

In diesem Band von Essays, die zugleich Erzählungen sind, gilt Annie Dillards unvergleichlicher Blick einer Vielzahl verschiedener Begegnungen und Entdeckungen: Egal, ob sie eine totale Sonnenfinsternis im Osten Washingtons erlebt, einen Dschungel Ecuadors besucht, einem wilden Wiesel in die Augen schaut, bei einem Gottesdienstbesuch entbehrungsreiche Polarexpeditonen rekapituliert oder von einem Mann erzählt, der allein mit einem Stein in einer Hütte lebt, um ihm das Sprechen beizubringen, stets fängt Dillard die großen und kleinen Wunder unseres Universums ein. Dillards Weg vom Alltäglichen zu den letzten Dingen ist dabei oft atemberaubend kurz und ihr Geist und Stil so unerschrocken, das Erhabene ebenso zu zelebrieren wie das Lächerliche. Eine Welt, die durch Entzauberung verstummt zu sein scheint, bringt Dillard mit ihrer kraftvollen Poetik und ihrem scharfsinnigen Witz wieder zum Klingen und Sprechen. *Einen Stein zum Sprechen bringen* ist eine Sammlung von Meditationen wie geschliffene Steine: offen für das Mysterium, hartgesotten, makellos – und unvergleichlich darin, der natürlichen Welt tiefere Resonanzen zu verleihen.

»Wir sind nur einmal hier auf dem Planeten, und es lohnt sich vielleicht, ein Gefühl dafür zu entwickeln, wo wir sind. Es lohnt sich vielleicht, ein Gefühl für die Randgebiete und Nischen zu entwickeln, in denen das Leben stattfindet.«
– *Annie Dillard*

Annie Dillard, Judith Schalansky (Hg.)

Pilger am Tinker Creek

347 Seiten, Softcover Leinenband
Aus dem Englischen von Karen Nölle
ISBN 978-3-95757-334-6

Inspiriert von Henry David Thoreaus Walden zieht sich die 27-jährige Annie Dillard Anfang der 70er Jahre in die Virginia Blue Montains zurück, um die vielfältigen Erscheinungen der Natur genau zu studieren und das Wunder des Schauens auf sich wirken zu. Ausgehend von der Erkenntnis, dass »das Detail« das erste und »sichtbare Faktum der Welt« sei, unternimmt sie tägliche Wanderungen an den bewaldeten Ufern des Tinker Creek, beobachtet und beschreibt den Wechsel des Lichts und das Wesen des Windes, das Leben der Bisamratten und Heuschrecken, die Schönheit der gegen den Strom schwimmenden Fische und die eines Wassertropfens unter dem Mikroskop. Geleitet von der Frage nach den Absichten einer Schöpfungskraft, die sich in all dem Naturschauspiel zugleich offenbart und verbirgt, verbinden sich die genauen, überraschenden und oft auch verstörenden Entdeckungen ihrer Streifzüge in die Wildnis mit Gedankengängen aus Literatur, Naturwissenschaft und Mystik.

»Ein großartig hellsichtiges Buch, im doppelten Sinn: Annie Dillard entdeckt noch die kleinste Laus, sie schraubt ihre Überlegungen aber auch in metaphysische Höhen.«
– *Sylvia Staude*, FRANKFURTER RUNDSCHAU

Matthes & Seitz Berlin

William H. Hudson, Judith Schalansky (Hg.)

Müßige Tage in Patagonien

239 Seiten, Mit flexiblem Leinenband
Aus dem Englischen von Rainer G. Schmidt
ISBN 978-3-95757-793-1

Mit dem Besuch Patagoniens hatte sich der Schriftsteller und Vogelkundler W. H. Hudson einen Lebenstraum erfüllt. Doch nachdem er sich vor dem Ertrinken auf einem kenternden Dampfer gerettet und nach einer Wanderung durch die Dünen ohne Wasser und Essen endlich ein englisches Lager erreicht hatte, schießt er sich ins eigene Bein. Sein Begleiter holt Hilfe, während sich eine Schlange in seinen Schlafsack verirrt. Durch all dies zu unverhofftem Müßiggang gezwungen, geht er nicht wie geplant auf Jagd nach seltenen Vögeln, sondern liegt ermattet, die Fliegen beobachtend und über die Schönheit der Vögel, die Vielfalt der Natur, das Einzigartige des Lebens staunend, in einer Hängematte. Seine Reflexionen wurden zu einem Klassiker der Reiseliteratur. Ornithologische Betrachtung und philosophischer Essay zugleich, zeugen sie von der außergewöhnlichen Beobachtungsgabe Hudsons und seiner erzählerischen Kraft, die ihn auch für Autoren wie Hemingway zum Vorbild werden ließ.

»Was für ein Genuss gerade in diesen Tagen der Enge, in eine solche Sprache einzutauchen, die einem durch ihre Genauigkeit die Welt so weit macht.«
– *Insa Wilke, ZEIT online*

Matthes & Seitz Berlin

Richard Mabey, Judith Schalansky (Hg.)

Das Varieté der Pflanzen

Botanik und Fantasie

Aus dem Englischen von Christa Schuenke
342 Seiten, gebunden
ISBN 978-3-95757-695-8

Überraschende Einblicke ins Reich der farbenfrohen Formwandler, Lebenskünstler und Trickbetrüger – bunt, unterhaltsam und mit einem besonderen Auge für Kuriositäten berichtet Meistererzähler Richard Mabey von Pflanzen, die so viel mehr sind als »das Mobiliar unseres Planeten«. Von eiszeitlichen Höhlenmalereien über Carl von Linnés Beschreibungen zu den Hymnen der romantischen Dichter: Schon immer haben Menschen sich mit Pflanzen beschäftigt, ihre Mysterien zu ergründen versucht. Alchemisten hofften, in der Pflanzenwelt die Panazee zu finden, das botanische Gegenstück zum Stein der Weisen, und noch heute heben Mythen um die spektakulären Heilkräfte des Ginseng dessen Marktwert auf über 10.000 Dollar für eine einzige Wurzel. Richard Mabey nimmt uns mit auf seine ausgedehnten Streifzüge durch vertraute und exotische Flora und erzählt wie nebenbei die Natur- und Kulturgeschichte der Pflanzen, die vor der eigenen Haustür beginnt und um die ganze Welt führt – eine Begegnung auf Augenhöhe mit einer anderen, wilderen Lebensform, die vor uns war und uns überdauern wird.

»Mabey in Hochform, eine eklektische, weltumspannende Geschichtensammlung, die Farben, Intimität und emotionale Tiefe mit Fakten verbindet.«
– *THE SPECTATOR*

Isabel Kranz, Judith Schalansky (Hg.)

Sprechende Blumen

Ein ABC der Pflanzensprache

174 Seiten, gebunden in Leinen

Wie alle Pflanzen können Blumen bekanntlich nicht sprechen. Doch sie erzählen Geschichten: über ihr Aussehen, ihre Entdecker, ihre heilenden oder giftigen Eigenschaften oder davon, wie sie einst in diese Welt gekommen sind. Dieses Wissen geben Blumen jedoch nicht direkt preis, sondern verstecken es in ihrem Namen oder verbergen es hinter Anekdoten. In Isabel Kranz' Bildwörterbuch lebt die Tradition der Blumensprache fort: Sie spricht einzelnen Blüten symbolische Kraft zu und legt Regeln fest, nach denen Blumen als geheime Zeichen für Liebesbotschaften fungieren sollten. Doch Kranz geht es weniger um erotische Nachrichten als vielmehr darum, Blumen selbst als Leseanleitungen zu verstehen: In diesen Lektüren werden Klassiker der Weltliteratur ebenso floral gedeutet wie ein Sketch von Monty Python, botanische Traktate aus dem 18. Jahrhundert oder populäre Liebesromane der Gegenwart. Historische Verweise enthüllen die bisher unerkannte Schönheit der botanischen Beschreibungssprache. Einmal mehr erweist sich, dass Blumen den Schlüssel zu ihrer eigenen Geschichte immer schon selbst mitbringen. Man muss sie nur zu lesen wissen.

»Mit *Sprechende Blumen* legt die Berliner Literaturwissenschaftlerin Isabel Kranz ein gleichermaßen illustres wie prächtig illustriertes Kompendium der Pflanzensprache vor. Ihr Buch ist kein Naturkundemuseum, sondern eine Wunder- und Echokammer.«

– *DEUTSCHLANDRADIO KULTUR*